26.

COLLECTION
COMPLETE
DES ŒUVRES
de Monsieur
DE VOLTAIRE,
NOUVELLE ÉDITION,

*Augmentée de ses dernieres Pieces de Théâtre,
& enrichie de 61 Figures en taille douce.*

TOME CINQUIEME.

A AMSTERDAM,
Aux Dépens de la Compagnie.

M. DCC. LXIV.

LETTRE
DE
M. DE VOLTAIRE,

SUR SON ESSAI DU SIECLE de LOUIS XIV. *à Mylord Harvey, Garde des Sceaux Privé d'Angleterre.*

NE jugez point, je vous prie, Mylord, de mon Essai sur le Siècle de Louis XIV. par les deux Chapitres imprimés en Hollande avec tant de fautes, qui rendent mon Ouvrage méconnoissable & inintelligible. Si la Traduction Angloise s'est faite sur cette Copie informe, le Traducteur est digne de faire une Version de l'Apocalypse; mais sur-tout soïez un peu moins fâché

fâché contre moi, de ce que j'appelle le dernier Siècle, le Siècle de Louis XIV. Je fai bien que Louis XIV. n'a eu l'honneur d'être ni le Maître ni le Bienfaiteur d'un Bayle, d'un Newton, d'un Halley, d'un Adiffon, d'un Driden; mais dans le Siècle que l'on nomme, le Siècle de Léon X. ce Léon X. avoit-il tout fait ? N'y avoit-il pas d'autres Princes qui contribuérent à polir & à éclairer le Genre-humain ? Cependant le nom de Léon X. a prévalu, parce qu'il encouragea les Arts plus qu'aucun autre. Eh ! quel Roi a donc en cela rendu plus de fervices à l'humanité que Louis XIV ? Quel Roi a répandu plus de bienfaits, a marqué plus de goût, s'eft fignalé par de plus beaux établiffemens ? Il n'a pas fait tout ce qu'il pouvoit faire, fans doute, parce qu'il étoit homme; mais il a fait plus qu'aucun autre, parce qu'il étoit grand homme. Ma plus forte raifon pour l'eftimer beaucoup, c'eft qu'avec des fautes connues, il a plus de réputation qu'aucun

cun de ses Contemporains : c'est que malgré un million d'hommes dont il a privé la France, & qui ont été interressés à le décrier, toute l'Europe l'estime, & le met au rang des plus grands & des meilleurs Monarques.

Nommez-moi donc un Souverain qui ait attiré chez lui plus d'Etrangers habiles, & qui ait plus encouragé le mérite dans ses Sujets ? Soixante Savans de l'Europe reçurent de lui des récompenses, étonnés d'en être connus.

Quoique le Roi ne soit pas votre Souverain, leur écrivoit M. Colbert, *il veut être votre Bienfaiteur ; il m'a commandé de vous envoier la lettre de change ci-jointe comme un gage de son estime.* Un Bohémien, un Danois recevoient de ces Lettres dattées de Versailles. Guillemini bâtit une maison à Florence des bienfaits de Louis XIV. il mit le nom de ce Roi sur le frontispice, & vous ne voulez pas qu'il soit à la tête du Siècle dont je parle.

Ce qu'il a fait dans son Roïaume doit

servir à jamais d'exemple. Il chargea de l'éducation de son Fils & de son Petit-Fils les plus éloquens & les plus savans Hommes de l'Europe. Il eut l'attention de placer trois enfans de Pierre Corneille, deux dans les Troupes, & l'autre dans l'Eglise; il excita le mérite naissant de Racine par un présent considérable pour un jeune homme inconnu & sans bien; & quand ce Génie se fut perfectionné, ces talens, qui souvent sont l'exclusion de la fortune, firent la sienne. Il eut plus que la fortune, la faveur & quelquefois la familiarité d'un Maître dont un regard étoit un bienfait; il étoit en 1688. & 89. de ces voiages de Marly, tant brigués par les Courtisans; il couchoit dans la chambre du Roi pendant ses maladies, & lui lisoit ces chefs-d'œuvres d'Eloquence & de Poësie qui décoroient ce beau Règne.

Cette faveur accordée avec discernement, est ce qui produit de l'émulation & qui échauffe les grands Génies; c'est beaucoup de faire des Fondations,

dations, c'est quelque chose de les soutenir ; mais s'en tenir à ces établissemens, c'est souvent préparer les mêmes aziles pour l'homme inutile & pour le grand homme, c'est recevoir dans la même ruche l'abeille & le frélon.

Louis XIV. songeoit à tout ; il protégeoit les Académies, & distinguoit ceux qui se signaloient. Il ne prodiguoit point sa faveur à un genre de mérite à l'exclusion des autres, comme tant de Princes qui favorisent, non ce qui est bon, mais seulement ce qu'il leur plaît ; la Physique & l'étude de l'antiquité attirérent son attention. Elle ne se ralentit pas même dans les Guerres qu'il soutenoit contre l'Europe : car en bâtissant trois cens Citadelles, en faisant marcher quatre cens mille Soldats, il faisoit élever l'Observatoire, & tracer une Méridienne d'un bout du Roïaume à l'autre, Ouvrage unique dans le monde. Il faisoit imprimer dans son Palais les Traductions des bons Auteurs Grecs, & Latins ; il envoïoit des

Géométres & des Physiciens au fond de l'Afrique & de l'Amérique, chercher des véritez. Songez, Mylord, que sans le voïage & les expériences de ceux qui allérent à la Cayenne en 1672. Newton n'eût pas fait ses découvertes sur la Gravitation. Regardez, je vous prie, un Cassini & un Hugens qui renoncent tous deux à leur Patrie, qu'ils honorent, pour venir jouïr de l'estime & des bienfaits de Louis XIV.

Et pensez-vous que les Anglais même ne lui aient point d'obligation ? Dites-moi, je vous prie, dans quelle Cour Charles II. puisa tant de politesse & tant de goût ? Les bons Auteurs de Louis XIV. n'ont-ils pas été vos modèles ? n'est-ce pas d'eux que votre sage Adisson, qui étoit à la tête des Belles-Lettres d'Angleterre, a tiré très-souvent ses excellentes Critiques ? L'Evêque Burnet avoue que ce goût aquis en France par les Courtisans de Charles XII. réforma chez vous jusqu'à la Chaire, malgré la différence de nos
Reli-

Religions, tant la saine raison a partout d'empire.

Dites-moi si les bons Livres de ce tems-là n'ont pas servi à l'éducation de tous les Princes d'Allemagne? Dans quelle Cour du Nord n'a-t-on pas vû des Théâtres Français? Quel Prince ne tâchoit pas d'imiter Louis XIV? Quelle Nation ne suivoit pas alors les modes de la France?

Vous m'apportez, Mylord, l'exemple du Czar Pierre le Grand, qui a fait naître les Arts dans son Païs, & qui est le Créateur d'une Nation nouvelle. Vous me dites que cependant son Siècle ne sera point appellé dans l'Europe le Siècle du Czar Pierre, vous en concluez que je ne dois point appeller le Siècle passé, le Siècle de Louis XIV.

Il me semble que la différence est bien palpable ; le Czar Pierre s'est instruit chez les autres Peuples, il a porté leurs Arts chez lui ; mais Louis XIV. a instruit les Nations ; & tout, jusqu'à ses fautes mêmes, a été utile à l'Europe.

Les Protestans qui ont quitté ses Etats, ont porté chez vous-même une industrie qui faisoit la richesse de la France.

Comptez-vous pour rien tant de Manufactures de Soïe & de Cristaux ? Ces derniers sur-tout furent perfectionnés chez vous par nos Réfugiez ; & nous avons perdu ce que vous avez aquis. Enfin si la Langue Française est devenue presque la Langue universelle, à qui en est-on redevable ? Etoit-elle ainsi étendue du tems de Henri IV ? Non sans doute ; on ne connoissoit que l'Italien & l'Espagnol. Ce sont nos excellens Ecrivains qui ont fait ce changement ; mais qui a protégé, emploïé, encouragé ces excellens Ecrivains ? C'étoit M. Colbert, me direz-vous ; je l'avoue, & je prétends bien que le Ministre doit partager la gloire du Maître. Mais qu'eut fait un Colbert sous un autre Prince ? Sous votre Roi Guillaume qui n'aimoit rien, sous le Roi d'Espagne Charles II. sous tant d'autres Souverains.

Croi-

Croiriez-vous bien, Mylord, que Louis XIV. a réformé le goût de sa Cour en plus d'un genre ? Il choisit Lully pour son Musicien, & ôta le Privilége à Cambert, parce que Cambert étoit un homme médiocre, & Lully un homme excellent. Il donnoit à Quinaut les sujets de ses Opéra. C'est Louis XIV. qui choisit celui d'Armide. Il dirigeoit les Peintures de le Brun ; il soutenoit Boileau, Racine, Moliére contre leurs ennemis ; il encourageoit les Arts utiles, comme les beaux Arts, & toujours en connoissance de cause ; il prêtoit de l'argent à Vanrobes pour établir des Manufactures ; il avançoit des millions à la Compagnie des Indes qu'il avoit formée. Non seulement il s'est fait de grandes choses sous son Règne, mais c'est lui qui les faisoit en partie. Souffrez donc, Mylord, que je tâche d'élever à sa gloire un Monument que je consacre bien plus à l'utilité du Gen e-humain ; c'est comme Homme & non comme Sujet, que j'écris ; je

veux

veux peindre le dernier Siècle, & non pas simplement un Prince. Je suis las des Histoires, où il n'est question que des avantures d'un Roi, comme s'il existoit seul, ou que rien n'existât que par rapport à lui; en un mot, c'est d'un grand Siècle, plus encore que d'un grand Roi, que j'écris l'Histoire.

Pelisson eût écrit plus éloquemment que moi; mais il étoit Courtisan, & il étoit païé. Je ne suis ni l'un ni l'autre. C'est à moi qu'il appartient de dire la vérité.

J'espére que vous trouverez dans cet Ouvrage quelques-uns de vos sentimens; plus je penserai comme vous; plus j'aurai droit d'espérer l'approbation publique. Je suis, &c.

ESSAI
SUR
LE SIÉCLE
DE
LOUIS XIV.

CE n'eſt point la Vie de LOUIS XIV. qu'on prétend écrire ; on ſe propoſe un plus grand objet. On veut eſſaïer de peindre à la poſtérité, non les actions d'un ſeul homme, mais l'eſprit des hommes dans le Siècle le plus éclairé qui fut jamais.

Tous les tems ont produit des Héros & des Politiques : tous les Peuples ont éprouvé des révolutions : toutes les Hiſtoires ſont preſque égales pour qui ne veut mettre que des faits dans ſa mémoire. Mais quiconque penſe, & ce qui eſt encore plus rare, quiconque a du

A 6   goût,

goût, ne compte que quatre Siècles dans l'Histoire du Monde; ces quatre Ages heureux, font ceux où les Arts ont été perfectionnés, & qui, fervant d'époque à la grandeur de l'efprit humain, font l'exemple de la poftérité.

Le premier de ces Siècles, à qui la véritable gloire eft attachée, eft celui de Philippe & d'Alexandre, ou celui des Péricles, des Démofténes, des Ariftotes, des Platons, des Appelles, des Phidias, des Praxiteles; & cet honneur a été renfermé dans les limites de la Gréce; le refte de la Terre étoit barbare.

Le fecond Age eft celui de Céfar & d'Augufte, défigné encore par les noms de Lucrece, de Ciceron, de Tite-Live, de Virgile, d'Orace, d'Ovide, de Varron, de Vitruve.

Le troifième eft celui qui fuivit la prife de Conftantinople par Mahomet II. Alors on vit en Italie une Famille de fimples Citoïens, faire ce que devoient entreprendre les Rois de l'Europe; les Médicis appellérent à Florence les Arts que les Turcs chaffoient de la Gréce; c'étoit le tems de la gloire d'Italie. Toutes les Sciences reprenoient une vie nouvelle; les Italiens les honorérent du nom de *Vertu*, comme les premiers Grecs les avoient caractérifés du nom de *Sageffe*. Tout tendoit à la perfection: les Michel-Anges, les Raphaels, les Titiens, les Taffes, les Ariofles fleurirent. La Gravure fut inventée; la belle
Archi-

Architecture reparut plus admirable encore que dans Rome triomphante ; & la Barbarie Gotique, qui défiguroit l'Europe en tout genre, fut chaffée de l'Italie pour faire en tout place au bon goût.

Les Arts, toujours tranfplantés de Créce en Italie, fe trouvoient dans un terrain favorable, où ils fructifioient tout-à-coup. La France, l'Angleterre, l'Allemagne, l'Efpagne, voulurent à leur tour avoir de ces fruits ; mais, ou ils ne vinrent point dans ces climats, ou bien ils dégénérérent trop vîte.

François I. encouragea les Savans, mais qui ne furent que favans, il eut des Architectes, mais il n'eut ni des Michel-Anges, ni des Palladios ; il voulut en vain établir des Ecoles de Peinture ; les Peintres Italiens qu'il appella, ne firent point d'éleves Français : quelques Epigrammes & quelques contes libres compofoient toute notre Poëfie ; Rabelais étoit notre feul livre de profe à la mode du tems de Henri II.

En un mot, les Italiens feuls avoient tout, fi vous en exceptez la Mufique, qui n'étoit encore qu'informe, & la Philofophie expérimentale, qui étoit inconnue par tout également.

Enfin le quatrième Siècle eft celui qu'on nomme le Siècle de Louis XIV. & c'eft, peut-être, celui des quatre qui approche le plus

de

de la perfection. Enrichi des découvertes des trois autres, il a plus fait en certains genres, que les trois ensemble. Tous les Arts à la vérité n'ont point été poussés plus loin que sous les Médicis, sous les Augustes & les Alexandres; mais la raison humaine en général s'est perfectionnée. La saine Philosophie n'a été connue que dans ce tems : & il est vrai de dire, qu'à commencer depuis les derniéres années du Cardinal de Richelieu, jusqu'à celles qui ont suivi la mort de Louis XIV. il s'est fait dans nos Arts, dans nos esprits, dans nos mœurs, comme dans notre Gouvernement, une révolution générale, qui doit servir de marque éternelle à la véritable gloire de notre Patrie. Cette heureuse influence ne s'est pas même arrêtée en France, elle s'est étendue en Angleterre; elle a excité l'émulation, dont avoit alors besoin cette Nation spirituelle & profonde; elle a porté le goût en Allemagne; les Siences en Moscovie; elle a même ranimé l'Italie qui languissoit; & l'Europe a dû sa politesse à Louis XIV.

Avant ce tems, les Italiens appelloient tous les Ultramontains du nom de Barbares, & il faut avouer que les Français méritoient en quelque sorte cette injure. Nos Peres joignoient la galanterie Romanesque des Maures à la grossiéreté gotique; ils n'avoient presque aucuns des Arts aimables; ce qui prouve
que

que les Arts utiles étoient négligés : car, lorsqu'on a perfectionné ce qui est nécessaire, on trouve bien-tôt le beau & l'agréable ; & il n'est pas étonnant que la Peinture, la Sculpture, la Poësie, l'Eloquence, la Philosophie, fussent presque inconnues à une Nation, qui, aiant des Ports sur l'Océan & sur la Méditerranée, n'avoit pourtant point de Flote, & qui, aimant le luxe à l'excès, avoit à peine quelques Manufactures grossières.

Les Juifs, les Génois, les Venitiens, les Portugais, les Flamans, les Hollandois, les Anglais firent tour-à-tour notre commerce, dont nous ignorions les principes. Louïs XIII. à son avénement à la Couronne n'avoit pas un Vaisseau : Paris ne contenoit pas quatre cens mille hommes, & n'étoit pas décoré de quatre beaux Edifices : les autres Villes du Roïaume ressembloient à ces Bourgs qu'on voit au-delà de la Loire. Toute la Noblesse cantonnée à la campagne, dans des donjons entourés de fossés, opprimoit ceux qui cultivoient la terre. Les grands chemins étoient presque impraticables ; les Villes étoient sans Police, l'Etat sans argent, & le Gouvernement presque toujours sans crédit parmi les Nations étrangéres.

On ne doit pas se dissimuler, que depuis la décadence de la Famille de Charlemagne, la France avoit langui plus ou moins, dans cette
faibles-

faibleffe, parce qu'elle n'avoit prefque jamais joüi d'un bon Gouvernement.

Il faut, pour qu'un Etat foit puiffant, ou que le Peuple ait une liberté fondée fur les Loix, ou que l'Autorité fouveraine foit affermie fans contradiction.

En France, les Peuples furent efclaves jufques vers le tems de Philippe Augufte; les Seigneurs furent tyrans jufqu'à Louïs XI. & les Rois, toujours occupés à foutenir leur autorité contre leurs Vaffaux, n'eurent jamais ni le tems de fonger au bonheur de leurs Sujets, ni le pouvoir de les rendre heureux.

Louïs XI. fit beaucoup pour la puiffance Roïale, mais rien pour la félicité & la gloire de la Nation.

François I. fit naître le Commerce, la Navigation, les Lettres; & tous les Arts; mais il fut trop malheureux pour leur faire prendre racine en France, & tous périrent après lui.

Henri le Grand vouloit retirer la France des calamités & de la barbarie, où trente ans de difcorde l'avoient replongée, quand il fut affaffiné dans fa Capitale, au milieu du Peuple dont il alloit faire le bonheur.

Le Cardinal de Richelieu, occupé d'abaiffer la Maifon d'Autriche, le Calvinifme & les Grands, ne jouït point d'une puiffance affez paifible pour réformer la Nation, mais au moins il commença cet heureux ouvrage.

Ainfi,

Ainſi, pendant neuf cens années, notre génie a été preſque toujours rétréci, ſous un Gouvernement gotique, au milieu des diviſions & des guerres civiles, n'aïant ni Loix ni Coutumes fixes, changeant de deux ſiècles en deux ſiècles un langage toujours groſſier; les Nobles ſans diſcipline, ne connoiſſant que la guerre & l'oiſiveté; les Eccléſiaſtiques vivant dans le déſordre & dans l'ignorance; & les Peuples ſans induſtrie, croupiſſant dans leur miſére.

Voilà pourquoi les Français n'eurent part ni aux grandes découvertes, ni aux inventions admirables des autres Nations. L'Imprimerie, la Poudre, les Glaces, les Teleſcopes, le Compas de Proportion, la Machine Pneumatique, le vrai Syſtême de l'Univers, ne leur appartiennent point; ils faiſoient des Tournois, pendant que les Portugais & les Eſpagnols découvroient & conquéroient de nouveaux Mondes à l'Orient & à l'Occident du Monde connu. Charles-Quint prodiguoit déja en Europe les tréſors du Mexique, avant que quelques ſujets de François I. euſſent découvert la contrée inculte du Canada; mais, par le peu même que firent les Français dans le commencement du ſeizième ſiècle, on vit de quoi ils ſont capables quand ils ſont conduits.

On ſe propoſe de montrer ici ce qu'ils ont
été

été sous Louïs XIV. & l'on souhaite que la postérité de ce Monarque, & celle de ses Peuples également animées d'une heureuse émulation, s'efforcent de surpasser leurs Ancêtres.

Il ne faut pas qu'on s'attende à trouver ici les détails presque infinis des guerres entreprises dans ce Siècle; on est obligé de laisser aux Annalistes le soin de ramasser avec exactitude tous ces petits faits qui ne serviroient qu'à détourner la vûe de l'objet principal. C'est à eux à marquer les marches, les contremarches des Armées, & les jours où les tranchées furent ouvertes devant des Villes, prises & reprises par les armes, données & rendues par des Traités; mille circonstances intéressantes pour les Contemporains, se perdent aux yeux de la postérité, & disparoissent, pour ne laisser voir que les grands événemens qui ont fixé la destinée des Empires; tout ce qui s'est fait ne mérite pas d'être écrit: on tâchera sur-tout dans cet Essai de ne s'attacher qu'à ce qui mérite l'attention de tous les tems, à ce qui peut peindre le génie & les mœurs des hommes, à ce qui peut servir d'instruction, & conseiller l'amour de la vertu, des Arts & de la Patrie.

On essaiera de faire voir ce qu'étoient & la France & les autres Etats de l'Europe avant la naissance de Louïs XIV. ensuite on décrira les grands événemens politiques & militaires

DE LOUIS XIV.

res de son Règne. On dira ce qui s'est passé de son tems au sujet de la Religion, qui aïant été donnée aux hommes comme la règle de la morale, devient trop souvent entre leurs mains un des grands objets de la politique. On parlera ensuite de la vie privée de Louis XIV. de cette vie toujours égale, toujours décente, jusques dans les plaisirs, modèle de la conduite de tout homme en place. Le Gouvernement intérieur de son Rōiaume, objet bien plus important, contiendra aussi quelques articles à part; enfin on traitera du progrès des Arts & des Sciences, & de l'Histoire de l'ésprit humain, principal objet de cet Ouvrage.

CHA-

CHAPITRE PREMIER.

Des Etats Chrétiens de l'Europe avant Louis XIV.

IL y avoit déja long-tems qu'on pouvoit regarder l'Europe Chrétienne (à la Moscovie près) comme une grande République, partagée en plusieurs Etats, les uns Monarchiques, les autres Mixtes ; ceux-ci Aristocratiques, ceux-là Populaires ; mais tous correspondans les uns avec les autres, tous aïant un même fonds de Religion, quoique divisée en plusieurs Sectes, tous aïant les mêmes principes de droit public & de politique, inconnus dans les autres parties du Monde. C'est par ces principes que les Nations Européennes ne font point esclaves leurs prisonniers, qu'elles respectent les Ambassadeurs de leurs ennemis, qu'elles conviennent ensemble de la prééminence & de quelques droits de certains Princes, comme de l'Empereur, des Rois, & des autres moindres Potentats, & qu'elles s'accordent sur-tout dans la sage politique de tenir entr'elles, autant qu'elles peuvent, une balance égale de pouvoir,

voir, emploïant sans cesse les négociations, même au milieu de la guerre, & entretenant les unes chez les autres des Ambassadeurs, ou des Espions moins honorables, qui peuvent avertir toutes les Cours des desseins d'une seule, donner à la fois l'allarme à l'Europe, & garantir les plus faibles des invasions, que le plus fort est toujours prêt d'entreprendre.

Depuis Charles-Quint, la balance penchoit trop du côté de la Maison d'Autriche. Cette Maison puissante étoit vers l'an 1630. maîtresse de l'Espagne, du Portugal, & des tresors de l'Amérique ; la Flandre, le Milanez, le Roïaume de Naples, la Bohême, la Hongrie, l'Allemagne même (si on le peut dire) étoient devenus son patrimoine ; & si tant d'Etats avoient été réunis sous un seul Chef de cette Maison, il est à croire que l'Europe lui auroit enfin été asservie.

(*) L'Empire d'Allemagne est le plus puissant voisin qu'ait la France ; il est à peu près de la même étendue, moins riche peut-être en argent, mais plus fécond en hommes robustes & patiens dans le travail. La Nation Allemande est gouvernée, peu s'en faut, comme l'étoit la France sous les premiers Rois Capetiens, qui étoient les Chefs, souvent mal obéis de plusieurs grands Vassaux, & d'un grand

(*) De l'Allemagne.

grand nombre de petits. Aujourd'hui soixante Villes libres, & qu'on nomme Impériales, environ autant de Souverains Séculiers, près de quarante Princes Ecclésiastiques, soit Abbés, soit Evêques, neuf Electeurs, parmi lesquels on peut compter trois Rois : enfin l'Empereur, Chef de tous ces Potentats, composent ce grand Corps Germanique, que le flegme Allemand fait subsister avec presque autant d'ordre qu'il y avoit autrefois de confusion dans le Gouvernement Français.

Chaque Membre de l'Empire a ses droits, ses privilèges, ses obligations ; & la connoissance difficile de tant de Loix, souvent contestées, fait ce qu'on appelle en Allemagne, *l'Etude du Droit public*, pour laquelle la Nation Germanique est si renommée.

L'Empereur, par lui-même, ne seroit guères à la vérité plus puissant, ni plus riche qu'un Doge de Venise. L'Allemagne partagée en Villes libres, & en Principautés, ne laisse au Chef de tant d'Etats que la prééminence, avec d'extrêmes honneurs, sans Domaines, sans argent, & par conséquent sans pouvoir; il ne possède pas, à titre d'Empereur, un seul Village ; la Ville de Bambert lui est assignée seulement pour sa résidence, quand il n'en a pas d'autre. Cependant cette dignité, aussi vaine que suprême, étoit devenue si puissante entre les mains des Autrichiens, qu'on a craint

craint souvent qu'ils ne convertissent en Monarchie absolue cette République de Princes.

Deux Partis divisoient alors, & partagent encore aujourd'hui l'Europe Chrétienne, & sur-tout l'Allemagne. Le premier est celui des Catholiques, plus ou moins soumis au Pape: le second est celui des ennemis de la Domination spirituelle & temporelle du Pape & des Prélats Catholiques. Nous appelons ceux de ce parti du nom général de Protestans, quoiqu'ils soient divisés en Luthériens, Calvinistes, & autres, qui tous se haïssent entr'eux, presque autant qu'ils haïssent Rome.

En Allemagne, la Saxe, le Brandebourg, le Palatinat, une partie de la Bohême, de la Hongrie, les Etats de la Maison de Brunswic, le Wirtemberg, suivent la Religion Luthérienne, qu'on nomme *Evangélique*; toutes les Villes libres Impériales ont embrassé cette Secte, qui a semblé plus convenable que la Religion Catholique à des Peuples jaloux de leur liberté.

Les Calvinistes répandus parmi les Luthériens, qui sont les plus forts, ne font qu'un parti médiocre; les Catholiques composent le reste de l'Empire: & aïant à leur tête la Maison d'Autriche, ils étoient sans doute les plus puissans.

Non-

Non-seulement l'Allemagne, mais tous les Etats Chrétiens, saignoient encore des plaies qu'ils avoient reçues de tant de guerres de Religion, fureur particuliére aux Chrétiens, ignorée des Idolâtres, & suite malheureuse de l'esprit dogmatique introduit depuis si long-tems dans toutes les conditions. Il y a peu de points de controverses qui n'aient causé une guerre civile; & les Nations étrangéres (peut-être notre postérité) ne pourront un jour comprendre que nos péres se soient égorgés mutuellement pendant tant d'années, en prêchant la Patience.

En 1619. l'Empereur Mathias étant mort sans enfans, le Parti Protestant se remua pour ôter l'Empire à la Maison d'Autriche, & à la Communion Romaine; mais Ferdinand de Grats, cousin de Mathias, n'en fut pas moins élû Empereur. Il étoit déja Roi de Bohême & de Hongrie, par la démission de Mathias, & par le choix forcé que firent de lui ces deux Roïaumes.

Ce Ferdinand II. continua d'abattre le Parti Protestant; il se vit quelque-tems le plus puissant & le plus heureux Monarque de la Chrétienté, moins par lui-même, que par le succès de ses deux grands Généraux, Valstein & Tilly, à l'exemple de beaucoup de Princes de la Maison d'Autriche, Conquérans sans être Guerriers, & heureux par le mérite de ceux

ceux qu'ils savoient choisir. Cette Puissance menaçoit déja du joug, & les Protestans & les Catholiques : l'allarme fut même portée jusqu'à Rome, sur laquelle ce titre d'Empereur & de Roi des Romains donnent des droits chimériques, que la moindre occasion peut rendre trop réels. Rome, qui de son côté, prétendoit autrefois un droit plus chimérique sur l'Empire, s'unit alors avec la France contre la Maison d'Autriche; l'argent des Français, les intrigues de Rome, & les cris de tous les Protestans, appellérent enfin du fond de la Suede Gustave-Adolphe, le seul Roi de ce tems-là qui pût prétendre au nom de Héros, & le seul qui pût renverser la puissance Autrichienne.

L'arrivée de Gustave en Allemagne changea la face de l'Europe. Il gagna en 1631. contre le Général Tylly, la Bataille de Leipsik, si célèbre par les nouvelles manoeuvres de guerre que ce Roi mit en usage, & qui passe encore pour le chef-d'oeuvre de l'Art Militaire.

L'Empereur Ferdinand se vit en 1632. prêt à perdre la Bohême, la Hongrie & l'Empire : son bonheur le sauva. Gustave-Adolphe fut tué à la Bataille de Lutzen, au milieu de sa Victoire, & la mort d'un seul homme rétablit ce que lui seul pouvoit détruire.

La politique de la Maison d'Autriche, qui avoit succombé sous les armes d'Adolphe, se trouva forte contre tout le reste; elle détacha

Tome V.   B   les

les Princes les plus puiſſans de l'Empire de l'alliance des Suédois. Ces Troupes victorieuſes, abandonnées de leurs Alliés & privées de leur Roi, furent battues à Norlingue ; & quoique plus heureuſes enſuite, elles furent toujours moins à craindre que ſous Guſtave.

Ferdinand II. mort dans ces conjonctures, laiſſa tous ſes Etats à ſon fils Ferdinand III. qui hérita de ſa politique, & fit, comme lui, la guerre de ſon Cabinet : il régna pendant la minorité de Louïs XIV.

L'Allemagne n'étoit point alors auſſi floriſſante qu'elle l'eſt devenue depuis ; le luxe y étoit inconnu, & les commodités de la vie étoient encore très-rares chez les plus grands Seigneurs ; elles n'y ont été portées que vers l'an 1686. par les Réfugiés Français qui allérent y établir leurs Manufactures. Ce Païs fertile & peuplé manquoit de commerce & d'argent, la gravité des mœurs & la lenteur particuliére aux Allemans, les privoient de ces plaiſirs & de ces Arts agréables, que la ſagacité Italienne cultivoit depuis tant d'années, & que l'induſtrie Françaiſe commençoit dès-lors à perfectionner. Les Allemans, riches chez eux, étoient pauvres ailleurs ; & cette pauvreté jointe à la difficulté de réunir long-tems ſous les mêmes étendarts tant de peuples différens, les mettoit à peu près comme aujourd'hui dans l'impoſſibilité de porter

&

& de soutenir long-tems la guerre chez leurs Voisins. Aussi c'est presque toujours dans l'Empire que les Français ont fait la guerre contre l'Empire. La différence du Gouvernement & du génie, rendent les Français plus propres pour l'attaque, & les Allemans pour la défense.

(*) L'Espagne gouvernée par la Branche aînée de la Maison d'Autriche, avoit imprimé, après la mort de Charles-Quint, plus de terreur que la Nation Germanique; les Rois d'Espagne étoient incomparablement plus absolus & plus riches. Les mines du Mexique & du Potose sembloient leur fournir de quoi acheter la liberté de l'Europe. Ce projet de la Monarchie universelle de notre Continent Chrétien, commencé par Charles-Quint, fut d'abord soutenu par Philippe II. Il voulut du fond de l'Escurial, asservir la Chrétienté par les négociations & par la guerre. Il envahit le Portugal, il désola la France, il menaça l'Angleterre; mais plus propre peut-être à marchander de loin les esclaves, qu'à combattre de près ses ennemis, il n'ajouta aucune conquête à celle de Portugal; il sacrifia, de son aveu, quinze cens millions, qui sont aujourd'hui en 1735. plus de trois mille millions de ontre monnoïe, pour asservir la France, & pour regagner la Hollande. Mais ces trésors ne servirent qu'à enrichir ces païs qu'il voulut dompter.

Phi-

(*) De l'Espagne.

Philippe III. son fils, moins guerrier encore & moins sage, eut peu de vertu de Roï. La superstition, ce vice des ames faibles, ternit son Règne & affaiblit la Monarchie Espagnole. Son Roïaume commençoit à s'épuiser d'habitans, par les nombreuses Colonies que l'avarice transplantoit dans le Nouveau-Monde; & ce fut dans ces circonstances, que ce Roi chassa de ses Etats plus de huit cens mille Maures, lui qui auroit dû, au contraire, en faire venir davantage, s'il est vrai que le nombre des Sujets soit le vrai trésor des Rois. L'Espagne fut presque déserte depuis ce tems. La fierté oisive des Habitans laissa passer en d'autres mains les richesses du Nouveau-Monde; l'Or du Pérou devint le partage de tous les Marchands de l'Europe. En vain une loi sévère & presque toujours exécutée, ferme les Ports de l'Amérique Espagnole aux autres Nations: les Négocians de France, d'Angleterre, d'Italie, chargent leurs Marchandises les Gallions, en rapportent le principal avantage, & c'est pour eux que le Pérou & le Mexique ont été conquis.

La grandeur Espagnole ne fut donc plus sous Philippe III. qu'un vaste corps sans substance, qui avoit plus de réputation que de force.

Philippe IV. hérita de la faiblesse de son pere, perdit le Portugal par sa négligence, le Roussillon par la faiblesse de ses armes, & la

Cata-

Catalogne par l'abus du despotisme. C'est ce même Roi à qui le Comte Duc Olivarès, son Favori & son Ministre, fit prendre le nom de Grand à son avénement à la Couronne, peut-être pour l'exciter à mériter ce titre dont il fût si indigne, que tout Roi qu'il étoit, personne n'osa le lui donner. De tels Rois ne pouvoient être long-tems heureux dans leurs guerres contre la France. Si nos divisions & nos fautes leur donnoient quelques avantages, ils en perdoient le fruit par leur incapacité. De plus, ils commandoient à des Peuples que leurs Priviléges mettoient en droit de mal servir; les Castillans avoient la prérogative de ne point combattre hors de leur Patrie. Les Aragonnois disputoient sans cesse leur liberté contre le Conseil Roial, & les Catalans qui regardoient leurs Rois comme leurs ennemis, ne leur permettoient pas même de lever des Milices dans leurs Provinces; ainsi ce beau Roïaume étoit alors peu puissant au-dehors, & misérable au-dedans; nulle industrie ne secondoit dans ces climats heureux les présens de la nature; ni les Soies de Valence, ni les belles Laines de l'Andalousie & de la Castille, n'étoient préparées par les mains Espagnoles. Les Toiles fines étoient un luxe très-peu connu. Les Manufactures Flamandes, restes des monumens de la Maison de Bourgogne, fournissoient à Madrid ce que l'on connaiſſoit alors de magnificence, les Etoffes d'or & d'argent étoient défendues dans cette Monarchie, comme elles le feroient dans une République indigente, qui craindroit de s'apauvrir. En effet, malgré les mines du Nouveau-Monde, l'Eſpagne étoit ſi pauvre, que le miniſtère de Philippe IV. ſe trouva réduit à la néceſſité de faire de la monnoïe de cuivre, à laquelle on donna un prix preſque auſſi fort qu'à l'argent : il fallut que le Maître du Mexique & du Pérou, fît de la fauſſe-monnoïe pour païer les Charges de l'Etat; on n'oſoit, ſi l'on en croit le ſage Gourville, impoſer des taxes perſonnelles, parce que ni les Bourgeois, ni les gens de la campagne n'aïant preſque point de meubles, n'auroient jamais pû être contraints à païer. Tel étoit l'état de l'Eſpagne, & cependant réunie avec l'Empire, elle mettoit un poids redoutable dans la balance de l'Europe.

(*) Le Portugal redevenoit alors un Roïaume. Jean, Duc de Bragance, Prince qui paſſoit pour faible, avoit arraché cette Province à un Roi plus faible que lui; les Portugais cultivoient par néceſſité, le commerce que l'Eſpagne négligeoit par fierté; ils venoient de ſe liguer avec la France & la Hollande en 1641. contre l'Eſpagne. Cette révolution du Portugal valut à la France plus que
n'euſ-

(*) *Du Portugal.*

n'eussent fait les plus signalées victoires. Le ministère Français, qui n'avoit contribué en rien à cet événement, en retira sans peine le plus grand avantage qu'on puisse avoir contre son ennemi, celui de le voir attaqué par une Puissance irréconciliable.

Le Portugal secouant le joug de l'Espagne, étendant son Commerce, & augmentant sa puissance, rappelle ici l'idée de la Hollande, qui jouissoit des mêmes avantages d'une manière bien différente.

(*) Ce petit Etat des sept Provices-Unies, Païs stérile, mal-sain, & presque submergé par la mer, étoit depuis environ un demi-siècle, un exemple presque unique sur la terre, de ce que peuvent l'amour de la liberté, & le travail infatigable : ces peuples pauvres, peu nombreux, bien moins aguerris que les moindres Milices Espagnoles, & qui n'étoient comptés encore pour rien dans l'Europe, résistérent à toutes les forces de leur Maître & de leur Tyran Philippe II. éludérent les desseins de plusieurs Princes qui vouloient les secourir pour les asservir, & fondérent une Puissance que nous avons vû balancer le pouvoir de l'Espagne même. Le désespoir qu'inspire la tyrannie, les avoit d'abord armées ; la liberté avoit élevé leur courage, & les Princes de la Maison d'Orange en avoient fait d'excellens Soldats.

A pei-

(*) De la Hollande.

À peine vainqueurs de leurs Maîtres, ils établirent une forme de Gouvernement, qui conserve, autant qu'il est possible, l'égalité, le droit le plus naturel des hommes.

La douceur de ce Gouvernement, & la tolérance de toutes les maniéres d'adorer Dieu, dangereuse peut-être ailleurs, mais là nécessaire, peuplérent la Hollande d'une foule d'Etrangers, & sur-tout de Wallons, que l'Inquisition persécutoit dans leur Patrie, & qui d'esclaves devinrent citoïens.

La Religion Calviniste, dominante dans la Hollande, servit encore à sa puissance. Ce Païs, alors si pauvre, n'auroit pu ni suffire à la magnificence des Prélats, ni nourrir des Ordres Religieux: & cette Terre où il falloit des hommes, ne pouvoit admettre ceux qui s'engagent par serment à laisser périr, autant qu'il est en eux, l'espèce humaine. On avoit l'exemple de l'Angleterre, qui étoit d'un tiers plus peuplée, depuis que les Ministres des Autels jouïssoient de la douceur du Mariage, & que les espérances des Familles n'étoient plus ensévelies dans le célibat du Cloître.

Tandis que les Hollandais établissoient, les armes à la main, ce Gouvernement nouveau, ils le soutenoient par le négoce; ils allérent attaquer au fond de l'Asie ces mêmes Maîtres qui jouïssoient alors des découvertes des Portugais; ils leur enlevérent les Isles où croissent

sent ces Epiceries précieuses, trésors aussi réels que ceux du Pérou, & dont la culture est aussi salutaire à la santé, que le travail des Mines est mortel aux hommes.

La Compagnie des Indes Orientales, établie en 1602. gagnoit déja près de trois cens pour cent en 1620. Ce gain augmentoit chaque année. Bien-tôt cette Société de Marchands, devenue une puissance formidable, bâtit dans l'Isle de Java, la Ville de Batavia, la plus belle de l'Asie, & le centre du Commerce, dans laquelle résident cinq mille Chinois, & où abordent toutes les Nations de l'Univers. La Compagnie peut y armer trente Vaisseaux de Guerre de quarante piéces de canon, & mettre au moins vingt mille hommes sous les armes. Un simple Marchand, Gouverneur de cette Colonie, y paraît avec la pompe des plus grands Rois, sans que ce faste Asiatique corrompe la frugale simplicité des Hollandais en Europe ; ce commerce & cette frugalité firent la grandeur des sept Provinces.

Anvers, si long-tems florissante, & qui avoit englouti le commerce de Venise, ne fut plus qu'un désert. Amsterdam, malgré les incommodités de son Port, devint à son tour le magasin du monde. Toute la Hollande s'enrichit & s'embellit par des travaux immenses. Les eaux de la Mer furent contenues par de doubles Digues. Des Canaux creusés dans toutes les Villes, furent revêtus de pierre; les rues devinrent de larges Quais, ornés de grands arbres. Les Barques chargées de marchandises abordérent aux portes des Particuliers; & les Etrangers ne se lassent point d'admirer ce mélange singulier, formé par les faîtes des maisons, les cîmes des arbres, & les banderoles des Vaisseaux, qui donnent à la fois dans un même lieu, le spectacle de la Mer, de la Ville & de la Campagne.

Cet Etat, d'une espèce si nouvelle, étoit depuis sa fondation attachée intimement à la France: l'intérêt les réunissoit; ils avoient les mêmes ennemis; Henri le Grand & Louïs XIII. avoient été ses Alliés & ses Protecteurs.

(*) L'Angleterre, beaucoup plus puissante, affectoit la souveraineté des Mers, & prétendoit mettre une balance entre les Dominations de l'Europe; mais Charles I. qui régnoit depuis 1625. loin de pouvoir soutenir le poids de cette balance, sentoit le Sceptre échapper déjà de sa main; il avoit voulu rendre son pouvoir en Angleterre indépendant des Loix, & changer la Religion en Ecosse. Trop opiniâtre pour se désister de ses desseins, & trop faible pour les exécuter; bon Mari, bon Maître, bon Pere, honnête homme, mais Monarque mal conseillé; il s'engagea dans une Guerre civile, qui lui fit perdre enfin le Trône & la vie sur un échafaut,

(*) De l'Angleterre.

faut, par une révolution presque inoüie.

Cette Guerre civile commencée dans la minorité de Louis XIV. empêcha pour un tems l'Angleterre d'entrer dans les intérêts de ses Voisins; elle perdit sa considération avec son bonheur; son commerce fut interrompu: les autres Nations la crurent ensévelie sous ses ruïnes, jusqu'au tems où elle devint tout-à-coup plus formidable que jamais, sous la domination de Cromwel, qui l'assujettit, en portant l'Evangile dans une main, l'épée dans l'autre, le masque de la Religion sur le visage, & qui, dans son Gouvernement, couvrit des qualités d'un grand Roi tous les crimes d'un Usurpateur.

(*) Cette balance que l'Angleterre s'étoit long-tems flattée de maintenir entre les Rois par sa puissance, la Cour de Rome essaïoit de la tenir par sa politique. L'Italie étoit divisée, comme aujourd'hui, en plusieurs Souverainetés: celle que possède le Pape est assez grande pour le rendre respectable comme Prince, & trop petite pour le rendre redoutable. La nature du Gouvernement ne sert pas à peupler son Païs, qui d'ailleurs a peu d'argent & de commerce: son autorité spirituelle, toujours un peu mêlée de temporel, est détruite & abhorrée dans la moitié de la Chrétienté; & si dans l'autre il est regardé comme un pere, il a des enfans qui lui résistent quelquefois avec raison

(*) De Rome.

raison & avec succès: la maxime de France est de le regarder comme une personne sacrée, mais entreprenante, à laquelle il faut baiser les pieds, & lier quelquefois les mains. On voit encore dans tous les Païs Catholiques, les traces des pas que la Cour de Rome a faits autrefois vers la Monarchie universelle. Tous les Princes de la Religion Catholique envoient au Pape, à leur avénement, des Ambassades qu'on nomme d'*Obédience*. Chaque Couronné a dans Rome un Cardinal qui prend le nom de Protecteur. Le Pape donne des Bulles de tous les Evêchés, & s'exprime dans ses Bulles comme s'il conféroit ces Dignités de sa seule puissance. Tous les Evêques Italiens, Espagnols, Flamans, & même quelques Français, se nomment Evêques, par la permission Divine & par celle du Saint Siége. Il n'y a point de Roïaume dans lequel il n'y ait beaucoup de Bénéfices à sa nomination: il reçoit en tribut les revenus de la premiére année des Bénéfices consistoriaux.

Les Religieux, dont les Chefs résident à Rome, sont encore autant de Sujets immédiats du Pape, répandus dans tous les Etats. La Coutume qui fait tout, & qui est cause que le monde est gouverné par des abus comme par des Loix, n'a pas toujours permis aux Princes de remédier entiérement à un danger qui tient d'ailleurs à des choses utiles & sacrées. Prêter Serment à un autre qu'à son Souverain, est un crime me de leze-Majesté dans un Laïque, c'est dans le Cloître un acte de Religion. La difficulté de savoir à quel point on doit obéïr à ce Souverain étranger, la facilité de se laisser séduire, le plaisir de secouer un joug naturel pour en prendre un qu'on se donne à soi-même, l'esprit de troubler, le malheur des tems, n'ont que trop souvent porté des Ordres entiers de Religieux à servir Rome contre leur Patrie.

L'esprit éclairé qui régne en France depuis un siècle, & qui s'est étendu dans presque toutes les conditions, a été le meilleur reméde à cet abus. Les bons Livres écrits sur cette matiére, sont des vrais services rendus aux Rois & aux Peuples; & un des grands changemens qui se soient faits par ce moïen dans nos mœurs sous Louïs XIV. c'est la persuasion dans laquelle les Religieux commencent tous à être, qu'ils sont sujets du Roi avant que d'être serviteurs du Pape. La Jurisdiction, cette marque essentielle de la Souveraineté, est encore demeurée au Pontife Romain. La France même, malgré toutes ses libertés de l'Eglise Gallicane, souffre que l'on apelle au Pape en dernier ressort dans les causes Ecclésiastiques.

Si on veut dissoudre un mariage, épouser sa cousine ou sa niéce, se faire relever de ses vœux, c'est à Rome (& non à son Evêque) qu'on s'adresse; les graces y sont taxées, & les particuliers de tous les Etats y achetent des dispenses à tout prix.

Ces

Ces avantages, regardés par beaucoup de personnes comme la suite des plus grands abus, & par d'autres comme les restes des droits les plus sacrés, sont soutenus avec un art admirable. Rome ménage son crédit avec autant de politique, que la République Romaine en mit à conquérir la moitié du Monde connu.

Jamais Cour ne sut mieux se conduire, selon les hommes & selon les tems. Les Papes sont presque toujours des Italiens, blanchis dans les affaires, sans passions qui les aveuglent; leur Conseil est composé de Cardinaux qui leur ressemblent, qui sont tous animés du même esprit. De ce Conseil émanent des ordres qui vont jusqu'à la Chine & à l'Amérique. Il embrasse en ce sens l'Univers; & on peut dire ce que disoit autrefois un Etranger du Sénat de Rome : j'ai vû un *Consistoire des Rois*. La plûpart de nos Ecrivains se sont élevés avec raison contre l'ambition de cette Cour; mais je n'en vois point qui ait rendu assez de justice à sa prudence. Je ne sai si une autre Nation eût pû conserver si long-tems dans l'Europe tant de prérogatives toujours combatues; toute autre Cour les eût peut-être perdus, ou par sa fierté ou par sa molesse, ou par sa lenteur, ou par sa vivacité : mais Rome emploïant presque toujours à propos la fermeté & la souplesse, a conservé tout ce qu'elle a pû humainement garder. On la vit rampante sous Charles-Quint, terrible à notre Roi Henri III.

ri III. ennemie & amie tour-à-tour de Henri IV. adroite avec Louïs XIII. opposée ouvertement à Louïs XIV. dans le tems qu'il fut à craindre, & souvent ennemie secrette des Empereurs, dont elle se défioit plus que du Sultan des Turcs.

Quelques droits, beaucoup de prétentions, encore plus de politique, voilà ce qui reste aujourd'hui à Rome de cette ancienne puissance, qui, six Siècles auparavant, avoit voulu soumettre l'Empire & l'Europe à la Tiare.

Naples est un témoignage subsistant encore de ce droit que les Papes surent prendre autrefois avec tant d'art & de grandeur, de créer & de donner des Roïaumes. Mais le Roi d'Espagne, possesseur de cet Etat, ne laissoit à la Cour Romaine que l'honneur & le danger d'avoir un Vassal trop puissant.

(*) Au reste, l'Etat du Pape étoit dans une paix heureuse, qui n'avoit été altérée que par une petite Guerre, entre les Cardinaux Barberin, neveux du Pape Urbain VIII. & le Duc de Parme; Guerre peu sanglante & passagére, telle qu'on la devoit attendre de ces nouveaux Romains, dont les mœurs devoient être nécessairement conformes à l'esprit de leur Gouvernement. Le Cardinal Barberin, auteur de ces troubles, marchoit à la tête de sa petite armée avec des Indulgences. La plus forte Bataille qui

(*) Du reste de l'Italie.

qui se donna, fut entre quatre ou cinq cens hommes de chaque parti. La Forteresse de Piegaia se rendit à discrétion, dès qu'elle vit approcher l'artillerie, & cette artillerie consistoit en deux coulevrines; cependant il fallut, pour étouffer ces troubles, qui ne méritent point de place dans l'Histoire, plus de négociations que s'il s'étoit agi de l'ancienne Rome & de Carthage. On ne rapporte cet événement que pour faire connaître le génie de Rome moderne qui finit tout par la négociation, comme l'ancienne Rome finissoit tout par des victoires.

Les autres Provinces d'Italie écoutoient des intérêts divers. Venise craignoit les Turcs & l'Empereur: elle défendoit à peine ses Etats de terre-ferme des prétentions de l'Allemagne, & de l'invasion du Grand-Seigneur. Ce n'étoit plus cette Venise, autrefois la Maîtresse du Commerce du monde; qui, cent cinquante ans auparavant, avoit excité la jalousie de tant de Rois. La sagesse de son Gouvernement subsistoit, mais son grand Commerce anéanti, lui ôtoit presque toute sa force; & la Ville de Venise étoit par sa situation incapable d'être domptée, & par sa faiblesse, incapable de faire des conquêtes.

L'Etat de Florence jouissoit de la tranquillité & de l'abondance sous le Gouvernement des Médicis: les Lettres, les Arts & la politesse que les Médicis avoient fait naître, florissoient encore.

core. Florence alors étoit en Italie, ce qu'Athénes avoit été en Gréce.

La Savoïe déchirée par une guerre civile, & par les troupes Françaises & Espagnoles, s'étoit enfin réunie toute entiére en faveur de la France, & contribuoit en Italie à l'affaiblissement de la Puissance Autrichienne.

Les Suisses conservoient, comme aujourd'hui, leur liberté, sans chercher à oprimer personne. Ils vendoient leurs Troupes à leurs Voisins plus riches qu'eux ; ils étoient pauvres, ils ignoroient les Sciences & tous les Arts que le luxe a fait naître, mais ils étoient sages & heureux.

(*) Les Nations du Nord de l'Europe, la Pologne, la Suéde, le Dannemarck, la Moscovie étoient, comme les autres Puissances, toujours en défiance ou en guerre entre elles. On voïoit, comme aujourd'hui, dans la Pologne les mœurs & le gouvernement des Gots & des Francs ; un Roi électif, des Nobles partageans sa puissance; un Peuple esclave, une faible Infanterie, une Cavalerie composée de Nobles; point de Villes fortifiées, presque point de commerce. Ces Peuples étoient, tantôt attaqués par les Suédois ou par les Moscovites, & tantôt par les Turcs. Les Suédois, Nation plus libre encore par sa Constitution, qui admet les

Païsans

(*) *Des Etats du Nord.*

Païsans mêmes dans les Etats-Généraux, mais alors plus soumise à ses Rois que la Pologne, furent victorieux presque par-tout. Le Dannemarck autrefois formidable à la Suéde, ne l'étoit plus à personne; la Moscovie n'étoit encore que barbare.

Les Turcs n'étoient pas ce qu'ils avoient été sous les Selims, les Mahomets & les Solimans : la molesse corrompoit le Sérail sans en bannir la cruauté. Les Sultans étoient en même-tems, & les plus Despotiques des Souverains, & les moins assurés de leur Trône & de leur vie. Osman & Ibrahim venoient de mourir par le cordeau. Mustapha avoit été deux fois déposé. L'Empire Turc ébranlé par ces secousses, étoit encore attaqué par les Persans; mais quand les Persans le laissoient respirer, & que les révolutions du Sérail étoient finies, cet Empire redevenoit formidable à la Chrétienté : car depuis l'embouchure du Boristène jusqu'aux Etats de Venise, on voïoit la Moscovie, la Hongrie, la Gréce, les Isles tour-à-tour en proïe aux Armées des Turcs : & dès l'an 1645. ils faisoient constamment cette guerre de Candie, si funeste aux Chrétiens. Telles étoient la situation, les forces & l'intérêt des principales Nations Européennes, vers le tems de la mort du Roi de France Louïs XIII.

(*) La France, alliée à la Suéde, à la Hollande,

───────

(*) *Situation de la France.*

lande, à la Savoïe, au Portugal, & aïant pour elle les vœux des autres Peuples demeurés dans l'inaction, foutenoit contre l'Empire & l'Espagne une guerre ruineuse aux deux Partis, & funeste à la Maison d'Autriche. Cette guerre étoit semblable à toutes celles qui se font depuis tant de siècles entre les Princes Chrétiens, dans lesquelles des millions d'hommes font sacrifiés, & des Provinces ravagées, pour obtenir enfin quelques petites Villes frontiéres, dont la possession ne vaut jamais ce qu'a coûté la conquête.

Les Généraux de Loüis XIII. avoient pris le Roussillon ; les Catalans venoient de se donner à la France, protectrice de la liberté qu'ils défendoient contre leurs Rois : mais ces succès n'avoient pas empêché les ennemis de prendre Corbie en 1637. & de venir jusqu'à Pontoise. La peur avoit chassé de Paris la moitié de ses Habitans ; & le Cardinal de Richelieu, au milieu de ses vastes projets d'abaisser la Puissance Autrichienne, avoit été réduit à taxer les Portes cochéres de Paris à fournir chacune un Laquais pour aller à la guerre, & pour repousser les ennemis des portes de la Capitale.

Les Français avoient donc fait beaucoup de mal aux Espagnols & aux Allemans, & n'en avoient pas moins essuïé.

(*) Les Guerres avoient produit des Généraux

(*) *Mœurs du tems.*

raux illustres, tels qu'un Gustave-Adolphe, un Valstein, un Duc de Veimar, Picolomini, Jean de Vert, le Maréchal de Guebrian, les Princes d'Orange, le Comte d'Harcourt. Des Ministres d'Etat ne s'étoient pas moins signalés. Le Chancelier Oxenstiern, le Comte Duc d'Olivarès, mais sur-tout le Cardinal Duc de Richelieu, avoient attiré sur eux l'attention de l'Europe. Il n'y a aucun Siècle qui n'ait eu des hommes d'Etat & de Guerres célèbres ; la Politique & les Armes semblent malheureusement être les deux professions les plus naturelles à l'homme ; il faut toujours ou négocier ou se battre. Le plus heureux passe pour le plus grand, & le Public attribue souvent au mérite tous les succès de la fortune.

La Guerre ne se faisoit pas comme nous l'avons vû faire du tems de Louis XIV. les Armées n'étoient pas si nombreuses ; aucun Général, depuis le Siége de Mets par Charles-Quint, ne s'étoit vû à la tête de cinquante mille hommes : on assiégeoit & on défendoit les Places avec moins de canon qu'aujourd'hui. L'art des Fortifications étoit encore dans son enfance : les piques & les arquebuses étoient en usage ; on n'avoit pas perdu l'habitude des armes défensives ; il restoit encore des anciennes Loix des Nations, celle de déclarer la Guerre par un Héraut. Louis XIII. fut le dernier qui observa cette coûtume. Il envoïa un Héros-d'Armes à Bruxel-

Bruxelles, déclarer la Guerre à l'Espagne en 1635.

Rien n'étoit plus commun alors que de voir des Prêtres commander des Armées : le Cardinal Infant, le Cardinal de Savoïe, Richelieu, la Valette, Sourdis Archevêque de Bourdeaux, avoient endoffé la cuiraffe & fait la guerre eux-mêmes. Les Papes menacérent quelquefois d'excommunication ces Prêtres guerriers. Le Pape Urbain VIII. fâché contre la France, fit dire au Cardinal de la Valette qu'il le dépouilleroit du Cardinalat, s'il ne quittoit les armes ; mais réuni avec la France, il le combla de bénédictions.

Les Ambaffadeurs, non moins Miniftres de Paix que les Eccléfiaftiques, ne faifoient nulle difficulté de fervir dans les Armées des Puiffances Alliées, auprès defquelles ils étoient emploïés. Charnacé, Envoïé de France en Hollande, y commandoit un Régiment en 1637. & depuis même l'Ambaffadeur d'Eftrade fut Colonel à leur fervice.

La France n'avoit en tout qu'environ quatre-vingt mille hommes effectifs fur pied. La Marine anéantie depuis des Siècles, rétablie un peu par le Cardinal de Richelieu, fut ruinée fous Mazarin. Louis XIII. n'avoit qu'environ trente millions réels de revenu ; mais l'argent étoit à vingt-fix livres le marc : ces trente millions revenoient à environ cinquante-sept millions de ce tems, où la valeur arbitraire d'un marc d'argent est poussée jusqu'à quarante-neuf livres idéales, valeur numéraire, exhorbitante, & que l'intérêt public & la justice demandent qui ne soit jamais augmentée.

Le Commerce, généralement répandu aujourd'hui, étoit en très-peu de mains : la Police du Roïaume étoit entiérement négligée, preuve certaine d'une administration peu heureuse. Le Cardinal de Richelieu occupé de sa propre Grandeur, attachée à celle de l'Etat, avoit commencé à rendre la France formidable au-dehors, sans avoir encore pû la rendre bien florissante au-dedans. Les grands chemins n'étoient ni réparés, ni gardés ; les brigands les infestoient ; les rues de Paris étroites, mal pavées, & couvertes d'immondices dégoûtantes, étoient remplies de voleurs. On voit par les Registres du Parlement, que le Guet de cette Ville étoit réduit alors à quarante-cinq hommes mal païés, & qui même ne servoient pas.

Depuis la mort de François II. la France avoit été toujours ou déchirée par des guerres civiles, ou troublée par des factions. Jamais le joug n'avoit été porté d'une manière paisible & volontaire. Les Seigneurs avoient été élevés dans les conspirations ; c'étoit l'art de la Cour, comme celui de plaire au Souverain l'a été depuis.

Cet

Cet esprit de discorde & de faction avoit passé de la Cour jusqu'aux moindres Villes, & possédoit toutes les Communautés du Roïaume; on se disputoit tout, parce qu'il n'y avoit rien de réglé; il n'y avoit pas jusqu'aux Paroisses de Paris qui n'en vinssent aux mains; les Processions se battoient les unes contre les autres pour l'honneur de leurs Baniéres. On avoit vû souvent les Chanoines de Notre-Dame aux prises avec ceux de la Sainte-Chapelle; le Parlement & la Chambre des Comptes s'étoient battus pour le pas dans l'Eglise de Notre-Dame, le jour que Louïs XIII. mit son Roïaume sous la protection de la Vierge.

Presque toutes les Communautés du Roïaume étoient armées; presque tous les particuliers respiroient la fureur du Duel. Cette barbarie gotique, autorisée autrefois par les Rois même, & devenue le caractère de la Nation, contribuoit encore, autant que les guerres civiles & étrangéres, à dépeupler le païs. Ce n'est pas trop dire, que dans le cours de vingt années, dont dix avoient été troublées par la Guerre, il étoit mort plus de Français de la main des Français même, que de celle des ennemis.

On ne dira rien ici de la maniére dont les Arts & les Sciences étoient cultivés; on trouvera cette partie de l'histoire de nos mœurs à sa place. On remarquera seulement que la

Nation

Nation Française étoit plongée dans l'ignorance, sans en excepter ceux qui croïent n'être point peuple.

On consultoit les Astrologues, & on y croïoit. Tous les Mémoires de ces tems-là, à commencer par l'histoire du Président de Thou, sont remplis de prédictions. Le grave & sévère Duc de Sully, rapporte sérieusement celles qui furent faites à Henri IV. Cette crédulité, la marque la plus infaillible de l'ignorance, étoit si accréditée, qu'on eut soin de tenir un Astrologue caché près de la Chambre de la Reine Anne d'Autriche, au moment de la naissance de Louïs XIV.

Ce que l'on croira à peine, & ce qui est pourtant rapporté par l'Abbé Vittorio Siri, Auteur contemporain très-instruit : c'est que Louïs XIII. eut dès son enfance le surnom de Juste, parce qu'il étoit né sous le signe de la Balance.

La même faiblesse qui mettoit en vogue cette chimére absurde de l'Astrologie judiciaire, faisoit croire aux possessions & aux sortiléges; on en faisoit un point de Religion; l'on ne voïoit que des Prêtres qui conjuroient des Démons. Les Tribunaux composés de Magistrats, qui devoient être plus éclairés que le vulgaire, étoient occupés à juger des Sorciers. On reprochera toujours à la mémoire du Cardinal de Richelieu la mort de ce fameux Curé de Loudun,

Loudun, Urbain Grandier, condamné au feu comme Magicien, par une commiſſion du Conſeil. On s'indigne que le Miniſtre & les Juges aïent eu la faibleſſe de croire aux Diables de Loudun, ou la barbarie d'avoir fait périr un innocent dans les flammes. On ſe ſouviendra avec étonnement, juſqu'à la derniére poſtérité, que la Maréchale d'Ancre fut brûlée en place de Gréve comme ſorciére; & que le Conſeiller Courtin interrogeant cette femme infortunée, lui demanda de quel ſortilége elle s'étoit ſervie pour gouverner l'eſprit de Marie de Médicis, que la Maréchale lui répondit: *Je me ſuis ſervie du pouvoir qu'ont les ames fortes ſur les eſprits foïbles*; & qu'enfin cette réponſe ne ſervit qu'à précipiter l'Arrêt de ſa mort.

On voit encore dans une copie de quelques Regiſtres du Châtelet, un Procès commencé en 1601. au ſujet d'un Cheval qu'un Maître induſtrieux avoit dreſſé à peu près de la maniére dont nous avons vû des exemples; on vouloit faire brûler le maître & le cheval, accuſés tous deux de ſortilége.

Dans cette diſette d'Arts, de Police, de Raiſon, de tout ce qui fait fleurir un Empire, il s'élevoit de tems en tems des hommes de talent, & le Gouvernement ſe ſignaloit par des efforts qui rendoient la France redoutable. Mais ces hommes rares & ces efforts paſſagers ſous Charles VIII. ſous François I. à la fin du

Tome V.   C   Règne

Règne de Henri le Grand, servoient à faire remarquer davantage la faiblesse générale.

Ce défaut de lumières dans tous les ordres de l'Etat fomentoit chez les plus honnêtes gens des pratiques superstitieuses qui deshonoroient la Religion. Les Calvinistes confondant avec le culte raisonnable des Catholiques les abus qu'on faisoit de ce culte, n'en étoient que plus affermis dans leur haine contre notre Eglise. Ils opposoient à nos superstitions populaires, souvent remplies de débauches, une dureté farouche, & des mœurs féroces, caractère de presque tous les Réformateurs : ainsi l'esprit de parti déchiroit & aviliſſoit la France; & l'esprit de société, qui rend aujourd'hui cette Nation si célèbre & si aimable, étoit absolument inconnu. Point de Maisons où les hommes de mérite s'assemblassent pour se communiquer leurs lumières ; point d'Académies, point de Théâtres. Enfin les Mœurs, les Loix, les Arts, la Société, la Religion, la Paix & la Guerre, n'avoient rien de ce qu'on vit depuis dans le Siècle qu'on appelle le Siècle de Louis XIV. (*)

(*) L'on fait commencer ce Siècle environ à 1635.

LETTRE
SUR L'ESPRIT.

ON consultoit un jour un homme, qui avoit quelque connoissance du cœur humain, sur une Tragédie qu'on devoit représenter: il répondit qu'il y avoit tant d'esprit dans cette Pièce, qu'il doutoit de son succès. Quoi! dira-t-on, est-ce-là un défaut, dans un tems où tout le monde veut en avoir ; où l'on n'écrit que pour montrer qu'on en a ; où le Public applaudit même aux pensées les plus fausses, quand elles sont brillantes! Oui, sans doute, on applaudira le premier jour, & on s'ennuïera le second.

Ce qu'on appelle esprit, est tantôt une comparaison nouvelle, tantôt une allusion fine : ici l'abus d'un mot qu'on présente dans un sens, & qu'on laisse entendre dans un autre ; là un rapport délicat entre deux idées peu communes : c'est une métaphore singuliére ; c'est une recherche de ce qu'un objet ne présente pas d'abord, mais de ce qui est en effet dans lui ; c'est l'art, ou de réunir deux choses éloignées, ou de diviser deux choses qui paroissent se joindre, ou de les opposer l'une à l'autre ; c'est celui de ne dire qu'à moitié sa pensée pour la laisser deviner. Enfin, je vous parlerois de toutes les différentes façons de montrer de l'esprit, si j'en avois davantage ; mais tous ces brillans (& je ne parle pas des faux-brillans) ne conviennent point, ou conviennent fort rarement à un Ouvrage sérieux, & qui doit intéresser. La raison en est, qu'alors c'est l'Auteur qui paroît, & que le Public ne veut voir que le Héros. Or ce Héros est toujours, ou dans la passion, ou en danger. Le danger & les passions ne cherchent point l'esprit. Priam & Hécube ne font point d'Epigrammes, quand leurs enfans sont égorgés dans Troie embrasée : Didon ne soupire point en Madrigaux, en volant au bucher sur lequel elle va s'immoler : Demosthènes n'a point de jolies pensées, quand il anime les Athéniens à la guerre ; s'il en avoit, il seroit un Rhéteur, & il est un homme d'Etat.

L'art de l'admirable Racine est bien au-dessus de ce qu'on appelle esprit ; mais si Pirrhus s'exprimoit toujours dans ce stile :

Vaincu, chargé de fers, de regrets consumé ;
        Brûlé

Brûlé de plus de feux que je n'en allumai,
Hélas ! fus-je jamais si cruel que vous l'êtes ?

Si Oreste continuoit dans ce goût,

Que les Scythes sont moins cruels qu'Hermione.

Ces deux Personnages ne toucheroient point du tout : on s'appercevroit que la vraie passion s'occupe rarement de pareilles comparaisons, & qu'il y a peu de proportion entre les feux réels dont Troïe fut consumée „ & les feux de l'amour de Pirrhus, entre les Scythes, qui immolent des hommes, & Hermione, qui n'aime point Oreste. Cinna dit, en parlant de Pompée :

Le Ciel choisit sa mort, pour servir dignement
D'une marque éternelle à ce grand changement ;
Et devoit cet honneur aux mânes d'un tel homme,
D'emporter avec eux la liberté de Rome.

Cette pensée a un très-grand éclat : il y a là beaucoup d'esprit, & même un air de grandeur qui impose. Je suis sûr que ces Vers, prononcés avec l'enthousiasme & l'art d'un bon Acteur, seront applaudis ; mais je suis sûr que la Pièce de Cinna, écrite toute dans ce goût, n'auroit jamais été jouée long-tems.

En effet, pourquoi le Ciel devoit-il faire l'honneur à Pompée de rendre les Romains esclaves après sa mort ? Le contraire seroit plus vrai : les mânes de Pompée dévroient plutôt obtenir du Ciel, le maintien éternel de cette liberté pour laquelle on suppose qu'il combattit & qu'il mourut.

Que seroit-ce donc qu'un ouvrage rempli de pensées recherchées & problématiques ? Combien sont supérieurs à toutes ces idées brillantes, ces Vers simples & naturels ?

Cinna, tu t'en souviens, & veux m'assassiner !
Soïons amis, Cinna, c'est moi qui t'en convie.

Ce n'est pas ce qu'on appelle esprit : c'est le sublime & le simple qui font la vraie beauté.

Que dans Rodogune, Antiochus dit de sa maîtresse qui le quitte, après lui avoir indignement proposé de tuer sa mere :

Elle fuit, mais en Parthe, en nous perçant le cœur.

Antiochus a de l'esprit ; c'est faire une Epigramme contre Rodogune, c'est comparer ingénieusement les derniéres paroles qu'elle dit en s'en allant, aux fléches que les Parthes lançoient en fuïant. Mais ce n'est pas parce que sa Maîtresse s'en va, que la proposition de tuer sa mere, est révoltante : qu'elle sorte, ou qu'elle demeure, Antiochus a également le cœur percé. L'Epigramme est donc fausse ; & si Rodogune ne sortoit pas, cette

SUR L'ESPRIT.

cette mauvaise Epigramme ne pouvoit plus trouver place.

Je choisis exprès ces exemples dans les meilleurs Auteurs, afin qu'ils soient plus frappans; & je ne releve pas dans eux ces pointes & ces jeux de mots dont on sent le faux aisément. Il n'y a personne qui ne rie, quand, dans la Tragèdie de Médée, sa Rivale lui dit, en faisant allusion à ses sortiléges:

Je n'ai que des attraits, & vous avez des charmes.

Corneille trouva le Théâtre & tous les genres de littérature infectés de ces puérilités, qu'il se permit rarement. Je ne veux parler ici que de ces traits d'esprit qui seroient admis ailleurs, & que le genre sérieux réprouve. On pourroit appliquer à leurs auteurs, ce mot de Plutarque, traduit avec cette heureuse naïveté d'Amiot : *Tu tiens, sans propos, beaucoup de bons propos.*

Il me revient dans la mémoire un de ces traits brillans que j'ai vû citer, comme un modèle, dans beaucoup d'ouvrages de goût, & même dans le *Traité des études de feu M. Rollin.* Ce morceau est tiré de la belle Oraison funèbre du grand Turenne, composée par Fléchier. Il est vrai que dans cette Oraison, Fléchier égala presque le sublime Bossuet, que j'ai appellé & que j'appelle encore le seul homme éloquent parmi tant d'Ecrivains élégans; mais il me semble que le trait dont je parle n'eût pas été emploïé par l'Evêque de Meaux. Le voici. » Puiſſances » ennemies de la France, vous vivez & l'eſ- » prit de la charité chrétienne m'interdit de » faire aucun ſouhait pour votre mort, &c. » mais vous vivez : & je plains dans cette » chaire un vertueux Capitaine dont les in- » tentions étoient pures, &c.

Une apoſtrophe dans ce goût eût été convenable à Rome dans la guerre civile, après l'aſſaſſinat de Pompée, ou dans Londres, après le meurtre de Charles I. parce qu'en effet il s'agiſſoit des intérêts de Pompée & de Charles I. Mais eſt-il décent de ſouhaiter adroitement en chaire la mort de l'Empereur, du Roi d'Eſpagne & des Electeurs, & de mettre en balance avec eux, le Général d'Armée d'un Roi leur ennemi ? Les intentions d'un Capitaine, qui ne peuvent être que de ſervir ſon Prince, doivent-elles être comparées avec les intérêts politiques des têtes couronnées contre leſquelles il ſervoit ? Que diroit-on d'un Allemand qui eût ſouhaité la mort au Roi de France, à propos de la perte du Général Mercy dont les intentions étoient pures ?

Pourquoi donc ce paſſage a-t-il toujours été loué par tous les Rhéteurs ? C'eſt que la figure eſt en elle-même belle & patétique;

mais

mais ils n'examinoient point le fond & la convenance de la pensée. Plutarque eut dit à Fléchier : *Tu as tenu, sans propos, un très-beau propos*.

Je reviens à mon paradoxe, que tous ces brillans, auxquels on donne le nom d'esprit, ne doivent point trouver place dans les grands ouvrages, faits pour instruire ou pour toucher : je dirai même qu'ils doivent être bannis de l'Opéra. La Musique exprime les passions, les sentimens, les images : mais où sont les accords qui peuvent rendre une Epigramme ? Quinault étoit quelquefois négligé, mais il étoit toujours naturel.

De tous nos Opéra, celui qui est le plus orné, ou plutôt accablé de cet esprit Epigrammatique, est le *Ballet du Triomphe des Arts*, composé par un homme aimable, qui pensa toujours finement, & qui s'exprima de même, mais qui par l'abus de ce talent, contribua un peu à la décadence des Lettres, après les beaux jours de Louis XIV.

L'Amour, dans ce Ballet, dispute avec Apollon, l'honneur d'être le Dieu des Arts. Apollon s'exprime ainsi, en parlant de cette prétention de l'Amour :

» Mais l'honneur dont il veut relever ma puis-
» sance

» Appartient, comme à nous, au Héros de la
» France.

» Laissons-en le partage à cet auguste Roi ;
» Les

» Les Arts lui doivent plus qu'à l'Amour ni qu'à
» moi.

Cette idée est, me semble, ingénieuse; mais il faut d'abord se donner la peine d'interpréter le premier Vers, qui veut dire: *L'Amour me fait beaucoup d'honneur, de vouloir, comme moi, être le Dieu des Arts :* & ensuite, quand cette pensée est expliquée, je croi que le plus habile Musicien auroit de la peine à faire sur ces paroles une musique agréable.

Dans ce même Ballet, où Pigmalion anime sa Statue, il lui dit :

Vos premiers mouvemens ont été de m'aimer.

Je me souviens d'avoir entendu admirer ce Vers dans ma jeunesse par quelques personnes : mais qui ne voit que les mouvemens du corps de la Statue sont ici confondus avec les mouvemens du cœur, & que dans aucun sens la phrase n'est Française; que c'est en effet une pointe, une plaisanterie ? Comment se pouvoit-il faire qu'un homme, qui avoit tant d'esprit, n'en eut pas assez pour retrancher ces fautes éblouïssantes ?

Ces jeux de l'imagination, ces finesses, ces tours, ces traits saillans, ces gaïetés, ces petites sentences coupées, ces familiarités ingénieuses qu'on prodique aujourd'hui, ne conviennent qu'aux petits ouvrages de pur agrément. La façade du Louvre de Perrault est
simple

simple & majestueuse. Un cabinet peut recevoir avec grace de petits ornemens. Aïez autant d'esprit que vous voudrez, ou que vous pourrez, dans un Madrigal, dans des Vers légers, dans une Scène de Comédie, qui ne sera ni passionnée, ni naïve, dans un compliment, dans un petit Roman, dans une Lettre où vous vous égaïerez, pour égaïer vos amis.

Loin que j'aïe reproché à Voiture d'avoir mis de l'esprit dans ses Lettres, j'ai trouvé, au contraire qu'il n'en avoit pas assez, quoiqu'il le cherchât toujours. On dit que les Maîtres à danser font mal la révérence, parce qu'ils la veulent trop bien faire. J'ai cru que Voiture étoit souvent dans ce cas; ses meilleures Lettres sont étudiées; on sent qu'il se fatigue, pour trouver ce qui se présente si naturellement au Comte Antoine Hamilton, à Madame de Sevigné, & à tant d'autres Dames qui écrivent, sans effort, ces bagatelles, mieux que Voiture ne les écrivoit avec peine.

Despréaux, qui avoit osé comparer Voiture à Horace, dans ses premiéres Satyres, changea d'avis quand son goût fut meuri par l'âge. Je sai qu'il importe très-peu aux affaires de ce monde, que Voiture soit ou ne soit pas un grand génie, qu'il y ait fait seulement quelques jolies Lettres, ou que toutes ses plaisanteries soient des modèles. Mais pour nous autres, qui cultivons les arts & qui les aimons, nous portons une vue attentive sur ce qui est assez indifférent au reste du monde. Le bon goût est pour nous, en littérature, ce qu'il est pour les femmes en ajustemens, & pourvû qu'on ne fasse pas de son opinion une affaire de parti, il me semble qu'on peut dire hardiment qu'il y a dans Voiture peu de choses excellentes, & que Marot seroit aisément réduit à peu de pages.

Ce n'est pas qu'on veuille leur ôter leur réputation ; c'est, au contraire, qu'on veut savoir bien au juste ce qui leur a valu cette réputation qu'on respecte, & quelles sont les vraies beautés qui ont fait passer leurs défauts. Il faut savoir ce qu'on doit suivre & ce qu'on doit éviter ; c'est-là le véritable fruit d'une étude approfondie des belles Lettres ; c'est ce que faisoit Horace, quand il examinoit Lucilius en critique. Horace se fit par-là des ennemis, mais il éclaira ses ennemis mêmes.

Cette envie de briller & de dire d'une maniére nouvelle ce que les autres ont dit, est la source des expressions nouvelles, comme des pensées recherchées.

Qui ne peut briller par une pensée, veut se faire remarquer par un mot. Voilà pourquoi on a voulu, en dernier lieu, substituer *amabilités* au mot d'*agrémens*, *négligemment* à *négligence*, *badiner les amours*, à *badiner avec les amours*.

SUR L'ESPRIT.

amours. On a cent autres affectations de cette espèce. Si on continuoit ainsi, la Langue des Bossuets, des Racines, des Pascals, des Corneilles, des Boileaux, des Fenelons, deviendroit bien-tôt suranée. Pourquoi éviter une expression qui est d'usage, pour en introduire une qui dit précisément la même chose? Un mot nouveau n'est pardonnable, que quand il est absolument nécessaire, intelligible & sonore; on est obligé d'en créer en Physique: une nouvelle découverte, une nouvelle machine, exigent un nouveau mot. Mais fait-on de nouvelles découvertes dans le cœur humain? Y a-t-il une autre grandeur que celle de Corneille & de Bossuet? Y a-t-il d'autres passions, que celles qui ont été maniées par Racine, & effleurées par Quinault? Y a-t-il une autre Morale Evangélique que celle du Pere Bourdaloue?

Ceux qui accusent notre Langue de n'être pas assez féconde, doivent en effet trouver de la stérilité, mais c'est dans eux-mêmes.

Rem verba sequuntur.

Quand on est bien pénétré d'une idée, quand un esprit juste & plein de chaleur posséde bien sa pensée, elle sort de son cerveau, toute ornée des expressions convenables, comme Minerve sortit, toute armée, du cerveau de Jupiter.

Je

Je sens que cette comparaison pourroit être déplacée ailleurs, mais vous la pardonnerez dans une Lettre. Enfin la conclusion de tout ceci est, qu'il ne faut rechercher, ni les pensées, ni les tours, ni les expressions, & que l'art, dans tous les grands ouvrages, est de bien raisonner, sans trop faire d'argumens; de bien peindre, sans vouloir tout peindre; d'émouvoir, sans vouloir toujours exciter les passions.

Je donne ici de beaux conseils, sans doute. Les ai-je pris pour moi-même ? Hélas ! non.

Pauci, quos æquus amavit
Jupiter, aut ardens evexit ad æthera virtus.
Diis genti potuere.

NOUVELLES CONSIDÉRATIONS SUR L'HISTOIRE.

PEUT-ESTRE arrivera-t-il bien-tôt dans la maniére d'écrire l'Histoire, ce qui est arrivé dans la Physique. Les nouvelles découvertes ont fait proscrire les anciens systêmes. On voudra connaître le genre-humain, dans ce détail intéressant, qui fait aujourd'hui la base de la Philosophie naturelle.

On commence à respecter très-peu l'avanture de Curtius, qui referma un gouffre, en se précipitant au fond, lui & son cheval : on se mocque des Boucliers descendus du Ciel, & de tous les beaux Talismans dont les Dieux faisoient présent si libéralement aux hommes ; & des Vestales qui mettoient un Vaisseau à flot avec leur ceinture ; & de toute cette foule de sottises célèbres, dont les anciens Historiens regorgent. On n'est guères plus content que dans son Histoire ancienne ; un fa-

meux

meux Rhéteur nous parle sérieusement du Roi Nabis, qui faisoit embraser sa femme par ceux qui lui apportoient de l'argent, & qui mettoit ceux qui lui en refusoient dans les bras d'une belle Poupée, toute semblable à la Reine, & armée de pointes de fer sous son corps de juppe. On rit quand on voit tant d'Auteurs répéter les uns après les autres, que le fameux Otton, Archevêque de Mayence, fut assiégé & mangé par une armée de rats en 968. que des pluïes de sang inondérent la Gascogne en 1017. Les prodiges, les prédictions, les épreuves par le feu, sont à présent dans le même rang que les contes d'Hérodote.

Je veux parler ici de l'Histoire moderne, dans laquelle on ne trouve ni Poupées qui embrassent les Courtisans, ni Evêques mangés par les rats.

On a grand soin de dire quel jour s'est donné une bataille, & on a raison. On imprime les Traités, on décrit la pompe d'un Couronnement, la cérémonie de la réception d'une Barette, & même l'entrée d'un Ambassadeur, dans laquelle on n'oublie ni son Suisse, ni ses Laquais. Il est bon qu'il y ait des Archives de tout, afin qu'on puisse les consulter dans le besoin ; & je regarde à présent tous les gros Livres, comme des Dictionnaires : mais après avoir lû trois ou quatre mille descriptions de batailles, & la teneur

de

de quelques centaines de Traités, j'ai trouvé que je n'étois guères au fond plus inftruit. Je n'apprenois-là que des événemens. Je ne connois pas plus les Français & les Sarrazins, par la bataille de Charles-Martel, que je ne connois les Tartares & les Turcs, par la victoire que Tamerlan remporta fur Bazajet. J'avoue que, quand j'ai lû les Mémoires du Cardinal de Retz & de Madame de Motteville, je fai ce que la Reine-Mere a dit, mot pour mot, à M. de Jerfay; j'apprends comment le Coadjuteur a contribué aux Barricades; je peux me faire un précis des longs difcours qu'il tenoit à Madame de Bouillon. C'eft beaucoup pour ma curiofité. C'eft, pour mon inftruction, très-peu de chofe.

Il y a des Livres qui m'apprennent les Anecdotes vraies ou fauffes d'une Cour. Quiconque a vu les Cours, ou a eu envie de les voir, eft auffi avide de ces illuftres bagatelles, qu'une femme de Province aime a favoir les nouvelles de fa petite Ville. C'eft au fond la même chofe & le même mérite. On s'entretenoit fous Henri IV. des anecdotes de Charles IX. On parloit encore de M. le Duc de Bellegarde dans les premières années de Louis XIV. Toutes ces petites mignatures fe confervent une génération ou deux, & périffent enfuite pour jamais.

On néglige cependant pour elles des connaiffannaissances d'une utilité plus sensible & plus durable. Je voudrois apprendre quelles étoient les forces d'un Païs avant une guerre; & si cette guerre les a augmentées ou diminuées; l'Espagne a-t-elle été plus riche avant la conquête du nouveau-monde, qu'aujourd'hui ? De combien étoit-elle plus peuplée du tems de Charles-Quint, que sous Philippe IV ? Pourquoi Amsterdam contenoit-elle à peine vingt mille ames, il y a deux cens ans ? Pourquoi a-t-elle aujourd'hui deux cens quarante mille Habitans ? Et comment le sait-on positivement ? De combien l'Angleterre est-elle plus peuplée, qu'elle ne l'étoit sous Henri VIII ? Seroit-il vrai, ce qu'on dit dans les Lettres Persannes, que les hommes manquent à la terre, & qu'elle est dépeuplée, en comparaison de ce qu'elle étoit il y a deux mille ans ? Rome, il est vrai, avoit alors plus de Citoïens qu'aujourd'hui : j'avoue qu'Alexandrie & Cartage étoient de grandes Villes; mais Paris, Londres, Constantinople, le Grand Caire, Amsterdam, Hambourg, n'existoient pas. Il y avoit trois cens Nations dans les Gaules, mais ces trois cens Nations ne valoient la nôtre, ni en nombre d'hommes, ni en industrie. L'Allemagne étoit une Forêt; elle est couverte de cent Villes opulentes.

Il semble que l'esprit de critique, lassé de ne persécuter que des Particuliers, ait pris
pour

SUR L'HISTOIRE.

pour objet l'Univers. On crie toujours que ce monde dégénére, & on veut encore qu'il se dépeuple. Quoi donc, nous faudra-t-il regretter le tems où il n'y avoit pas de grand chemin de Bordeaux à Orléans, & où Paris étoit une petite Ville dans laquelle on s'égorgeoit ? On a beau dire, l'Europe a plus d'hommes qu'alors, & les hommes valent mieux. On pourra savoir dans quelques années, combien l'Europe est en effet peuplée ; car dans presque toutes les grandes Villes, on rend public le nombre des naissances, au bout de l'année ; & sur la règle exacte & sûre que vient de donner un Hollandais, aussi habile qu'infatigable, on sait le nombre des Habitans, par celui des naissances. Voilà déja un des objets de la curiosité de quiconque veut lire l'Histoire en Citoïen & en Philosophe. Il sera bien loin de s'en tenir à cette connoissance ; il recherchera quel a été le vice radical & la vertu dominante d'une Nation, pourquoi elle a été puissante ou faible sur la mer ; comment & jusqu'à quel point elle s'est enrichie depuis un siècle ; les registres des exportations peuvent l'apprendre ; il voudra savoir comment les Arts, les Manufactures se sont établies ; il suivra leur passage & leur retour d'un Païs dans un autre. Les changemens dans les mœurs & dans les Loix, seront enfin son grand objet. On sauroit ainsi l'Histoire des hommes,

au

au lieu de savoir une faible partie de l'Histoire des Rois & des Cours.

En vain je lis les Annales de France; nos Historiens se taisent tous sur ces détails.

Aucun n'a eu pour devise: *Homo sum humani nil à me alienum puto.* Il faudroit donc, me semble, incorporer avec art ces connaissances, utiles dans le tissu des événemens: mais il faudroit un homme laborieux & instruit, qui fut récompensé de ce qu'il seroit.

LETTRE

A

Mr. NORBERG,

Chapelain du Roi de Suede Charles XII. *Auteur de l'Histoire de ce Monarque.*

Souffrez, Monsieur, qu'aïant entrepris la tâche de lire ce qu'on a déja publié de votre Histoire de Charles XII. on vous adresse quelques justes plaintes, & sur la maniére dont vous traitez cette Histoire, & sur celle dont vous en usez dans votre Préface avec ceux qui l'ont traitée avant vous.

Nous aimons la vérité ; mais l'ancien Proverbe, *Toutes vérités ne sont pas bonnes à dire*, regarde sur-tout les vérités inutiles. Daignez vous souvenir de ce passage de la Préface de l'Histoire de M. de Voltaire. *L'Histoire d'un Prin-*

ce, dit-il, *n'est pas tout ce qu'il a fait, mais seulement ce qu'il a fait de digne d'être transmis à la postérité.*

Il y a peut-être des Lecteurs qui aimeront à voir le catéchisme qu'on enseignoit à Charles XII. & qui apprendront avec plaisir (*a*) qu'en 1693. le Docteur Pierre Rudbekins donna le bonnet de Docteur au Maître ès Arts Aquinus, à Samuel Virenius, à Ennegius, à Herlandus, à Stukius & autres personnages, très-estimables sans doute, mais qui ont eu peu de part aux Batailles de votre Héros, à ses triomphes & à ses défaites.

C'est peut-être une chose importante pour l'Europe qu'on sache que la Chapelle du Château de Stokolm, qui fut brûlée il y a cinquante ans, (*idem*) étoit dans la nouvelle aîle du côté du Nord, & qu'il y avoit deux tableaux de l'Intendant Kloker, qui sont à présent à l'Eglise S. Nicolas; que les siéges étoient couverts de bleu les jours de Sermons; qu'ils étoient, les uns de chêne, & les autres de noïer (*b*); & qu'au lieu de grands lustres, il y avoit de petits chandeliers plats, qui ne laissoient pas de faire un fort bel effet; qu'on y voïoit quatre Figures de plâtre, & que le carreau étoit blanc & noir.

Nous

(*a*) Page 9. de l'Histoire de Charles XII. par Norberg, édition de Cusson.
(*b*) Page 24.

Nous voulons croire encore (c) qu'il est d'une extrême conséquence d'être instruit à fond qu'il n'y avoit point d'or faux dans le dais qui servit au couronnement de Charles XII. de savoir quelle étoit la largeur du baldaquin ; si c'étoit de drap rouge ou de drap bleu que l'Eglise étoit tendue ; & de quelle hauteur étoient les bancs. Tout cela peut avoir son mérite, pour ceux qui veulent s'instruire des intérêts des Princes.

Vous nous dites, après le détail de toutes ces grandes choses, à quelle heure Charles XII. fut couronné ; mais vous ne dites point pourquoi il le fut avant l'âge prescrit par la loi ; pourquoi on ôta la Régence à la Reine-Mere ; comment le fameux Piper eut la confiance du Roi ; quelles étoient alors les forces de la Suede ; quel nombre de citoïens elle avoit ; quels étoient ses alliés, son gouvernement, ses défauts & ses ressources.

Vous nous avez donné une partie du Journal militaire de M. Adlerfeld ; mais, Monsieur, un Journal n'est pas plus une Histoire, que des matériaux ne font une maison. Souffrez qu'on vous dise que l'Histoire ne consiste point à détailler de petits faits, à produire des manifestes, des dupliques, des repliques. Ce n'est point ainsi que Quinte-Curce a compo-

(c) Pages 31. & 32.

sé l'Histoire d'Alexandre : ce n'est point ainsi que Tite-Live & Tacite ont écrit l'Histoire Romaine. Il y a mille Journalistes : à peine avons-nous deux ou trois Historiens modernes. Nous souhaiterions que tous ceux qui broient les couleurs, les donnassent à quelque Peintre pour en faire un tableau.

Vous n'ignorez pas que M. de Voltaire avoit publié cette déclaration que votre Traducteur rapporte.

» (*d*) J'aime la vérité, & je n'ai d'autre
» but & d'autre intérêt que de la connaître.
» Les endroits de mon Histoire de Charles
» XII. où je me serai trompé, seront chan-
» gés. Il est très-naturel que M. Norberg Sue-
» dois, & témoin oculaire, ait été mieux ins-
» truit que moi, Etranger. Je me réformerai
» sur ses Mémoires, & j'aurai le plaisir de me
» corriger.

Voilà, Monsieur, avec quelle politesse M. de Voltaire parloit de vous, & avec quelle modestie il attendoit votre Ouvrage, quoiqu'il eût des Mémoires sur le sien, des mains de beaucoup d'Ambassadeurs, & même de la part de plus d'une tête couronnée.

Vous avez répondu, Monsieur, à cette politesse Française, d'une maniére qui paroît dans un goût un peu gotique.

Vous

(*d*) Page 13. de l'édition in 4°. de Cusson.

A M. NORBERG.

Vous dites dans votre Préface (e) que l'Histoire donnée par M. de Voltaire, ne vaut pas la peine d'être traduite, quoiqu'elle l'ait été dans presque toutes les langues de l'Europe, & qu'on ait fait huit éditions à Londres de la traduction Anglaise. Vous ajoutez ensuite très-poliment, qu'un Puffendorf le traiteroit, comme Varillas, d'archi-menteur.

Pour donner des preuves de cette supposition si flatteuse, vous ne manquez pas de mettre dans les marges de votre Livre toutes les fautes capitales où il est tombé.

Vous marquez expressément que le Major Général Stuard ne reçut point une petite blessure à l'épaule, comme l'avance témérairement l'Auteur Français, d'après un Auteur Allemand; mais, dites-vous, une contusion un peu forte. Vous ne pouvez nier que M. de Voltaire n'ait fidèlement rapporté la Bataille de Narva, laquelle produit chez lui au moins une description intéressante; vous devez savoir qu'il a été le seul Ecrivain qui ait osé affirmer que Charles XII. donna cette Bataille de Narva avec huit mille hommes seulement. Tous les autres Historiens lui en donnoient vingt mille : ils disoient ce qui étoit vraisemblable; & M. de Voltaire a dit le premier la vérité dans cet article important. Ce-

pendant

(e) Page 13.
Tome V.   D

pendant vous l'appellez archi-menteur, parce qu'il fait porter au Général Liewen un habit rouge galonné au Siége de Thorn; & vous relevez cette erreur énorme, en affurant pofitivement que le galon n'étoit pas fur un fond rouge.

Mais, Monfieur, vous qui prodiguez fur des chofes fi graves, le nom d'archi menteur, non-feulement à un homme très-amateur de la vérité, mais à tous les autres Hiftoriens qui ont écrit l'Hiftoire de Charles XII. quel nom voudriez-vous qu'on vous donnât, après la Lettre que vous rapportez du Grand-Seigneur à ce Monarque? Voici le commencement de cette Lettre.

(f) *Nous, Sultan Baffa, au Roi Charles XII. par la grace de Dieu, Roi de Suede & des Goths.* SALUT, *&c.*

Vous qui avez été chez les Turcs, & qui femblez avoir appris d'eux à ne pas ménager les termes, comment pouvez-vous ignorer leur ftile? Quel Empereur Turc s'eft jamais intitulé, *Sultan Baffa*? Quelle Lettre du Divan a jamais ainfi commencé? Quel Prince a jamais écrit qu'il enverra des Ambaffadeurs Plénipotentiaires à la premiere occafion, pour s'informer

(f) Page 137.

former des circonſtances d'une Bataille ? Quelle Lettre du Grand-Seigneur a jamais fini par ces expreſſions, *à la garde de Dieu* ? Enfin où avez-vous jamais vû une dépêche de Conſtantinople, dattée de l'année de la Création, & non pas de l'année de l'Hérige ? L'Iman de l'auguſte Sultan, qui écrira l'Hiſtoire de ce grand Empereur & de ſes ſublimes Vizirs, pourra bien vous dire des groſſes injures, ſi la politeſſe turcque le permet.

Vous ſied-il bien, après la production d'une Pièce pareille, qui feroit tant de peine à ce M. le Baron de Puffendorf, de crier au menſonge ſur un habit rouge ?

Etes-vous bien d'ailleurs un zèlé Partiſan de la vérité, quand vous ſupprimez les duretés exercées par la Chambre des Liquidations ſous Charles XI ? quand vous feignez d'oublier, en parlant de Patkul, qu'il avoit défendu les droits des Livoniens qui l'en avoient chargé ; de ces mêmes Livoniens qui reſpirent aujourd'hui ſous la douce autorité de l'illuſtre Semiramis du Nord ? Ce n'eſt pas-là ſeulement trahir la vérité, Monſieur ; c'eſt trahir la cauſe du genre-humain ; c'eſt manquer à votre illuſtre Patrie, ennemie de l'oppreſſion.

Ceſſez donc de prodiguer dans votre compilation des épitétes vandales & hérules à ceux qui doivent écrire l'Hiſtoire : ceſſez de vous autoriser du pédantisme barbare que vous imputez à ce Puffendorf.

Savez-vous que ce Puffendorf est un Auteur quelquefois aussi incorrect qu'il est en vogue? Savez-vous qu'il est lû, parce qu'il est le seul qui de son tems fut supportable? Savez-vous que ceux que vous appellez archi-menteurs, auroient à rougir, s'ils n'étoient pas mieux instruits de l'Histoire du Monde, que votre Puffendorf? Savez-vous que M. de la Martiniére a corrrigé plus de mille fautes dans la derniére édition de son Livre?

Ouvrons au hazard ce Livre si connu. Je tombe sur l'article des Papes. Il dit, en parlant de Jules II. *qu'il avoit laissé, ainsi qu'Alexandre VI. une réputation honteuse.* Cependant les Italiens révérent la mémoire de Jules II. ils voïent en lui un grand homme, qui, après avoir été à la tête de quatre Conclaves, & avoir commandé des Armées, suivit jusqu'au tombeau le magnifique projet de chasser les Barbares d'Italie. Il aima tous les arts; il jetta le fondement de cette Eglise, qui est le plus beau monument de l'Univers; il encourageoit la Peinture, la Sculpture, l'Architecture, tandis qu'il ranimoit la valeur éteinte des Romains. Les Italiens méprisent avec raison la maniére ridicule, dont la plûpart des Ultramontains écrivent l'Histoire des Papes. Il faut savoir distinguer le Pontife du Souverain : il

faut

foit favoir eftimer beaucoup de Papes, quoiqu'on foit né à Stokolm : il faut fe fouvenir de ce que difoit le grand Côme de Médicis, *qu'on ne gouverne point des Etats avec des patenotres* Il faut enfin n'être d'aucun Païs, & dépouiller tout efprit de parti, quand on écrit l'Hiftoire.

Je trouve, en r'ouvrant le Livre de Puffendorf, à l'article de la Reine Marie d'Angleterre, fille de Henri VIII. *qu'elle ne put être reconnue pour fille légitime, fans l'autorité du Pape*. Que de bévues dans ces mots ! Elle avoit été reconnue par le Parlement ; & comment d'ailleurs auroit-elle eu befoin de Rome pour être légitimée, puifque jamais Rome n'avoit, ni dû, ni voulu caffer le mariage de fa mere ?

Je lis l'article de Charles-Quint : j'y vois *que dès avant l'an 1516. Charles-Quint avoit toujours devant les yeux fon NEC PLUS ULTRA*; mais alors il avoit quinze ans, & cette devife ne fut faite que long-tems après.

Dirons-nous, pour cela, que Puffendorf eft un archi-menteur ? Non : nous dirons que dans un ouvrage d'une fi grande étendue, il lui eft pardonnable d'avoir erré ; & nous vous prierons, Monfieur, d'être plus exact que lui; mieux inftruit que vous n'êtes du ftile des Turcs, plus poli avec les Français ; & enfin plus équitable & plus éclairé dans le choix des Piéces que vous rapportez.

D 3   C'eft

C'eſt un malheur inſéparable du bien qu'a produit l'Imprimerie, que cette foule de Piè‑ces ſcandaleuſes, publiées à la honte de l'eſ‑prit & des mœurs. Par-tout où il y a une fou‑le d'Ecrivains, il y a une foule de libelles : ces miſérables ouvrages, nés ſouvent en Fran‑ce, paſſent dans le Nord, ainſi que nos mau‑vais vins y ſont vendus pour du Bourgogne & du Champagne. On boit les uns, on lit les autres, ſouvent avec auſſi peu de goût ; mais les hommes qui ont une vraie connoiſſance, ſavent rejetter ce que la France rebute.

Vous citez, Monſieur, deux Pièces bien indignes d'être connues du Chapelain de Char‑les XII. l'une eſt la Volteromanie ; l'autre eſt, je ne ſai quel Factum d'un Libraire contre M. de Voltaire.

Votre Traducteur, M. Walmoth, a eu l'é‑quité d'avertir dans ſes notes, que cette Vol‑teromanie eſt une de ces mauvaiſes & téné‑breuſes Satyres, qu'il n'eſt pas permis à un honnête homme de citer. Il vous relève, au moins, ſur cette erreur. Sachez donc, Mon‑ſieur, la vérité de ce fait, puiſque vous en parlez.

Un Ecrivain Français qui avoit, comme tous les gens de Lettres le ſavent, les plus grandes & les plus ſolemnelles obligations à M. de Voltaire, a eu le malheur d'être ſoup‑çonné (& nous croïons que c'eſt téméraire‑
ment)

ment) d'avoir poussé la noirceur & l'ingratitude jusqu'à composer cette indigne Piéce ; mais il l'a désavouée publiquement à la Police de Paris ; & ce désaveu, signé de sa main, est imprimé dans toutes les Gazettes. Voïez, entr'autres, celle d'Amsterdam du Mardi 19. Mai 1741. *Je me croirois deshonoré*, dit-il, *si j'avois la moindre part à cet infame Libelle* : ce sont ses propres expressions. Jugez donc quelle gloire on peut recueillir à citer cette Piéce, qu'un tel Ecrivain désavoue.

Nous croïons aussi devoir vous instruire de l'autenticité de ce Factum du Libraire, que vous citez encore, à propos du Roi de Suede Charles XII.

Quelqu'étrange qu'il puisse être d'assembler ici de tels noms, on ne peut s'empêcher d'en parler après vous ; & puisque dans l'Histoire d'un Roi de Suede, vous vous servez d'une Piéce d'un Procès d'un Marchand de Rouen, pour noircir la réputation d'un homme de Lettres de Paris, souffrez que des gens de Lettres, mieux informés que vous, prennent la liberté de le défendre.

Vous savez qu'il y a souvent autant de jalousie entre les écrivains qu'entre les Princes ; mais quel que soit l'Ecrivain qui ait induit ce Libraire à publier ce Factum dont vous parlez, il est à propos de vous dire qu'il fut condamné & supprimé juridiquement ; &

qn'ainſi ce n'étoit guères un document à rapporter dans l'Hiſtoire d'un Monarque.

Vous allez voir, Monſieur, que ſouvent il ne faut pas plus ſe fier aux Pièces imprimées, dans les affaires des Particuliers, que dans les négociations entre les Souverains. Et de même que tous les Univerſaux & tous les Manifeſtes qui groſſiſſent un ouvrage, ne font point connoître le fond des affaires & les reſſorts de la politique, ainſi tous ces Libelles répandus, ou ſous le nom de Factum, ou ſous celui de Remarques, d'Obſervations, &c. & tous ces Extraits Satyriques dont on deshonore tant de Journaux, ne peuvent ſervir à donner une juſte idée du caractère d'un homme. Pour vous en convaincre, aïez la bonté de jetter les yeux ſur cette Lettre de ce même Libraire écrite à M. de Voltaire, quelque-tems après le procès dont vous parlez: elle eſt de Paris, dattée du 30. Décembre 1738. On la publie pour ſervir d'exemple, & même pour faire honneur à celui qui a eu le courage de réparer, par lui-même, le mal que d'autres avoient fait en ſe ſervant de ſon nom. La voici.

» Monſieur, je vous ſupplie d'excuſer le
» mauvais état de ma fortune, & la ſouſtraction
» de tous mes papiers, qui m'a empêché juſ-
» qu'ici de reconnoître le mauvais procédé
» de ceux qui ont abuſé de mon malheur,
» pour

» pour me forcer, en me trompant, à vous
» faire un procès injuste, & à laisser impri-
» mer un Factum odieux. Je les désavoue
» tous deux entiérement. La malice de votre
» ennemi n'a servi qu'à me faire encore mieux
» reconnoître la bonté de votre caractère.
» Aïez celle de me pardonner d'avoir écouté
» de si mauvais conseils : je vous jure que je
» m'en suis repenti, au moment même que
» j'avois le malheur de laisser agir si indi-
» gnement contre vous. J'ai bien reconnu
» combien on m'avoit trompé. Vous n'igno-
» rez pas la méchanceté de celui qui m'a
» conseillé : voilà à quoi elle s'est portée ; on
» s'est servi de moi pour vous nuire. J'en suis
» si fâché, que je vous promets de ne jamais
» voir ceux qui m'ont forcé à vous manquer
» à ce point ; & je réparerai le tort extrême
» que j'ai eu, par l'attachement constant que
» je veux vous vouer toute ma vie, com-
» me à mon ancien bienfaiteur. Je vous prie,
» Monsieur, de me rendre votre bienveillan-
» ce, & de croire que mon cœur n'a jamais
» eu de part à la malice de vos ennemis. Oui,
» c'est mon cœur seul qui m'engage à vous
» le dire ; & j'ai l'honneur d'être avec un très-
» profond respect, Monsieur, votre très-hum-
» ble & très-obéïssant serviteur. A Paris, ce
» 30. Décembre 1738.

Si cette Lettre ne vous suffit pas, Monsieur,

fieur, pour décréditer les ouvrages infâmes, auxquels vous avez voulu donner du poids dans votre Préface, nous vous en fournirons d'autres beaucoup plus fortes. Vous voïez un homme qui demande pardon de cette même faute, que vous citez comme une autorité, & qui n'en rougit point. Ne rougiffez point, Monfieur, de vous repentir de vos petites inadvertances. Il eft dur, mais il eft beau d'avouer ses fautes.

DISCOURS

DISCOURS EN VERS SUR L'HOMME.

AVERTISSEMENT DE L'ÉDITEUR.

NOUS donnons cette suite de Discours en vers, qui est parvenue entre nos mains, & dont plusieurs ont été déja imprimés, d'une maniére très-fautive.

Le premier Discours prouve l'égalité des conditions ; c'est-à-dire, qu'il y a dans chaque Profession une mesure de biens & de maux, qui les rend toutes égales.

Le second, que l'homme est libre, & qu'ainsi c'est à lui à faire son bonheur.

Le troisième, que le plus grand obstacle au bonheur, est l'envie.

Le quatrième, que pour être heureux, il faut être modéré en tout.

Le cinquième, que le plaisir vient de Dieu.

Le sixième, que le bonheur parfait ne peut être le partage de l'homme en ce monde, & que l'homme n'a point à se plaindre de son état.

PREMIER

PREMIER DISCOURS

DE L'ÉGALITÉ DES CONDITIONS.

AMI, dont la vertu toujours facile & pure,
A suivi, par raison, l'instinct de la Nature,
Qui sais à ton état conformer tes desirs,
Satisfait sans fortune & sage en tes plaisirs:
Heureux qui, comme toi, docile à son génie,
Dirigea prudemment la course de sa vie;
Son cœur n'entend jamais la voix du repentir:
Enfermé dans sa sphére, il n'en veut point sortir.
Les états sont égaux, mais les hommes différent:
Où l'imprudent périt, les habiles prospérent.
Le bonheur est le port où tendent les humains.
Les écueils sont fréquents; les vents sont incertains.
Le Ciel, pour aborder cette rive étrangére,
Accorde à tout mortel une barque légere,
Ainsi que les secours; les dangers sont égaux;
Qu'importe, quand l'orage a soulevé les eaux.
Que ta poupe soit peinte, & que ton mât déploie
Une voile de pourpre & des cables de soie.
L'art du Pilote est tout; &, pour dompter les vents,

Il faut la main du Sage, & non des ornemens.
　　Eh quoi, me dira-t-on ! quelle erreur eſt la vôtre?
N'eſt-il aucun état plus fortuné qu'un autre ?
Le Ciel a-t-il rangé les mortels au niveau ?
La femme d'un Commis, courbée ſur ſon Bureau,
Vaut-elle une Princeſſe auprès du Trône aſſiſe?
N'eſt-il pas plus plaiſant, par tout homme d'Egliſe,
D'orner ſon front tondu d'un chapeau rouge ou vert,
Que d'aller, d'un vil froc obſcurément couvert,
Recevoir à genoux, après Laude ou Matine,
De ſon Prieur cloîtré vingt coups de diſcipline?
Sous un triple mortier, n'eſt-on pas plus heureux
Qu'un Clerc enſéveli dans un Greffe poudreux ?
Non ; Dieu ſeroit injuſte ; & la ſage Nature,
Dans ſes dons partagés, garde plus de meſure.
Penſe-t-on qu'ici bas ſon aveugle faveur
Au char de la Fortune attache le bonheur ?
Jamais un Colonel n'auroit donc l'imprudence
D'égaler en plaiſirs un Maréchal de France ?
L'Empereur eſt toujours, grace à tant de grandeurs,
Plus fortuné lui ſeul, que les ſept Electeurs ;
Et le Roi des Romains ſeroit un téméraire,
De prétendre un moment au bonheur du Saint Pere.
Croi-moi; Dieu, d'un autre œil, voit les faibles humains,
Formé tous du limon qu'ont animé ſes mains.
　Admirons de ſes dons le différent partage ;

　　　　　　　　　　　　　　　Chacun

Chacun de ses enfans reçut un héritage.
Le terrain le moins vaste a sa fécondité;
Et l'ingrat qui se plaint est seul deshérité.
Possédons sans fierté, subissons sans murmure
Le sort que nous a fait l'Auteur de la Nature.
Dieu qui nous a rangé sous différentes loix,
Peut faire autant d'heureux, non pas autant de Rois.

 On dit, qu'avant la Boete apportée à Pandore,
Nous étions tous égaux; nous le sommes encore.
Avoir les mêmes droits à la félicité,
C'est pour nous la parfaite & seule égalité.
Vois-tu dans ces valons ces Esclaves champêtres,
Qui creusent ces rochers, qui vont fendre ces hêtres,
Qui détournent ces eaux; qui, la bêche à la main,
Fertilisent la terre, en déchirant son sein;
Ils ne sont point formés sur le brillant modelle
De ces Pasteurs galans qu'a chantés Fontenelle.
Ce n'est point Timarette, & le tendre Tircis,
De roses couronnés, sous des mirthes assis,
Entrelassant leurs noms sur l'écorce des Chênes,
Vantant avec esprit leurs plaisirs & leurs peines.
C'est Pierrot, c'est Colin, dont le bras vigoureux
Souleve un char tremblant dans un fossé bourbeux.
Perrette au point du jour est aux champs la première.
Je les vois haletans, & couverts de poussiére,
Bravant dans ces travaux chaque jour répétés,
Et le froid des Hyvers, & les feux des Etés;

Ils chantent cependant; leur voix fausse & rustique
Gaïement de Pellegrin détonne un vieux Cantique.
La paix, le doux sommeil, la force, la santé,
Sont le fruit de leur peine & de leur pauvreté.
Si Colin voit Paris, ce fracas de merveilles,
Sans rien dire à son cœur, assourdit ses oreilles :
Il ne desire point ces plaisirs turbulens :
Il ne les conçoit pas, il regrette ses champs.
Dans ces champs fortunés l'Amour même l'appelle;
Et tandis que Damis, courant de Belle en Belle,
Sous des lambris dorés & vernis par Martin,
Des intrigues du tems composant son destin,
Duppé par sa maîtresse, & haï par sa femme,
Prodigue à vingt Beautés ses chansons & sa flamme;
Quitte Æglé qui l'aimoit, pour Cloris qui le fuit,
Et prend pour volupté le scandale & le bruit ;
Colin plus vigoureux, & pourtant plus fidelle,
Revole vers Lisette en la saison nouvelle.
Il vient, après trois mois de regrets & d'ennui,
Lui présenter des dons aussi simples que lui.
Il n'a point à donner ces riches bagatelles,
Qu'Hebert vend à crédit, pour tromper tant de Belles.
Sans tous ces riens brillans, il peut toucher un cœur.
Il n'en a pas besoin : C'est le fard du bonheur.

 L'Aigle fiére & rapide, aux aîles étendues,
Suit l'objet de sa flamme, élancé dans les nues.
Dans l'ombre des Valons, le Taureau bondissant,

Cherche en paix fa Geniffe, & l'aime en mugiffant.
Au retour du Printems, la douce Philomele
Attendrit par fes chants la compagne fidelle;
Et du fein des buiffons, le moucheron leger,
Se mêle, en bourdonnant, aux infectes de l'air;
De fon être content, qui d'entre eux s'inquiette,
S'il eft quelqu'autre efpèce, ou plus ou moins par-
faite.
Et qu'importe à mon fort, à mes plaifirs préfens,
Qu'il foit d'autres heureux, qu'il foit des biens plus
grands?
Mais, quoi! cet indigent, ce mortel famélique,
Cet objet dégoûtant de la pitié publique,
D'un cadavre vivant, traînant le refte affreux;
Refpirant pour fouffrir, eft-il un homme heureux?
Non, fans doute, & Tamas qu'un Efclave détrône;
Ce Vizir dépofé, ce Grand qu'on emprifonne,
Ont-ils des jours fereins quand ils font dans les fers?
Tout état a fes maux, tout homme a fes revers.
Moins hardi dans la paix, plus actif dans la guerre,
Charles auroit fous fes loix retenu l'Angleterre;
Et Dufrefni, plus fage, & moins diffipateur,
Ne fût point mort de faim, digne mort d'un Auteur.
Tout eft égal enfin. La Cour a fes fatigues,
L'Eglife a fes combats, la Guerre a fes intrigues.
Le mérite modefte eft fouvent obfcurci.
Le malheur eft par-tout; mais le bonheur auffi.
Ce n'eft point la grandeur, ce n'eft point la baffeffe,

Le

Le bien, la pauvreté, l'âge mûr, la jeuneſſe,
Qui fait, ou l'infortune, ou la félicité.
　Jadis le pauvre Irus, honteux & rebuté,
Contemplant de Créſus l'orgueilleuſe opulence,
Murmuroit hautement contre la Providence.
Que d'honneurs! diſoit-il, que d'éclat! que de bien!
Que Créſus eſt heureux! Il a tout, & moi rien.
Comme il diſoit ces mots, une Armée en furie
Attaque en ſon Palais le Tyran de Carie.
De ſes vils Courtiſans il eſt abandonné;
Il fuit; on le pourſuit; il eſt pris, enchaîné;
On pille ſes Tréſors, on ravit ſes Maîtreſſes;
Il pleurt; il apperçoit au fort de ſes détreſſes,
Irus, le pauvre Irus, qui, parmi tant d'horreurs,
Sans ſonger aux Vaincus, boit avec les Vainqueurs.
O Jupiter! dit-il. O ſort inexorable!
Irus eſt trop heureux; je ſuis ſeul miſérable.
Ils ſe trompoient tous deux, & nous nous trompons
　　tous.
Quand du deſtin d'un autre, avidemment jaloux,
Nous admirons l'éclat qu'un beau dehors imprime.
Tous les cœurs ſont cachés; tout homme eſt un abî-
　　me.
La joïe eſt paſſagére, & le ris eſt trompeur.
Hélas! Où donc chercher? Où trouver le bonheur?
Cet Etre ſi vanté, qu'on croit imaginaire?
Où? Chez toi, dans ton cœur, & dans ton caractère?

DEUXIE'ME

DEUXIÉME DISCOURS

DE LA LIBERTÉ.

Ans le cours de nos ans, étroit & court passage,
Si le bonheur qu'on cherche, est le prix du vrai Sage,
Qui pourra me donner ce tréfor précieux?
Dépend-il de moi-même? Est-ce un préfent des Cieux?
Est-il comme l'Esprit, la Beauté, la Naissance,
Partage indépendant de l'humaine prudence?
Suis-je libre en effet? Où mon ame & mon corps,
Sont-ils d'un autre agent les aveugles ressorts?
Enfin, ma volonté, qui me meut, qui m'entraîne,
Dans le palais de l'Ame, est-elle Esclave ou Reine?
 Obscurément plongé dans ce doute cruel,
Mes yeux, chargés de pleurs, se tournoient vers le Ciel.
Lors qu'un de ces Esprits, que le Souverain Etre
Plaça près de son Trône, & fit pour le connaître,
Qui respirent dans lui, qui brûlent de ses feux,
Descendit jusqu'à moi de la voûte des Cieux:

Car

Car on voit quelquefois ces fils de la lumiére
Eclairer d'un mondain l'ame simple & grossiére,
Et fuir obstinément tout Docteur orgueilleux,
Qui dans sa Chaire assis pense être au-dessus d'eux,
Et le cerveau troublé des vapeurs d'un systême,
Prend ses brouillars épais pour le jour du Ciel même.
 Ecoute, me dit-il, prompt à me consoler,
Ce que tu peux entendre & qu'on peut reveler.
J'ai pitié de ton trouble ; & ton ame sincére,
Puisqu'elle sait douter, mérite qu'on l'éclaire.
Oui, l'Homme sur la terre, est libre ainsi que moi.
C'est le plus beau présent de notre commun Rôi.
La Liberté qu'il donne à tout Etre qui pense,
Fait des moindres esprits, & la vie & l'essence,
Qui conçoit, veut, agit, est libre en agissant ;
C'est l'attribut divin de l'Etre tout-puissant :
Il en fait un partage à ses enfans qu'il aime.
Nous sommes ses enfans, des ombres de lui-même.
Il connut, il voulut, & l'Univers naquit.
Ainsi, lorsque tu veux, la matiére obéit.
Souverain sur la Terre, & Roi par la pensée,
Tu veux, & sous tes mains la Nature est forcée.
Tu commandes aux Mers, au soufle des Zephirs,
A ta propre pensée, & même à tes desirs.
Ah! sans la liberté, que seroient donc nos armes ?
Mobiles agités par d'invisibles flammes ;
Nos vœux, nos actions, nos plaisirs, nos dégoûts,
De notre Etre, en un mot, rien ne seroit à nous.
D'un

D'un Artisan suprême, impuissantes machines,
Automates pensans, mûs par des mains divines ;
Nous serions à jamais de mensonge occupés,
Vils instrumens d'un Dieu qui nous auroit trompés.
   Comment, sans liberté, serions-nous ses images ?
Que lui reviendroit-il de ses brutes ouvrages ?
On ne peut donc lui plaire, on ne peut l'offenser ;
Il n'a rien à punir, rien à récompenser.
Dans les Cieux, sur la Terre, il n'est plus de justice ;
Caton fut sans vertu, Catilina sans vice.
Le destin nous entraîne à nos affreux penchans ;
Et ce cahos du monde est fait pour les méchans.
L'oppresseur insolent, l'usurpateur avare,
Cartouche, Mirivis, ou tel autre barbare,
Plus coupable enfin qu'eux, le calomniateur
Dira : Je n'ai rien fait, Dieu seul en est l'auteur ;
Ce n'est pas moi, c'est lui qui manque à ma parole,
Qui frappe par mes mains, pille, brûle, viole.
C'est ainsi que le Dieu de justice & de paix,
Seroit l'auteur du trouble, & le Dieu des forfaits.
Les tristes Partisans de ce Dogme effroïable,
Diroient-ils rien de plus, s'ils adoroient le Diable ?
   J'étois à ce discours, tel qu'un homme enyvré,
Qui s'éveille en sursaut, d'un grand jour éclairé,
Et dont la clignotante & débile paupière
Lui laisse encor à peine entrevoir la lumière.
J'osai répondre enfin, d'une timide voix :
Interpréte sacré des éternelles Loix,

Pourquoi, si l'homme est libre, a-t-il tant de faiblesse?
Que lui sert le flambeau de sa vaine Sagesse?
Il le suit, il s'égare, & toujours combattu,
Il embrasse le crime en aimant la Vertu.
Pourquoi ce Roi du monde, & si libre & si sage,
Subit-il si souvent un si dur esclavage?

L'esprit Consolateur, à ces mots répondit;
Quelle douleur injuste accable ton esprit?
La Liberté, dis-tu, t'est quelquefois ravie:
Dieu te la devoit-il immuable, infinie?
Egale en tout état, en tout tems, en tout lieu?
Tes destins sont d'un homme, & tes vœux sont d'un Dieu.
Quoi! dans cet Océan, cet atôme qui nage,
Dira: L'immensité doit être mon partage?
Non, tout est faible en toi, changeant & limité;
Ta force, ton esprit, tes membres, ta beauté.
La Nature, en tout sens, a des bornes prescrites,
Et le pouvoir humain seroit seul sans limites!
Mais, dis-moi, quand ton cœur formé de passions,
Se rend, malgré lui-même, à leurs impressions,
Qu'il sent dans ses combats sa Liberté vaincue;
Tu l'avois donc en toi, puisque tu l'as perdue?
Une fiévre brûlante, attaquant tes ressorts,
Vient à pas inégaux miner ton faible corps.
Mais quoi! Par ce danger répandu sur la vie,
Ta santé pour jamais n'est point anéantie.
On te voit revenir des portes de la mort,

Plus ferme, plus content, plus tempérant, plus fort.
Connais mieux l'heureux don que ton chagrin réclame,
La Liberté dans l'homme, est la santé de l'Ame.
On la perd quelquefois. La soif de la grandeur,
La colére, l'orgueil, un amour suborneur,
D'un desir curieux les trompeuses saillies;
Hélas ! combien le cœur a-t-il de maladies?
Mais contre leurs assauts tu seras rafermi :
Prends ce livre sensé, consulte cet Ami,
(Un Ami, don du Ciel, & le vrai bien du Sage)
Voilà l'Helvétius, le Sylva, le Vernage,
Que le Dieu des humains, prompt à les secourir,
Daigne leur envoïer sur le point de périr.
Est-il un seul mortel de qui l'ame insensée,
Quand il est en péril, ait une autre pensée;
Vois de la Liberté cet ennemi mutin,
Aveugle Partisan d'un aveugle destin.
Entends comme il consulte, approuve, ou délibére;
Entends de quel reproche il couvre un adversaire;
Vois comment d'un rival il cherche à se venger;
Comme il punit son fils, & le veut corriger.
Il le croïoit donc libre; oui, sans doute, & lui-même
Dément à chaque pas son funeste systême.
Il mentoit à son cœur, en voulant expliquer
Ce dogme absurde à croire, absurde à pratiquer.
Il reconnaît en lui le sentiment qu'il brave;
Il agit comme libre, & parle comme esclave.

Sûr

Sûr de ta Liberté, rapporte à son Auteur
Ce don que sa bonté te fit pour ton bonheur;
Epargne à ta raison ces disputes frivoles,
Ce poison des esprits, né du sein des Ecoles;
Ferme en tes sermens, & simple dans ton cœur,
Aime la Vérité, mais pardonne à l'Erreur.
Fuis les emportemens d'un zèle atrabilaire,
Ce mortel qui s'égare, est un homme, est ton frere;
Sois sage pour toi seul, compatissant pour lui;
Fais ton bonheur enfin, par le bonheur d'autrui.

Ainsi parloit la voix de ce Sage suprême;
Ses discours m'élevoient au-dessus de moi-même;
J'allois lui demander, indiscret dans mes vœux,
Des secrets réservés pour les Peuples des Cieux:
Ce que c'est que l'Esprit, l'Espace, la Matiére,
L'Eternité, le Tems, le Ressort, la Lumiére.
Etranges questions qui confondent souvent
Le profond s'*Gravesande*, & le subtil *Mairant*,
Et qu'expliquoit en vain, dans ses doctes chiméres,
L'Auteur des tourbillons, que l'on ne croit plus guéres;
Mais, déja s'échappant à mon œil enchanté,
Il voloit au séjour où luit la Vérité.
Il n'étoit pas vers moi descendu pour m'apprendre
Les secrets du Très-haut, que je ne puis comprendre;
Mes yeux d'un jour plus grand auroient été blessés.
1 m'a dit, sois heureux; il m'en a dit assez.

TROISIE'ME

TROISIÉME DISCOURS.

DE L'ENVIE.

I l'Homme est créé libre, il doit se gouverner :

Si l'Homme a des Tyrans, il les doit détrôner.
On ne le sait que trop, ces tyrans sont les vices ;
Le plus cruel de tous dans ses sombres caprices,
Le plus lâche à la fois, & le plus acharné,
Qui plonge au fond du cœur un trait empoisonné,
Ce bourreau de l'Esprit, quel est-il ? C'est l'Envie.
L'Orgueil lui donna l'être au sein de la Folie.
Rien ne peut l'adoucir, rien ne peut l'éclairer :
Quoi qu'enfant de l'Orgueil, il craint de se montrer.
Le mérite étranger est un poids qui l'accable ;
Semblable à ce Géant, si connu dans la Fable,
Triste ennemi des Dieux, par les Dieux écrasé,
Lançant en vain les feux dont il est embrasé.
Il blasphême, il s'agite en sa prison profonde ;
Il croit pouvoir donner des secousses au monde ;
Il fait trembler l'Etna, dont il est oppressé :

Tome V. E *L'Etna*

L'Etna sur lui retombe, il en est terrassé.
J'ai vû des Courtisans, yvres de fausse-gloire,
Détester dans Villars l'éclat de la Victoire.
Ils haïssoient le bras qui faisoit leur appui.
Il combattoit pour eux ; ils parloient contre lui.
Ce Héros eut raison, quand cherchant les batailles,
Il disoit à LOUIS : *Je ne crains que Versailles.*
Contre nos Ennemis je marche sans effroi :
Deffendez-moi des miens, ils sont près de mon Roi.
 Cœurs jaloux, à quels maux êtes-vous donc en proïe ?
Vos chagrins sont formés de la publique joïe,
Convives dégoûtés, l'aliment le plus doux,
Aigri par votre bile, est un poison pour vous.
O vous, qui de l'honneur entrez dans la carriére,
Cette route à vous seul appartient-elle entiére ?
N'y pouvez-vous souffrir les pas d'un Concurrent ?
Voulez-vous ressembler à ces Rois d'Orient,
Qui de l'Asie esclave, oppresseurs arbitraires,
Pensent ne bien règner, qu'en étranglant leurs freres ?
 Lorsqu'aux jeux du Théâtre, écueil de tant d'esprits,
Une affiche nouvelle entraîne tout Paris :
Quand Dufrêne & Gossin, d'une voix attendrie,
Font parler, ou Zamore, ou Fauste, ou Zénobie,
Le Spectateur content, qu'un beau trait vient saisir,
Laisse couler des pleurs, enfans de son plaisir :
Rufus désespéré, que ce plaisir outrage,

          Pleure

DE L'ENVIE.

Pleure aussi dans un coin, mais ses pleurs sont de
 rage.
Hé bien! pauvre affligé, si ce fragile honneur,
Si ce bonheur d'un autre a déchiré ton cœur,
Mets du moins à profit le chagrin qui t'anime:
Mérite un tel succès, compose, efface, lime.
Le Public applaudit aux vers du Glorieux;
Est-ce un affront pour toi? Courage, écris, fais
 mieux;
Mais garde-toi, sur-tout, si tu crains les Critiques,
D'envoïer à Paris tes *Aïeux chimériques*; *
Ne fait plus grimacer tes odieux portraits,
Sous des craïons grossiers, pillés chez Rabelais.
Tôt ou tard on condamne un Rimeur satirique,
Dont la moderne Muse emprunte un air gotique,
Et dans un vers forcé que surcharge un vieux mot,
Couvre son peu d'esprit des phrases de Marot.
Ce jargon dans un conte est encor supportable,
Mais le vrai veut un air, un ton plus respectable.
Si tu veux, faux-Dévot, séduire un sot Lecteur,
Au miel d'un froid sermon, mêle un peu moins d'ai-
 greur:
Que ton jaloux orgueil parle un plus doux langage;
Singe de la Vertu, masque mieux ton visage,
La gloire d'un Rival s'obstine à t'outrager,
C'est en le surpassant que tu dois t'en venger:
Erige

* Mauvaise Comédie, qui n'a pû être jouée.

TROISIE'ME DISCOURS.

Erige un monument plus haut que son trophée;
Mais, pour sifler Rameau, l'on doit être un Orphée;
Il faut être Psiché, pour censurer Vénus.
Eh! pourquoi censurer? Quel triste & vain abus!
On ne s'embellit point en blâmant sa rivale.

Qu'a servi contre Bayle une infâme cabale?
Par le fougueux Jurieu, * Bayle persécuté
Sera des bons esprits à jamais respecté;
Et le nom de Jurieu, son rival fanatique,
N'est aujourd'hui connu que par l'horreur publique.
Souvent dans ses chagrins un misérable Auteur,
Descend au rôle affreux de calomniateur.
Au lever de Sejan, chez Nestor, chez Narcisse,
Il distille à longs traits son absurde malice.
Pour lui tout est scandale, & tout impiété,
Assurer que ce globe en sa course emporté,
S'éleve à l'Equateur, en tournant sur lui-même;

C'est

* Jurieu étoit un Ministre Protestant, qui s'acharna contre Bayle & contre le bon sens; il écrivit en fol, & il fit le Prophéte. Il prédit que le Roïaume de France éprouveroit des révolutions, qui ne sont jamais arrivées. Quant à Bayle, on sait que c'est un des grands Hommes que la France ait produits. Le Parlement de Toulouse lui a fait un honneur unique, en faisant valoir son Testament, qui devoit être annullé comme celui d'un Réfugié, selon la rigueur de la Loi, & qu'il déclara valide, comme le Testament d'un homme qui avoit éclairé le Monde & honoré sa Patrie. L'Arrêt fut rendu sur le Raport de M. de Sénaux, Conseiller.

DE L'ENVIE.

C'est un rafinement d'erreur & de blasphême.
Malbranche est Spinosiste, & Loke, en ses écrits,
Du poison d'Epicure infecte les esprits.
Pope est un scélérat, de qui la plume impie
Ose vanter de Dieu la clémence infinie,
Qui prétend follement ! O le mauvais Chrétien !
Que Dieu nous aime tous, & qu'ici tout est bien.

Cent fois plus malheureux, & plus infâme encore,
Est ce fripier d'écrits, que l'intérêt dévore,
Qui vend au plus offrant son encre & ses fureurs.
Méprisable en son goût, détestable en ses mœurs :
Médisant, qui se plaint des brocards qu'il essuie;
Satirique ennuïeux, disant que tout l'ennuïe,
Criant que le bon goût s'est perdu dans Paris,
Et le prouvant très-bien, du moins par ses écrits.
On put à Despréaux pardonner la satire;
Il joignit l'art de plaire au malheur de médire.
Le miel que cette Abeille avoit tiré des fleurs,
Pouvoit de sa piquure adoucir les douleurs;
Mais, pour un lourd Frelon, méchamment imbé-
    cile,
Qui vit du mal qu'il fait, & nuit sans être utile,
On écrase à plaisir cet Insecte orgueilleux,
Qui fatigue l'oreille, & qui choque les yeux.

Quelle étoit votre erreur ? O vous, Peintres vulgai-
    res!
Vous, rivaux clandestins, dont les mains téméraires,
Dans ce Cloître où Bruno semble encore respirer,

E 3   Par

Par une lâche Envie ont pû défigurer, *
Du Zeuxis des Français les savantes peintures.
L'honneur de son pinceau s'accrut par vos injures:
Ces lambeaux déchirés en sont plus précieux;
Ces traits en sont plus beaux, & vous plus odieux.
 Détestons à jamais un si dangereux vice.
Ah! qu'il nous faut chérir ce trait plein de justice!
D'un critique modeste, & d'un vrai bel esprit,
Qui, lorsque Richelieu follement entreprit
De rabaisser du Cid la naissante merveille,
Tandis que Chapelain osoit juger Corneille;
Chargé de condamner cet ouvrage imparfait,
Dit, pour tout jugement: Je voudrois l'avoir fait:
C'est ainsi qu'un grand cœur fait penser d'un grand homme.
 A la voix de Colbert, Bernini vint de Rome,
De Perrault dans le Louvre il admira la main.
Ah! dit-il, si Paris renferme dans son sein
Des travaux si parfaits, un si rare génie,
Falloit-il m'appeller du fond de l'Italie?
Voilà le vrai mérite. Il parle avec candeur;
L'Envie est à ses pieds, la Paix est dans son cœur.
Qu'il est grand, qu'il est doux de se dire à soi-même:
Je n'ai point d'ennemis, j'ai des rivaux que j'aime:

---

* Quelques Peintres, jaloux du Sueur, gâtèrent ses Tableaux, qui sont aux Chartreux.

Je prends part à leur gloire, à leurs maux, à leurs biens;
Les Arts nous ont unis, leurs beaux jours sont les miens.
C'est ainsi que la Terre, avec plaisir, rassemble
Ces Chênes, ces Sapins, qui s'élèvent ensemble.
Un suc toujours égal est préparé pour eux.
Leur pied touche aux Enfers, leur cime est dans les Cieux :
Leur tronc inébranlable, & leur pompeuse tête,
Résiste, en se touchant, aux coups de la tempête.
Ils vivent l'un pour l'autre, ils triomphent du tems,
Tandis que sous leur ombre on voit de vils serpens
Se livrer, en sifflant, des guerres intestines,
Et de leur sang impur arroser leurs racines.

QUATRIÉME DISCOURS.

*De la modération en tout, dans l'Etude,
dans l'Ambition, dans les Plaisirs.*

A Mʀ. H***.

Tout vouloir est d'un Fou, l'excès est son partage ;
La modération est le trésor du Sage.
Il sait régler ses goûts, ses travaux, ses plaisirs,
Mettre un but à sa course, un terme à ses desirs.
Nul ne peut avoir tout ; l'amour de la Science,
A guidé ta jeunesse au sortir de l'enfance :
La Nature est ton livre, & tu prétends y voir
Moins ce qu'on a pensé, que ce qu'il faut savoir ;
La Raison te conduit, avance à sa lumiére ;
Marche encor quelques pas, mais borne ta carriére,
Au bord de l'infini ton cœur doit s'arrêter,
Là commence un abîme, il le faut respecter.
  Réaumur, dont la main si savante & si sûre,
A percé tant de fois la nuit de la Nature,
M'appren-

M'apprendra-t-il jamais par quels subtils ressorts,
L'Eternel Artisan fait végéter les corps ?
Pourquoi l'Aspic affreux, le Tigre, la Pantére
N'ont jamais adouci leur cruel caractére ;
Et que reconnoissant la main qui le nourrit,
Le chien meurt en léchant le maître qu'il chérit ?
D'où vient qu'avec cent pieds qui lui sont inutiles,
Cet insecte tremblant traîne ses pas débiles ?
Pourquoi ce Ver changeant se bâtit un tombeau,
S'enterre, & ressuscite avec un corps nouveau ;
Et le front couronné, tout brillant d'étincelles,
S'élance dans les airs en déployant ses aîles ?
Le sage Du Fay parmi ses Plans divers,
Végétaux rassemblés des bouts de l'Univers,
Me dira-t-il, pourquoi la tendre Sensitive,
Se flétrit sous mes mains, honteuse & fugitive ?

 Malade, & dans un lit, de douleurs accablé,
Par l'éloquent Silva vous êtes consolé :
Il sait l'art de guérir, autant que l'art de plaire ;
Demandez à Silva, par quel secret mystére,
Ce pain, cet aliment dans mon corps digéré,
Se transforme en un lait doucement préparé ?
Comment toujours filtré, dans ses routes certaines,
En longs ruisseaux de Pourpre il court enfler mes veines ;
A mon corps languissant rend un pouvoir nouveau ;
Fait palpiter mon cœur & penser mon cerveau ?
Il leve au Ciel les yeux, il s'incline, il s'écrie ;

E 5   Déman-

Demandez-le à ce Dieu qui nous donna la vie.
 * Revole, Maupertuis, de ces Deserts glacés,
Où les raïons du jour sont six mois éclipsés ;
Apôtre de Newton, digne appui d'un tel Maître,
Né pour la vérité, viens la faire connaître.
Héros de la Phisique, Argonautes nouveaux,
Qui franchissez les Monts, qui traversez les Eaux,
Dont le travail immense & l'exacte mesure,
De la Terre étonnée ont fixé la figure,
Dévoilez ces ressorts qui font la pésanteur.
Vous connaissez les loix qu'établit son Auteur,
Parlez, enseignez-moi comment ses mains fécondes
Font tourner tant de cieux, graviter tant de mondes?
Pourquoi, vers le Soleil, notre globe entraîné,
Se meut autour de soi sur son axe incliné,
Parcourant en douze ans les célestes demeures ?
D'où vient que Jupiter a son jour de dix heures ?
Vous ne le savez point. Votre savant compas
Mesure l'Univers, & ne le connaît pas.
Je vous vois dessiner, par un art infaillible,
Les dehors d'un Palais à l'homme inaccessible ;
Les angles, les côtés sont marqués par vos traits ;
Le dedans à vos yeux est fermé pour jamais.
Pourquoi donc m'affliger si ma débile vue,
Ne peut percer la nuit sur mes yeux répandue.

Je

* Cet Ouvrage fut fait en 1737.

DE LA MODE'RATION, &c. 97

Je n'imiterai point ce malheureux Savant,
Qui des feux de l'Etna fcrutateur imprudent,
Marchant fur des monceaux de bitume & de cendre,
Fut confommé du feu qu'il cherchoit à comprendre.
Modérons-nous, fur-tout dans notre ambition,
C'eſt du cœur des humains la grande paſſion.
On cherche à s'élever beaucoup plus qu'à s'inſtruire;
Vingt Savans qu'Apollon prenoit foin de conduire,
De l'éclat des grandeurs n'ont pû fe détromper.
Au Parnaffe ils régnoient ; la Cour les vit ramper.
La Cour eſt de Circé le Palais redoutable,
La Fortune y préfide, enchantereffe aimable ;
Qui des mains des plaifirs préparant fon poifon,
Par un filtre invincible affoupit la raifon.
Qui la voit eſt changé; c'eſt en vain qu'on la brave,
On eſt arrivé libre, on fe retrouve efclave.
Le Guerrier tout couvert du fang des ennemis,
Le Magiſtrat auſtére, & le groſſier Commis,
Et la Dévote adroite, & le Marquis volage,
Tout y cherche, à l'envi, l'argent & l'efclavage.
Laiſſons ces infenfés que leur efpoir féduit,
Courir en malheureux au bonheur qui les fuit.
Mes Vers ne peuvent rien contre tant de folie,
La feule adverfité peut réformer leur vie.
Parlons de nos Plaifirs; ce fujet plein d'appas,
Eſt bien moins dangereux, & ne s'épuife pas.

De nos réflexions c'est la source féconde,
Il vaut mieux en parler que des Maîtres du Monde.
Que m'importe leur Trône, & quel suprême hon-
   neur,
Quel éclat peut valoir un sentiment du cœur !
   Les plaisirs sont les fleurs que notre divin Maître,
Dans nos Champs cultivés autour de nous fait naî-
   tre.
Chacune a sa saison, & par des soins prudens
On peut en conserver dans l'hyver de nos ans ;
Mais s'il faut les cueillir, c'est d'une main légére,
On flétrit aisément leur beauté passagére :
N'offrez pas à vos sens de molesse accablés,
Tous les parfums de Flore à la fois exhalés ;
Il ne faut point tout voir, tout sentir, tout enten-
   dre.
Quittons les voluptés pour savoir les reprendre ;
Le Travail est souvent le pere du plaisir,
Je plains l'homme accablé du poids de son loisir.
Le bonheur est un bien que nous vend la Nature,
Il n'est point ici bas de moissons sans culture :
Tout veut des soins sans doute, & tout est acheté.
   Regardez Lucullus, de sa table entêté,
Au sortir d'un spectacle, où de tant de merveilles,
Le Son perdu pour lui frappe en vain ses oreilles,
Il se traîne à souper plein d'un secret ennui,
Cherchant en vain la joïe, & fatigué de lui ;
Son esprit offusqué d'une vapeur grossiére

Jette

Jette encor quelques traits sans force & sans lumiére,
Parmi les voluptés dont il croit s'enyvrer,
Malheureux! il n'a pas le tems de désirer.
 Jadis trop caressé des mains de la Molesse,
Le Plaisir s'endormit au sein de la Paresse,
La Langueur l'accabla ; plus de chants, plus de vers,
Plus d'amour, & l'Ennui détruisoit l'Univers.
Un Dieu qui prit pitié de la Nature humaine,
Mit auprès du plaisir le Travail & la Peine:
La Crainte l'éveilla, l'Espoir guida ses pas,
Ce cortége aujourd'hui l'accompagne ici bas.
Ne nous en plaignons point, imitons la Nature,
Elle couvre nos champs de glace ou de verdure.
Tout renaît au Printems, tout meurit dans l'Eté,
Livrons-nous donc comme elle à la diversité.
 Climéne a peu d'esprit, elle est vive, légére,
Touché de ses appas vous avez sû lui plaire.
Vous pensez sur la foi de vos emportemens,
De vos jours à ses pieds couler tous les momens.
Mais bientôt de vos sens vous voïez l'imposture,
Ce feu-follet s'éteint, privé de nourriture ;
Votre bonheur usé n'est qu'un dégoût affreux,
Et vous avez besoin de vous quitter tous deux.
Ah ! pour vous voir toujours sans jamais vous déplaire,
Il faut un cœur plus noble, une ame moins vulgaire,
Un esprit vrai, sensé, fécond, ingénieux,
Sans humeur, sans caprice, & sur-tout vertueux ;

Pour les cœurs corrompus l'Amitié n'est point faite:
O divine Amitié ! Félicité parfaite !
Seul mouvement de l'Ame où l'excès soit permis,
Corrige les défauts qu'en moi le Ciel a mis;
Compagne de mes pas dans toutes mes demeures,
Dans toutes les saisons, & dans toutes les heures,
Sans toi tout homme est seul : il peut par ton appui,
Multiplier son être, & vivre dans autrui.
Idole d'un cœur juste, & passion du sage,
Amitié, que ton nom couronne cet Ouvrage;
Qu'il préside à mes Vers comme il règne en mon cœur,
Tu m'appris à connaître, à chanter le bonheur.

CINQUIÉME DISCOURS

SUR LA NATURE DU PLAISIR.

A SON ALTESSE ROYALE,

MONSEIGNEUR LE PRINCE DE ***.

Usqu'a quand verrons-nous ce rêveur fanatique,
Fermer le Ciel au monde, & d'un ton despotique,
Damnant le genre-humain, qu'il prétend convertir,
Nous prêcher la vertu, pour la faire haïr?
Sur les pas de Calvin, ce fou sombre & sévére,
Croit que Dieu, comme lui, n'agit qu'avec colére.
Je crois voir d'un Tyran le Ministre abhorré
D'esclaves qu'il a faits tristement entouré,
Dictant d'un air hideux ses volontés sinistres,
Je cherche un Roi plus doux, & de plus doux Ministres.
* P.... se crut parfait, alors qu'il n'aima rien.

Il

---

* Cette Piéce est uniquement fondée sur l'impossi- bilité

Il faut que l'on soit homme afin d'être Chrétien.
Je suis homme, & d'un Dieu je chéris la clémence,
Mortels ! venez à lui ; mais par reconnaissance,
La nature attentive à remplir vos desirs,
Vous appelle à ce Dieu par la voix des plaisirs.
Nul encor n'a chanté sa bonté toute entiére,
Par le seul mouvement il conduit la matiére.
Mais c'est par le plaisir qu'il conduit les humains,
Sentez du moins les dons prodigués par ses mains.
Tout mortel au plaisir a dû son existence,
Par lui le corps agit, le cœur sent, l'esprit pense.
Soit que du doux sommeil la main ferme vos yeux,
Soit que le jour pour vous vienne embellir les Cieux,
Soit que vos sens flétris cherchant leur nourriture,
L'aiguillon de la faim presse en vous la nature ;
Ou que l'amour vous force en des momens plus
    doux,
A produire un autre être, à revivre après vous ;
Par-tout d'un Dieu clément la bonté salutaire
Attache à vos besoins un plaisir nécessaire :
Les Mortels, en un mot, n'ont point d'autre Moteur.

    Sans l'attrait du plaisir, sans ce charme vainqueur,
Qui des loix d'hymen eût subi l'esclavage ?
Quelle Beauté jamais auroit eu le courage

De-
bilité où est l'homme d'avoir des sensations par lui-même. Tout sentiment prouve un Dieu, & tout sentiment agréable prouve un Dieu bienfaisant.

De porter un enfant dans son sein renfermé,
Qui déchire en naissant les flancs qui l'ont formé;
De conduire avec crainte une enfance imbécile,
Et d'un âge fougueux l'imprudence indocile?
 Ah! dans tous les Etats, en tout tems, en tout lieu,
Mortels, à vos plaisirs reconnaissez un Dieu!
Que dis-je! à vos plaisirs? c'est à la douleur même
Que je connais de Dieu la sagesse suprême.
Ce sentiment si prompt dans nos corps répandu,
Parmi tous nos dangers sentinelle assidu;
D'une voix salutaire incessamment nous crie:
Ménagez, défendez, conservez votre vie.
 O moitié de notre être, amour-propre enchanteur,
Sans nous tyranniser règne dans notre cœur.
Pour aimer un autre homme, il faut s'aimer soi-même.
Que Dieu soit notre exemple, il nous chérit, il s'aime,
Nous nous aimons dans nous, dans nos biens, dans nos fils,
Dans nos concitoïens, sur-tout dans nos amis,
Cet amour nécessaire est l'ame de notre ame,
Notre esprit est porté sur ces ailes de flamme.
Oui, pour nous élever aux grandes actions,
Dieu nous a par bonté donné les passions.*

Tout

---

* Comme presque tous les mots d'une Langue peuvent être entendus en plus d'un sens, il est bon d'avertir ici qu'on entend par ce mot, *passions*, des desirs

Tout dangereux qu'il est, c'est un present céleste,
L'usage en est heureux; si l'abus est funeste.
J'admire & ne plains point un cœur maître de soi,
Qui tenant ses desirs enchaînés sous sa loi,
S'arrache au genre-humain pour qui Dieu nous fit naître,
Se plaît à l'éviter plutôt qu'à le connaître;
Et brûlant pour son Dieu d'un amour dévorant,
Fuit les plaisirs permis par un plaisir plus grand.
Mais que fier de ses croix, vain de ses abstinences,
Et sur-tout en secret lassé de ses souffrances,
Il condamne dans nous tout ce qu'il a quité,

L'hymen,

---

sirs vifs & continués, de quelque bien que ce puisse être : ce mot vient de *pati*, souffrir, parce qu'il n'y a aucun desir sans souffrance ; desirer un bien, c'est souffrir l'absence de ce bien ; c'est *pâtir*, c'est avoir une passion : & le premier pas vers le plaisir, est essentiellement un soulagement de cette souffrance. Les vicieux & les Gens de bien ont tous également de ces desirs vifs & continus, appellés *passions*, qui ne deviennent des vices que par leur objet : le desir de réussir dans son art, l'Amour conjugal, l'Amour paternel, le goût des Sciences, sont des passions qui n'ont rien de criminel. Il seroit à souhaiter que les Langues eussent des mots, pour exprimer les desirs habituels qui en soi sont indifférens, ceux qui sont vertueux, ceux qui sont coupables ; mais il n'y a aucune Langue au monde qui ait des signes représentatifs de chacune de nos idées, & on est obligé de se servir du même mot dans une acception différente, à peu près comme on se sert quelquefois du même instrument pour des Ouvrages de différente nature.

L'hymen, le nom de Pere, & la Société;
On voit de cet orgueil la vanité profonde,
C'est moins l'ami de Dieu, que l'ennemi du monde;
On lit dans ses chagrins les regrets des plaisirs.
Le Ciel nous fit un cœur, il nous faut des desirs.
Des Stoïques nouveaux le ridicule maître,
Prétend m'ôter à moi, me priver de mon être.

Dieu, si nous l'en croïons, seroit servi par nous,
Ainsi qu'en son Sérail un Musulman jaloux,
Qui n'admet près de lui que ces monstres d'Asie,
Que le fer a privés des sources de la vie. *
Vous qui vous élevez contre l'humanité,
N'avez-vous lû jamais la docte antiquité,
Ne connaissez-vous point les filles de Pélie,
Dans leur aveuglement voïez votre folie.
Elles croïent dompter la nature & le tems,
Et rendre leur vieux pere à la fleur de ses ans,
Leurs mains par piété dans son sein se plongérent
Croïant le rajeunir, ses filles l'égorgérent.
Voilà votre portrait, Stoïques abusés,
Vous voulez changer l'homme, & vous le détruisés.

 Un Monarque de l'Inde, honnête homme & peu
  sage,
Vers les rives du Gange, après un long orage,
Voïant de vingt vaisseaux les débris dispersés,

Des

---

* Cela ne regarde que les esprits outrés, qui veulent ôter à l'homme tous les sentimens.

Des mâts demi rompus, & des morts entassés,
Fit fermer par pitié le port de son rivage,
Défendit que jamais par un profane usage
Les Pins de ses Forêts façonnés en Vaisseaux,
Portassent sur les mers à des peuples nouveaux
Les fruits trop dangereux de l'humaine avarice.
Un Bonze l'applaudit, on vanta sa justice ;
Mais bien-tôt triste Roi d'un Etat indigent,
Il se vit sans pouvoir ainsi que sans argent.
Un voisin moins bigot, & bien plus sage Prince
Conquit en peu de tems sa stérile Province :
Il rendit la mer libre, & l'Etat fut heureux.

Je suis, loin d'en conclure, orateur dangereux,
Qu'il faut lâcher la bride aux passions humaines ;
De ce coursier fougueux je veux tenir les rênes ;
Je veux que ce torrent, par un heureux secours,
Sans inonder mes champs, les abreuve en son cours.
Vents, épurez les airs & soufflez sans tempêtes ;
Soleil, sans nous brûler, marche & luis sur nos têtes.
Dieu des êtres pensans, Dieu des cœurs fortunés,
Conservés les desirs que vous m'avés donnés,
Ce goût de l'amitié, cette ardeur pour l'étude,
Cet amour des beaux Arts & de la solitude :
Voilà mes passions. Vous qui les approuvez ;
Vous, l'honneur de ces arts par vos mains cultivez ;
Vous, dont la passion nouvelle & généreuse,
Est d'éclairer la terre & de la rendre heureuse :

Grand

SUR LA NATURE DU PLAISIR.

Grand Prince, esprit sublime, heureux présent du Ciel,
Qui connaît mieux que vous les dons de l'Eternel?
Aidez ma voix tremblante & ma lire affaiblie,
A chanter le bonheur qu'il répand sur la vie.
Qu'un autre en frémissant craigne ses cruautés,
Un cœur aimé de vous ne sent que ses bontés.

SIXIE'ME

SIXIÉME DISCOURS

DE LA NATURE DE L'HOMME.

A voix de la vertu préside à tes concerts ;
Elle m'appelle à toi par le charme des
 Vers.
Ta grande étude est l'homme, & de ce
 Labyrinthe,
Le fil de la raison te fait chercher l'enceinte.
Montre l'homme à mes yeux : honteux de m'ignorer,
Dans mon être, dans moi, je cherche à pénétrer.
Despréaux & Pascal en ont fait la Satire,
Pope, & le grand Leibnits, moins enclins à médire,
Semblent dans leurs écrits prendre un sage milieu,
Ils descendent à l'homme, ils s'élevent à Dieu.
Mais quelle épaisse nuit voile encor la nature ?
Sois l'Oedipe nouveau de cette énigme obscure,
Chacun a dit son mot ; on a long-tems rêvé ;
Le vrai sens de l'enigme est-il enfin trouvé ?
 Je sai bien qu'à souper chez Laïs ou Catulle,
Cet examen profond passe pour ridicule.
 Là pour tout argument quelques complets malins,

Exer-

Exercent plaisamment nos cerveaux libertins.
Autre tems, autre étude, & la raison sévère,
Trouve accès à son tour, & peut ne point déplaire,
Dans le fond de son cœur on se plaît à rentrer,
Nos yeux cherchent le jour, lent à nous éclairer.
Le grand monde est léger, inapliqué, volage,
Sa voix trouble & séduit ; est-on seul, on est sage.
Je veux l'être, je veux m'élever avec toi,
Des fanges de la Terre au Trône de son Roi.
Montre-moi si tu peux cette chaîne invisible,
Du monde des esprits, & du monde sensible.
Cet ordre si caché de tant d'êtres divers,
Que Pope après Platon crut voir dans l'Univers.

 Vous me pressez en vain. Cette vaste science,
Ou passe ma portée, ou me force au silence.
Mon esprit resserré sous le compas Français,
N'a point de liberté des Grecs & des Anglais.
Pope a droit de tout dire, & moi je dois me taire,
A Bourge un Bachelier, peut percer ce mystère.
Je n'ai point mes degrés, & je ne prétends pas
Hazarder pour un mot de dangereux combats.
Ecoutez seulement un récit véritable,
Que peut-être Fourmont * prendra pour une fable.
Et que je lûs hier dans un livre Chinois,
Qu'un Jésuite à Péquin traduisit autrefois.

Un

---

* Homme très-savant dans l'Histoire des Chinois,
& même dans leur Langue.

Un jour quelques souris se disoient l'une à l'autre,
Que ce monde est charmant, quel empire est nôtre !
Ce Palais si superbe est élevé pour nous,
De toute éternité Dieu nous fit ces grands trous.
Vois-tu ces gras Jambons sous cette voute obscure ?
Ils y furent créés des mains de la nature.
Ces montagnes de lard, éternels alimens,
Sont pour nous en ces lieux jusqu'à la fin des tems :
Oui, nous sommes, grand Dieu, si l'on en croit nos
    Sages,
Le chef-d'œuvre, la fin, le but de tes ouvrages.
Des Chats sont dangereux, & prompts à nous man-
    ger ;
Mais c'est pour nous instruire, & pour nous corriger.
  Plus loin, sur le duvet d'une herbe renaissante,
Près des bois, près des eaux, une troupe innocente
De Canards nazillans, de Dindons regorgés,
De gros Moutons bêlans ; que leur laine a chargés,
Disoient, tout est à nous, Bois, Prez, Etangs, Monta-
    gnes,
Le Ciel pour nos besoins fait verdir les campagnes.
L'Asne paissoit auprès, & se mirant dans l'eau,
Il rendoit grace au Ciel, en se trouvant si beau.
Pour les Asnes, dit-il, le Ciel a fait la Terre,
L'homme est né mon esclave ; il me panse, il me ferre.
Il m'étrille, il me lave, il prévient mes desirs ;
Il bâtit mon Sérail, il conduit mes plaisirs.
Respectueux témoin de ma noble tendresse,
                        Ministre

DE LA NATURE DE L'HOMME.

Miniſtre de ma joïe, il m'améne une Aneſſe,
Et je ris quand je vois cet eſclave orgueilleux,
Envier l'heureux don que j'ai reçû des Cieux.
 L'Homme vint, & cria : Je ſuis puiſſant & ſage,
Cieux, Terres, Elémens, tout eſt pour mon uſage,
L'Océan fut formé pour porter mes vaiſſeaux,
Les Vents ſont mes Courriers, les Aſtres mes flam-
 beaux,
Ce Globe, qui des nuits blanchit les ſombres voiles,
Croît, décroît, fuit, revient, & préſide aux Etoiles.
Moi, je préſide à tout ; mon eſprit éclairé,
Dans les bornes du monde eût été trop ſerré.
Mais enfin de ce monde, & l'oracle & le maître,
Je ne ſuis point encor ce que je dévrois être.
Quelques Anges alors, qui là-haut dans les Cieux,
Réglent ces mouvemens imparfaits à nos yeux,
En faiſant tournoïer ces immenſes Planettes,
Diſoient, pour nos plaiſirs, ſans doute elles ſont fai-
 tes.
Puis de-là ſur la Terre, ils jettoient un coup d'œil,
Ils ſe moquoient de l'homme & de ſon ſot orgueil.
Le *Tien* * les entendit ; il voulut que ſur l'heure,
On les fit aſſembler dans ſa haute demeure.
Ange, homme, quadrupéde, & ces êtres divers,
Dont chacun forme un monde en ce vaſte Univers.
 Ouvrages de mes mains, enfans d'un même pere,
 Qui portez, leur dit-il, mon divin caractère;
Vous

* Dieu des Chinois.

Tome V.   E

Vous êtes nés pour moi, rien ne fut fait pour vous.
Je suis le centre unique où vous répondez tous :
Des destins & des tems, connaissez le seul maître ;
Rien n'est grand ni petit, tout est ce qu'il doit être.
D'un parfait assemblage, instrumens imparfaits,
Dans votre rang placés, demeurez satisfaits.
L'Homme ne le fut point. Cette indocile espece,
Sera-t-elle occupée à murmurer sans cesse ?
Un vieux Lettré Chinois, qui toujours sur les bancs,
Combattit la raison par de beaux argumens,
Plein de *Confucius*, & sa Logique en tête,
Distinguant, concluant, présenta sa requête :
Pourquoi suis-je en un point resserré par les tems ?
Mes jours dévroient aller par-de-là vingt mille ans.
Pourquoi ne suis-je pas haut de trois cens coudées ?
D'où vient que je ne puis, plus prompt que mes idées,
Voïager dans la Lune, & réformer son cours ?
Pourquoi faut-il dormir un grand tiers de mes jours ?
Pourquoi ne puis-je, au gré de ma pudique flâme,
Faire, au moins en trois mois, cent enfans à ma femme ?
Pourquoi suis-je en un jour si las de ses attraits ?
Tes pourquoi, dit le Dieu, ne finiroient jamais ;
Bien-tôt tes questions vont être décidées :
Va chercher ta réponse au Païs des idées ;
Pars. Un Ange aussi-tôt l'emporte dans les airs,
Au sein du vuide immense où se meut l'Univers,
A travers cent Soleils entourés de Planettes,

De

De Lunes, & d'Annaux, & de longues Comettes.
Il entre dans un Globe, où d'immortelles mains
Du Roi de la Nature ont tracé les desseins ;
Où l'œil peut contempler les images visibles,
Et des Mondes réels & des Mondes possibles.
Mon vieux Lettré chercha, d'espérance animé,
Un Monde fait pour lui, tel qu'il l'auroit formé ;
Il cherchoit vainement : l'Ange lui fait connaître,
Que rien de ce qu'il veut, en effet ne peut être ;
Que si l'homme eût été tel qu'ont feint les Géans,
Faisant la guerre au Ciel, ou plutôt au bon sens,
S'il eût à vingt mille ans étendu sa carriére,
Ce petit amas d'eau, de sable & de poussiére,
N'eût jamais pû suffire à nourrir dans son sein,
Ces énormes enfans d'un autre genre-humain.
Le Chinois argumente ; on le force à conclure
Que dans tout l'Univers chaque Etre a sa mesure ;
Que l'homme n'est point fait pour ses vastes desirs ;
Que sa vie est bornée, ainsi que ses plaisirs ;
Que Dieu seul a raison, sans qu'il nous en informe.
Le Lettré, convaincu de sa sottise énorme,
S'en retourne ici bas, aïant tout approuvé ;
Mais il y murmura quand il fut arrivé.
Convertir un Docteur, est une œuvre impossible.
  Mathieu *Garo*, chez nous eut l'esprit plus flexible ;
Il loua Dieu de tout : peut-être qu'autrefois
De longs ruisseaux de lait serpentoient dans nos Bois :

F 2

La

La Lune étoit plus grande & la nuit moins obscure:
L'hiver se couronnoit de fleurs & de verdure,
L'Homme, ce Roi du monde, & Roi très-fainéant,
Se contemploit à l'aise, admiroit son néant,
Et formé pour agir, se plaisoit à rien faire :
Mais, pour nous, fléchissons sous un sort tout contraire;
Contentons-nous des biens qui nous sont destinés.
Passagers comme nous, & comme nous bornés,
Sans rechercher en vain ce que peut notre Maître,
Ce que fut notre Monde, & ce qu'il devoit être,
Observons ce qu'il est, & recueillons le fruit
Des trésors qu'il renferme, & des biens qu'il produit.
Si du Dieu qui nous fit, l'éternelle puissance,
Eût à deux jours au plus borné notre existance,
Il nous auroit fait grace; il faudroit consumer,
Ces deux jours de la vie, à lui plaire, à l'aimer;
Le tems est assez long pour quiconque en profite;
Qui travaille & qui pense en étend la limite.
On peut vivre beaucoup, sans végéter long-tems,
Et je vais te prouver par mes raisonnemens...
Mais malheur à l'Auteur qui veut toujours instruire;
Le secret d'ennuïer est celui de tout dire.

  C'est ainsi que ma Muse, avec simplicité,
Sur des tons différens chantoit la Vérité,
Lorsque de la Nature éclaircissant les voiles,
Nos Français à *Quito* cherchoient d'autres Etoiles;
Que Cléraut, Maupertuis, entourés de glaçons,

DE LA NATURE DE L'HOMME.

D'un Secteur à Lunette étonnoient les Lapons,
Tandis que d'une main stérilement vantée,
Le hardi Vaucanson, rival de Prométhée,
Sembloit de la Nature, imitant les ressorts,
Prendre le feu des Cieux pour animer les corps.
　Pour moi, loin des Cités, sur les bords du Permesse,
Je suivois la Nature, & cherchois la Sagesse;
Et des bords de la Sphére, où s'emporta Milton,
Et de ceux de l'abîme où pénétra Newton,
Je les voïois franchir leur carriére infinie.
Amant de tous les Arts, & de tout grand génie;
Implacable ennemi du Calomniateur,
Du fanatique absurde & du vil délateur;
Ami sans artifice, auteur sans jalousie;
Adorateur d'un Dieu; mais sans hypocrisie;
Dans un corps languissant, de cent maux attaqué,
Gardant un esprit libre, à l'étude appliqué,
Et sachant qu'ici bas la félicité pure
Ne fut jamais permise à l'humaine Nature.

ODE

POUR MESSIEURS DE L'ACADEMIE DES SCIENCES,

Qui ont été au Cercle Polaire, & de l'Equateur, déterminer la figure de la Terre.

Verité sublime! O céleste Uranie!
Esprit né de l'Esprit qui forma l'Univers,
Qui mesures des Cieux la carriére infinie,
Et qui peses les airs.

Tandis que tu conduis sur les gouffres de l'Onde,
Ces Sages, ces Héros, Ministres de tes Loix,
De l'ardent Equateur, ou du Pôle du Monde,
Entends ma foible voix.

Que font tes vrais enfans, vainqueurs de la nature?
Ils arrachent son voile; & ces rares Esprits

Fixent

Fixent la pésanteur, la masse & la figure
  De l'Univers surpris.

Les Enfers sont émûs au bruit de leur voïage.
Je vois paraître au jour les ombres des Héros,
De ces Grecs renommés, qu'admira le rivage
  De l'antique Colos.

Argonautes fameux, Demi-Dieux de la Grece,
Castor, Pollux, Orphée, & vous heureux Jason,
Vous, de qui la valeur, & l'amour & l'adresse,
  Ont conquis la Toison.

En voïant les travaux, & l'art de nos grands Hommes,
Que vous êtes honteux de vos travaux passés!
Votre Siècle est vaincu par le Siècle où nous sommes:
  Venez & rougissez.

Quand la Grece parloit, l'Univers en silence,
Respectoit le mensonge annobli par sa voix;
Et l'admiration, fille de l'Ignorance,
  Chanta de vains Exploits.

Heureux qui les premiers marchent dans la carriére:
N'y fassent-ils qu'un pas, leurs noms sont publiés,

Ceux qui trop tard venus la franchissent entiére,
    Demeurent oubliés.

Le Mensonge réside au Temple de Mémoire;
Ses mains ont tout écrit, & la postérité
N'aura plus désormais de place pour l'Histoire
    Et pour la Vérité.

Uranie abaissez ces triomphes des Fables;
Effacez tous ces noms qui nous ont abusés;
Montrez aux Nations les Héros véritables,
    Que vous seule instruisez.

Le Génois qui chercha, qui trouva l'Amérique;
Cortez qui la vainquit par de plus grands travaux,
En voïant des Français l'entreprise héroïque,
    Ont prononcé ces mots.

L'ouvrage de nos mains n'avoit point eu d'exemple;
Et par nos descendans ne peut être imité:
Ceux à qui l'Univers a fait bâtir des Temples,
    L'avoient moins mérité.

Nous avons fait beaucoup, vous faites davantage;
Notre nom doit céder à l'éclat qui vous suit:
Plutus guida nos pas; dans ce monde sauvage
    La Vertu vous conduit.

Comme ils parloient ainsi, Newton dans l'Empirée,
Newton les regardoit, & du Ciel entr'ouvert :
Confirmez, disoit-il, à la Terre éclairée,
 Ce que j'ai découvert.

Tandis que des Humains le troupeau méprisab
Sous l'Empire des sens, indignement vaincu,
De ses jours indolens traînant le fil coupable,
 Meurt sans avoir vécu.

Donnez un digne essor à votre ame immortelle,
Eclairez des esprits nés pour la Vérité :
Dieu vous a confié la plus vive étincelle
 De la Divinité.

De la raison qu'il donne, il aime à voir l'usage ;
Et le plus digne objet des regards éternels ;
Le plus brillant spectacle est l'ame d'un vrai Sage,
 Instruisant les Mortels.

Mais, sur-tout, écartez ces Serpens détestables,
Ces enfans de l'envie, & leur soufle odieux,
Qu'ils n'empoisonnent pas ces ames respectables,
 Qui s'élevent aux Cieux.

Laissez un vil Zoïle aux fanges du Parnasse,
De ses croassemens importuner le Ciel,

Agir avec bassesse, écrire avec audace,
  Et s'abreuver du fiel.

Imités ces esprits, ces fils de la Lumiére,
Confidens du Très-Haut, qui vivent dans son sein,
Qui jettent, comme lui, sur la Nature entiére,
  Un œil pur & serein.

L'ANTI-GITON.

Du Théâtre, aimable Souveraine!
Belle Cloé, fille de Melpoméne!
Puissent ces vers de vous être goûtés,
Amour le veut, Amour les a dictés;
Ce petit Dieu, de son aîle legére,
Un arc en main, parcouroit l'autre jour
Tous les recoins de votre Sanctuaire;
Car le Théâtre appartient à l'Amour;
Tous ces Héros sont enfans de Cithère.
Hélas, Amour! que tu fus consterné,
Lorsque tu vis ce Temple prophané,
Et ton Rival, de son culte hérétique,
Etablissant l'usage antiphisique,
Accompagné de ses Mignons fleuris,
Fouler aux pieds les Myrthes de Cypris.
  Cét ennemi, jadis, eut dans Gomore
Plus d'un Autel, & les auroit encore,
Si, par le feu son Païs consumé,
En Lac un jour n'eût été transformé :
Ce conte n'est de la Métamorphose,

Car gens de bien m'ont expliqué la chose
Très-doctement, & partant ne veux pas
Mécroire en rien la vérité du cas ;
Ainsi que Loth, chassé de son azile,
Ce pauvre Dieu courut de Ville en Ville,
Il vint en Gréce, il y donna leçon
Plus d'une fois, à Socrate, à Platon ;
Chez des Héros il fit sa résidence,
Tantôt à Rome, & tantôt à Florence ;
Cherchant toujours, si bien vous l'observez,
Peuples polis, & par art cultivez.
Maintenant donc le voici dans Lutéce,
Séjour fameux des effrénés désirs,
Et qui vaut bien l'Italie & la Gréce,
Quoiqu'on en dise, au moins pour les plaisirs.
Là, pour tenter notre faible nature,
Ce Dieu paraît sous humaine figure,
Et si n'a pris Bourdon de Pellerin,
Comme autrefois l'a pratiqué Jupin.
Quand, voïageant au Païs où nous sommes,
Quittoit les Cieux pour éprouver les hommes.
Il n'a point l'air de pesant Abbé,
Brutalement dans le vice absorbé,
Qui tourmentant en tout sens son espèce,
Mord son Prochain, & corrompt la Jeunesse ;
Lui, dont l'œil louche, & le muffle effronté,
Font frissonner la tendre volupté ;

Et

Et qu'on prendroit, dans ses fureurs étranges,
Pour un Démon qui viole des Anges.
Ce Dieu sait trop, qu'en un Pédant crasseux
Le plaisir même est un objet hideux.
 D'un beau Marquis il a pris le visage,
Le doux maintien, l'air fin, l'adroit langage;
Trente Mignons le suivent en riant;
Philis le lorgne, & soupire en fuïant.
Ce faux-Amour se pavane à toute heure,
Sur le Théâtre aux Muses destiné,
Où par Racine en triomphe amené,
L'Amour galant choisissoit sa demeure.
Que dis-je ? Hélas ! l'Amour n'habite plus
Dans ce réduit. Désespéré, confus,
Des fiers succès d'un Dieu qu'on lui préfére,
L'Amour honnête est allé chez sa mere,
D'où rarement il descend ici-bas.
Belle Cloé, ce n'est que sur vos pas
Qu'il vient encore : Cloé, pour vous entendre,
Du haut des Cieux j'ai vû ce Dieu descendre,
Sur le Théâtre il vole parmi nous,
Quand, sous le nom de Phédre ou de Monime,
Vous partagez entre Racine & vous
De notre encens le tribut légitime :
Que si voulez que cet enfant jaloux,
De ces beaux lieux désormais ne s'envole,
Convertissons ceux, qui devant l'idole

De

De son Rival, ont fléchi les genoux :
Il vous créa la Prêtresse du Temple ;
A l'Hérétique il faut prêcher d'exemple;
Vous viendrez donc avec moi dès ce jour,
Sacrifier au véritable Amour.

A MADAME LA MARQUISE DU CHASTELLET.

Sur la Physique de Newton.

Tu m'apelle à toi, vaste & puissant Génie,
Minerve de la France, immortelle Emilie,
Disciple de Newton & de la vérité,
Tu pénétres mes sens des feux de ta clarté:
Je quitte Melpoméne & les jeux de Théâtre,
Ces combats, ces lauriers dont je fus idolâtre:
De ces triomphes vains mon cœur n'est plus touché.
Que le jaloux Rufus, à la terre attaché,
Traîne au bord du tombeau la fureur insensée,
D'enfermer dans un vers une fausse pensée;
Qu'il arme contre moi ses languissantes mains,
Des traits qu'il destinoit au reste des Humains.
Que quatre fois par mois un ignorant Zoïle
Eléve, en frémissant, une voix imbécile.
Je n'entends point leurs cris que la haine a formés;

Je ne vois pas leurs pas dans la fange imprimés,
Le charme tout-puissant de la Philosophie,
Eléve un esprit sage au-dessus de l'Envie.
Tranquille au haut des Cieux que Newton s'est
    soûmis,
Il ignore en effet s'il a des ennemis :
Je ne les connais plus. Déja de la carriére
L'auguste Vérité vient m'ouvrir la barriére;
Déja ces tourbillons, l'un par l'autre pressés,
Se mouvant sans espace, & sans règles entassés,
Ces fantômes savans à mes yeux disparaissent.
Un jour plus pur me luit; les mouvemens renaissent.
L'espace, qui de Dieu contient l'immensité,
Voit rouler dans son sein l'Univers limité,
Cet Univers si vaste à notre faible vûe,
Et qui n'est qu'un atôme, un point dans l'étendue.
 Dieu parle, & le cahos se dissipe à sa voix :
Vers un centre commun toute gravite à la fois,
Ce ressort si puissant, l'ame de la nature,
Etoit enseveli dans une nuit obscure :
Le compas de Newton mesurant l'Univers,
Leve enfin ce grand voile, & les Cieux sont ouverts.
 Il dévoile à mes yeux, par une main savante,
De l'Astre des Saisons la robe étincelante :
L'Emeraude, l'Azur, le Pourpre, le Rubis,
Sont l'immortel tissu dont brillent ses habits.
Chacun de ses raïons dans sa substance pure,
                                   Porte

Porte en foi les couleurs dont se peint la Nature,
Et confondus ensemble, ils éclairent nos yeux,
Ils animent le monde, ils emplissent les Cieux.

    Confidens du Très-Haut, Substances éternelles,
Qui brûlez de ces feux, qui couvrez de vos aîles
Le Trône où vôtre Maître est assis parmi vous,
Parlez; du grand Newton n'étiez-vous point jaloux?

    La Mer entend sa voix. Je vois l'humide Empire,
S'élever, s'avancer vers le Ciel qui l'attire;
Mais un pouvoir central arrête ses efforts;
La Mer tombe, s'affaisse, & roule vers ses bords.

    Comètes que l'on craint à l'égal du Tonnerre,
Cessez d'épouvanter les Peuples de la Terre;
Dans une ellipse immense achevez votre cours;
Remontez, descendez près de l'Astre des jours;
Lancez vos feux, volez; & revenant sans cesse,
Des Mondes épuisés ranimez la vieillesse.

    Et toi, sœur du Soleil, Astre qui dans les Cieux,
Des Sages éblouïs trompois les faibles yeux,
Newton de ta carriére a marqué les limites;
Marche, éclaire les nuits, tes bornes sont prescrites.

    Terre, change de forme, & que la pesanteur,
En abaissant le Pôle, éleve l'Equateur.
Pôle, immobile aux yeux, si lent dans votre course,
Fuïez le char glacé des sept Astres de l'Ourse;
Embrassez, dans le cours de vos longs mouvemens,
Deux cens Siècles entiers par-de-là six mille ans.

                               Que

Que ces objets sont beaux! Que notre ame épurée
Vole à ces vérités dont elle est éclairée,
Oui, dans le sein de Dieu, loin de ce corps mortel,
L'esprit semble écouter la voix de l'Eternel.

Vous, à qui cette voix se fait si bien entendre,
Comment avez-vous pû, dans un âge encor tendre,
Malgré les vains plaisirs, ces écueils des beaux jours,
Prendre un vol si hardi, suivre un si vaste cours,
Marcher après Newton dans cette route obscure
Du labyrinthe immense où se perd la Nature?
Puissai-je auprès de vous, dans ce Temple écarté,
Aux regards des Français montrer la Vérité.
Tandis (*) qu'Algatori, sûr d'instruire & de plaire,
Vers le Tibre étonné, conduit cette Etrangére;
Que de nouvelles fleurs il orne ses attraits,
Le Compas à la main, j'en tracerai les traits,
De mes craïons grossiers j'en peindrai l'Immortelle,
Cherchant à l'embellir, je la rendrois moins belle;
Elle est, ainsi que vous, noble, simple & sans fard,
Au-dessus de l'éloge, au-dessus de mon Art.

(*) Mr. Algatori, jeune Vénitien, faisoit imprimer alors à Venise un Traité sur la Lumiére, dans lequel il expliquoit l'Attraction.

LETTRES

LETTRES FAMILIERES.

LETTRE

A MONSEIGNEUR LE PRINCE DE VENDOME.

DE Sully, salut & bon vin,
Au plus aimable de nos Princes,
De la part de l'Abbé Courtin,
Et d'un Rimailleur des plus minces,
Que son bon Ange & son Lutin,
Ont envoïé dans ces Provinces.

Vous

Vous voïez, Monseigneur, que l'envie de faire quelque chose pour vous, a réuni deux hommes bien différens.

> L'un gras, rond, gros, court, séjourné,
> Citadin de Papimanie,
> Porte un teint de prédestiné,
> Avec la croupe rebondie.
> Sur son front, respecté du tems,
> Une fraîcheur toujours nouvelle
> Au bon Doïen de nos galans,
> Donne une jeunesse éternelle.
> L'autre dans Papéfique est né,
> Maigre, long, sec & décharné,
> N'aïant eu croupe de sa vie,
> Moins malin qu'on ne vous le dit;
> Mais peut-être de Dieu maudit,
> Puisqu'il aime, & qu'il versifie.

Notre premier dessein étoit d'envoïer à vôtre Altesse un Ouvrage dans les formes, moitié Vers, moitié Prose, comme en usoient les Chapelles, les Des Barreaux, les Hamiltons, contemporains de l'Abbé, & nos Maîtres ; j'aurois presque ajouté Voiture, si je ne craignois de fâcher mon confrére, qui prétend n'être pas assez vieux pour l'avoir vû.

Comme il y a des choses assez hardies à dire, par le tems qui court, le plus sage de nous

nous deux, qui n'eſt pas moi, ne vouloit en parler, qu'à condition qu'on n'en ſauroit rien.

 Il alla donc vers le Dieu du myſtère,
 Dieu des Normands, par moi très-peu fêté,
 Qui parle bas quand il ne peut ſe taire,
 Baiſſe les yeux, & marche de côté.
 Il favoriſe, & certes c'eſt dommage,
 Force fripons, mais il conduit le Sage;
 Il eſt au Bal, à l'Egliſe, à la Cour,
 Au tems jadis il a guidé l'Amour.

Malheureuſement ce Dieu n'étoit pas à Sully; il étoit en tiers, dit-on, entre l'Archevêque de.... & Madame de.... ſans cela nous euſſions achevé notre ouvrage ſous ſes yeux.

Nous euſſions peint les Jeux voltigeans ſur vos traces ;
Et cet eſprit charmant, au ſein d'un doux loiſir,
 Agréable dans le plaiſir,
 Héroïque dans les diſgraces.
Nous euſſions parlé de ces bienheureux jours,
 Jours conſacrés à la tendreſſe.
 Nous vous euſſions avec adreſſe,
 Fait la peinture des amours,
 Et des Amours de toute eſpéce ;
 Vous en euſſiez vû de Paphos,
 Vous en euſſiez vû de Florence,

        Mais

Mais avec tant de bienséance,
Que le plus âpre des Dévots
N'en eût pas fait la différence.
Bacchus y paraîtroit de Tocane échauffé,
D'un bonnet de Pampre coëffé,
Célébrant avec vous sa plus joïeuse Orgie,
L'Imagination seroit à son côté,
De ses brillantes fleurs ornant la Volupté
Entre les bras de la Folie.
Petits soupers, jolis festins,
Ce fut parmi vous que naquirent
Mille Vaudevilles malins,
Que les Amours à rire enclins,
Dans leurs sotisiers recueillirent,
Et que j'ai vus entre leurs mains.
Ah ! que j'aime ces vers badins,
Ces riens naïfs & pleins de grace,
Tels que l'ingénieux Horace
En eut fait l'ame d'un repas,
Lorsqu'à table il tenoit sa place
Avec Augustin & Mécénas.

Voilà un foible craïon du Portrait que nous voulons faire ; mais,

Il faut être inspiré pour de pareils écrits :
Nous ne sommes point beaux esprits,
Et notre flageolet timide,

Doit

Doit céder cet honneur charmant,
Au Luth aimable, au Luth galant,
De ce Successeur de Clément,
Qui dans votre Temple réside.
Sachez donc que l'oisiveté
Fait ici notre grande affaire;
Jadis de la Divinité,
C'étoit le partage ordinaire,
C'est le vôtre, & vous m'avouerez,
Qu'après tant de jours consacrez
A Mars, à la Cour, à Cythère,
Lorsque de tout on a tâté,
Tout fait, ou du moins tout tenté,
Il est bien doux de ne rien faire.

A MONSIEUR PALLU.

De Plombières, Août 1739.

U fond de cet antre pierreux
Entre deux montagnes cornues,
Sous un Ciel noir & pluvieux,
Où les Tonnerres orageux
Sont portés sur d'épaisses nues,
Près d'un bain chaud, toujours croté,
Plein d'une eau qui fume & bouillonne,
Où tout malade empaqueté,
Et tout hypocondre entêté,
Qui de son mal toujours raisonne,
Se baigne, s'enfume & se donne
La question pour la santé.
De cet antre où je vois venir
D'impotentes Sempiternelles,
Qui toutes pensent rajeunir;

A M. PALLU.

Un petit nombre de Pucelles,
Mais un beaucoup plus grand de celles
Qui voudroient le redevenir;
Où par le coche on nous améne
De vieux Citadins de Nancy,
Et des Moines de Commercy,
Avec l'Attribut de Lorraine
Que nous rapporterons d'ici.

De ces lieux où l'ennui foisonne,
J'ose encor écrire à Paris.
Malgré Phébus qui m'abandonne,
J'invoque l'Amour & les Ris;
Ils connaissent peu ma personne;
Mais c'est à PALLU que j'écris,
Alcibiade me l'ordonne.
Alcibiade qu'à la Cour
On a vu briller tour à tour,
Par ses graces, par son courage,
Guai, généreux, tendre, volage,
Et non moins trompeur que l'Amour,
Dont il fut la brillante image.
Toutes les femmes l'adoroient;
Toutes avoient la préférence;
Toutes à leur tour se plaignoient,
Des excès de son inconstance,
Qu'à grand'peine elles égaloient.

L'Amour, ou le tems, l'a défait

Du beau vice d'être infidèle ;
Il prétend d'un Amant parfait
Etre devenu le modèle.
J'ignore quel objet charmant
A produit ce grand changement,
Et fait sa conquête nouvelle :
Mais, qui que vous soïez, la Belle,
Je vous en fais mon compliment.

   On pourroit bien à l'avanture,
Choisir un autre *Greluchon* *
Plus Alcide pour sa figure,
Et pour le cœur plus Céladon :
Mais quelqu'un plus aimable, non,
Il n'en est point dans la Nature ;
Car, Madame, où trouvera-t-on
D'un ami la discrétion,
D'un vieux Seigneur la politesse,
Avec l'imagination
Et les graces de la Jeunesse ;
Un tour de conversation,
Sans empressement, sans paresse ;
Et l'esprit monté sur le ton
Qui plaît à gens de toute espéce ?
Et n'est-ce rien d'avoir tâté
Trois ans de la formalité

Dont

* Terme familier, qui signifie un Amant de passage.

A M. PALLU.

Dont on assomme une Ambassade,
Sans nous avoir rien rapporté,
De la pesante gravité
Dont cent Ministres font parade?
A ce portrait si peu flatté,
Qui ne voit mon Alcibiade?

A M. DE BUSSY,
EVÊQUE DE LUCON.
SUR LA TRACASSERIE.

RNEMENT de la Bergerie,
Et de l'Eglise & de l'Amour,
Aussi-tôt que Flore à son tour,
Peindra la Campagne fleurie,
Revoïez la Ville chérie ;
Est-il pour vous d'autre Patrie,
Et seroit-il dans l'autre vie,
Un plus beau Ciel, un plus beau jour,
Si l'on pouvoit de ce séjour
Exiler la TRACASSERIE ?
Evitons ce monstre odieux ;
Monstre femelle, dont les yeux
Portent un poison gracieux,
Et que le Ciel en sa furie,
De notre bonheur envieux,
A fait naître dans ces beaux lieux
Au sein de la Galanterie.
Voïez-vous comme un miel flatteur,

Distille

Distille de sa bouche impure ?
Voïez-vous comme l'Imposture
Lui prête un secours séducteur ?
Le Courroux étourdi la guide,
L'embarras, le Soupçon timide,
En chancelant suivent ses pas.
Des faux-rapports, l'Erreur avide,
Court au-devant de la perfide,
Et la caresse dans ses bras.

Que l'Amour, secouant ses aîles,
De ces commerces infidèles
Puisse s'envoler à jamais :
Qu'il cesse de forger des traits
Pour tant de Beautés criminelles.

Je hais bien tout mauvais Railleur,
De qui le bel esprit batise
Du nom d'ennui, la paix du cœur,
Et la constance de sottise.

Heureux qui voit couler ses jours
Dans la Mollesse & l'Incurie,
Sans intrigues, sans faux-détours,
Près de l'objet de ses amours,
Et loin de la Coquetterie :
Que chaque jour rapidement,
Pour de pareils Amans, s'écoule ;
Ils ont tous les plaisirs en foule,
Hors ceux du raccommodement.

Rendez-nous donc votre présence,
Galant Prieur de Frigolet,
Très-aimable, & très-frivolet,
Venez voir votre humble Valet
Dans le Palais de la Constance.
Les Graces, avec complaisance,
Vous suivront en petit-Colet;
Et moi, leur serviteur folet,
J'ébaudirai Vôtre Excellence
Par des airs de mon Flageolet,
Dont l'Amour marque la cadence,
En faisant des pas de Ballet.

A MONSIEUR DE FORMONT,

En lui envoïant les Œuvres de Descartes & de Malbranche.

RIMEUR charmant, plein de raison,
Philosophe entouré de Graces,
Epicure, avec Apollon,
S'empresse à marcher sur vos traces :
Je renonce au fratras obscur
Du grand Rêveur de l'Oratoire,
Qui croit parler de l'esprit pur,
Ou qui veut nous le faire accroire ;
Nous disant qu'on peut, à coup sûr,
Entretenir Dieu dans sa gloire.
Ma raison n'a pas plus de foi
Pour René, le Visionnaire,
Songeur de la nouvelle Loi ;
Il éblouït plus qu'il n'éclaire.
Dans une épaisse obscurité
Il fait briller des étincelles.
Il a gravement débité

Un tas brillant d'Erreurs nouvelles,
Pour mettre en la place de celles
De la bavarde Antiquité.
Dans sa cervelle trop féconde,
Il prend, d'un air fort important,
Des dez pour arranger le Monde;
Bridoye en auroit fait autant.

Adieu. Je vais chez ma Silvie;
Un esprit fait comme le mien,
Goûte bien mieux son entretien,
Qu'un Roman de Philosophie.
De ses attraits toujours frappé,
Je ne la crois pas trop fidelle:
Mais puisqu'il faut être trompé,
Je ne veux l'être que par elle.

A
MONSIEUR LE DUC
DE LA FEUILLADE.

CONSERVEZ précieusement
L'imagination fleurie
Et la bonne plaisanterie
Dont vous possédez l'agrément
Au défaut du tempérament,
Dont vous vous vantez hardiment,
Et que tout le monde vous nie ;
La Dame qui depuis long-tems
Connaît à fond votre personne,
A dit : Hélas ! je lui pardonne
D'en vouloir imposer aux gens ;
Son esprit est dans son printems,
Mais son corps est dans son automne.
Adieu, Monsieur le Gouverneur ;
Non plus de Province Frontière,
Mais d'une beauté singuliére,
Qui par son esprit, par son cœur,
Et par son humeur libertine

De jour en jour fait grand honneur
Au Gouverneur qui l'endoctrine.
Priez le Seigneur seulement
Qu'il empêche que Cythérée
Ne substitue incessamment
Quelque jeune & frais Lieutenant,
Qui feroit sans vous son entrée
Dans un si beau Gouvernement.

REMARQUES

REMARQUES SUR L'HISTOIRE.

NE cessera-t-on jamais de nous tromper sur l'avenir, le présent & le passé ? Il faut que l'homme soit bien né pour l'erreur, puisque dans ce siècle éclairé on prend tant de plaisir à nous débiter les fables d'Hérodote, & des fables encore qu'Hérodote n'auroit jamais osé conter même à des Grecs.

Que gagne-t-on à nous redire que Menes étoit petit-fils de Noé ? Et par quel excès d'injustice peut-on se moquer des Généalogies de Moreri, quand on en fabrique de pareilles ? Certes Noé envoïa sa famille voïager loin ; son petit-fils Menes en Egypte, son autre petit-fils à la Chine, je ne sais quel autre petit-fils en Suéde, & un cadet en Espagne. Les voïages alors formoient les jeunes gens bien mieux qu'aujourd'hui ; il a fallu chez nos Nations modernes des dix ou douze siécles pour s'instruire un peu de la Géométrie ;

G 6   *mais*

mais ces Voïageurs dont on parle étoient à peine arrivés dans des païs incultes, qu'on y prédiſoit les Eclipſes. On ne peut douter au moins que l'Hiſtoire autentique de la Chine ne rapporte des écliples calculées il y a environ quatre mille ans. Confucius en cite trente-ſix, dont les Miſſionnaires Mathématiciens ont vérifié trente-deux. Mais ces faits n'embarraſſent point ceux qui ont fait Noé grandpere de Fohy, car rien ne les embarraſſe.

D'autres adorateurs de l'Antiquité nous font regarder les Egyptiens comme le peuple le plus ſage de la Terre, parce que, dit-on, les Prêtres avoient chez eux beaucoup d'autorité; & il ſe trouve que ces Prêtres ſi ſages, ces Légiſlateurs d'un peuple ſage, adoroient des Singes, des Chats & des Ognons.

On a beau ſe récrier ſur la beauté des anciens Ouvrages Egyptiens. Ceux qui nous ſont reſtés ſont des maſſes informes; la plus belle Statue de l'ancienne Egypte n'approche pas de celle du plus médiocre de nos Ouvriers; il a fallu que les Grecs enſeignaſſent aux Egyptiens la Sculpture; il n'y a jamais eu en Egypte aucun bon Ouvrage que de la main des Grecs.

Quelle prodigieuſe connaiſſance, nous dit-on, les Egyptiens avoient de l'Aſtronomie! les quatre côtés d'une grande Pyramide ſont expoſés aux quatre régions du monde; ne voilà-t-il pas un grand effort d'Aſtronomie? Ces

Egyp-

SUR L'HISTOIRE. 147

Egyptiens étoient-ils autant de Cassini, de Halley, de Keplers, de Tichobrahé? Ces bonnes gens racontoient froidement à Hérodote que le Soleil en onze mille ans s'étoit couché deux fois où il se léve : c'étoit-là leur Astronomie.

Il en coutoit, répéte M. Rollin, cinquante mille écus pour ouvrir & fermer les écluses du Lac Mœris. M. Rollin est cher en écluses, & se mécompte en Arithmétique. Il n'y a point d'écluse qui ne doive s'ouvrir & se fermer pour un écu, à moins qu'elles ne soient très-mal faites ; il en coûtoit, dit-il, cinquante talens pour ouvrir & fermer ces écluses : il faut savoir qu'on évalua le talent du tems de Colbert à trois mille livres de France. Rollin ne songe pas que depuis ce tems la valeur numéraire de nos espèces est augmentée presque du double, & qu'ainsi la peine d'ouvrir les écluses du Lac Mœris auroit dû coûter, selon lui, environ trois cens mille francs, ce qui est à peu près deux cens quatre-vingt-dix-sept mille livres plus qu'il ne faut. Tous les calculs de ses seize Tomes se ressentent de cette inattention.

Il répéte encore, après Hérodote, qu'on entretenoit d'ordinaire en Egypte ; c'est-à-dire, dans un Païs beaucoup moins grand que la France, quatre cens mille soldats ; qu'on donnoit à chacun cinq livres de pain par jour, & deux livres de viande. C'est donc 800000 livres

vres de viande par jour pour les seuls soldats, dans un Païs où l'on en mangeoit presque point. D'ailleurs, à qui appartenoient ces 400000 soldats, quand l'Egypte étoit divisée en plusieurs petites Principautés ? On ajoute que chaque soldat avoit six arpens francs de contribution, voilà donc deux millions quatre cent mille arpens qui ne païent rien à l'Etat. C'est cependant ce petit Etat qui entretenoit plus de soldats que n'en a aujourd'hui le Grand-Seigneur, Maître de l'Egypte & de dix fois plus de païs que l'Egypte n'en contient. Louïs XIV. a eu quatre cens mille hommes sous les armes pendant quelques années, mais c'étoit un effort, & cet effort a ruiné la France.

Si on vouloit faire usage de sa raison au lieu de sa mémoire, & examiner plus que transcrire, on ne multiplieroit pas à l'infini les livres & les erreurs, il faudroit n'écrire que des choses vraies, ce qui manque d'ordinaire à ceux qui compilent l'Histoire ; c'est l'esprit de philosophie ; la plûpart au lieu de discuter des faits avec des hommes, font des contes à des enfans.

Faut-il qu'au siècle où nous vivons on imprime encore le conte des oreilles de Smerdis & de Darius, qui fut déclaré Roi par son cheval, lequel hennit le premier, & de Sanacharib, Sennakerib, ou Sennacabon, dont l'armée

mée fut détruite miraculeusement par des rats: quand on veut répéter ces contes, il faut du moins les donner pour ce qu'ils sont.

Est-il permis à un homme de bon sens né dans le dix-huitième siècle, de nous parler sérieusement des Oracles de Delphes ? tantôt de nous répéter que cet Oracle devina que Créfus faisoit cuire une tortue & du mouton dans une tourtiére ; tantôt de nous dire que des batailles furent gagnées suivant la prédiction d'Apollon, & d'en donner pour raison le pouvoir du diable. M. Rollin dans sa compilation de l'Histoire ancienne, prend le parti des Oracles contre MM. Vandal, Fontenelle & Basnage ; *pour M. de Fontenelle*, dit-il, *il ne faut regarder que comme un ouvrage de jeunesse son Livre contre les Oracles, tiré de Vandal.* J'ai bien peur que cet Arrêt de la Vieillesse de Rollin contre la jeunesse de Fontenelle, ne soit cassé au tribunal de la raison ; les Rhéteurs n'y gagnent guères leurs causes contre les Philosophes.

Il n'y a qu'à voir ce que dit Rollin dans son dixième Tome, où il veut parler de Phisique : il prétend qu'Archimède voulant faire voir à son bon ami le Roi de Syracuse la puissance des mécaniques, fit mettre à terre une Galére, la fit charger doublement, & la remit doucement à flot en remuant un doigt, sans sortir de dessus sa chaise. On sent bien que

que c'eſt-là le Rhéteur qui parle ; s'il avoit été un peu Philoſophe, il auroit vû l'abſurdité de ce qu'il avance.

Il me ſemble que ſi on vouloit mettre à profit le tems préſent, on ne paſſeroit point ſa vie à s'infatuer des fables anciennes. Je conſeillerois à un jeune homme d'avoir une legére teinture de ces tems reculés ; mais je voudrois qu'on commençât une étude ſérieuſe de l'Hiſtoire au tems où elle devient véritablement intéreſſante pour nous : il me ſemble que c'eſt vers la fin du quinzième ſiècle ; l'Imprimerie qu'on invente en ce tems-là, commence à la rendre moins incertaine. L'Europe change de face : les Turcs qui s'y répandent chaſſent les belles Lettres de Conſtantinople ; elles fleuriſſent en Italie ; elles s'établiſſent en France ; elles vont polir l'Angleterre, l'Allemagne & le Septentrion ; une nouvelle Religion ſépare la moitié de l'Europe de l'obéïſſance du Pape ; un nouveau ſyſtême de Politique s'établit ; on fait avec le ſecours de la Bouſſole le tour de l'Affrique, & on commerce avec la Chine plus aiſément que de Paris à Madrid ; l'Amérique eſt découverte ; on ſubjugue un Nouveau-Monde, & le nôtre eſt preſque tout changé ; l'Europe chrétienne devient une eſpèce de République immenſe, où la balance du pouvoir eſt établie mieux qu'elle ne le fut en Gréce, une correſpon-

SUR L'HISTOIRE.

respondance perpétuelle en lie toutes les parties, malgré les guerres que l'ambition des Rois suscite, & même malgré les guerres de Religion encore plus destructives.

Les Arts, qui sont la gloire des Etats, sont portés à un point que la Gréce & Rome ne connurent jamais. Voilà l'Histoire qu'il faut que tout homme sache ; c'est-là qu'on ne trouve ni prédictions chimériques, ni Oracles menteurs, ni faux-miracles, ni fables insensées, tout y est vrai, aux petits détails près, dont il n'y a que les petits esprits qui se soucient beaucoup. Tout nous regarde, tout est fait pour nous ; l'argent sur lequel nous prenons nos repas, nos meubles, nos besoins, nos plaisirs nouveaux, tout nous fait souvenir chaque jour que l'Amérique & les grandes Indes, & par conséquent toutes les Parties du Monde entier, sont réunies depuis environ deux siècles & demi par l'industrie de nos peres. Nous ne pouvons faire un pas qui ne nous avertisse du changement qui s'est opéré depuis dans le monde : ici ce sont cent Villes qui obéïssoient au Pape, & qui sont devenues libres ; là on a fixé pour un tems les Privilèges de toute l'Allemagne ; ici se forme la plus belle des Républiques dans un terrain que la Mer menace chaque jour d'engloutir : l'Angleterre a réuni la vraïe liberté avec la Roïauté : la Suéde l'imite, & le Dannemarck n'imite

mite point la Suéde. Que je voïage en Allemagne, en France, en Espagne, par-tout je trouve les traces de cette longue querelle qui a subsisté entre les Maisons d'Autriche & de Bourbon, unies par tant de Traités qui ont tous produit des guerres funestes. Il n'y a point de particulier en Europe sur la fortune duquel tous ces changemens n'aïent influé; il sied bien après cela de s'occuper de Salmanazar & de Mardokempad, & de rechercher les anecdotes du Persan Cayamarrat, & de Sabaco Metophis. Un homme mûr qui a des affaires sérieuses ne répéte point les contes de de sa nourrice.

DU FANATISME.

L A Géométrie ne rend donc pas toujours l'esprit juste ! Dans quel précipice ne tombe-t-on pas encore avec ces lisiéres de la raison ? Un fameux (*) Protestant que l'on comptoit entre les premiers Mathématiciens de nos jours, & qui marchoit sur les traces des Newtons, des Leibnits, des Bernoulli, s'avisa il y a quelques années de tirer des colloraires assez siguliers. Il est dit qu'avec un grain de foi on transportera des montagnes ; & lui, par une analise toute géométrique, se dit à lui-même : j'ai beaucoup de grains de foi, donc je ferai plus que transporter des montagnes. Ce fut lui qu'on vit à Londres en l'année 1707. accompagné de quelques Savans, & même de Savans qui avoient de l'esprit, annoncer publiquement qu'ils ressusciteroient un mort dans tel cimetiére que l'on voudroit. Leurs raisonnemens étoient toujours conduits par la sinteze. Ils disoient : les vrais Disciples doivent faire des miracles ; nous sommes les vrais Disciples, nous

(*) M. Fatio Duillier.

nous ferons donc tout ce qu'il nous plaira. Des simples Saints de l'Eglise Romaine qui n'étoient point Géométres ont reffufcité beaucoup d'honnêtes gens, donc à plus forte raifon, nous qui avons réformé les Réformés, nous reffufciterons qui nous voudrons : il n'y a rien à répliquer à ces argumens, ils font dans la meilleure forme du monde. Voilà ce qui a inondé l'Antiquité de prodiges ; voilà pourquoi les Temples d'Efculape à Epidaure & dans d'autres Villes étoient pleins d'*exvoto* ; les voûtes étoient ornées de cuiffes redreffées, de bras remis, de petits enfans d'argent, tout étoit miracle. Enfin le fameux Proteftant Géométre dont je parle étoit de fi bonne foi, il affura fi pofitivement qu'il reffufciteroit les morts, & cette propofition plaufible fit tant d'impreffion fur le peuple, que la Reine Anne fut obligée de lui donner un jour une heure & un cimetiére à fon choix pour faire fon miracle loïalement & en préfence de la Juftice.

Le faint Géométre choifit l'Eglife Cathédrale de Saint Paul pour faire fa démonftration : le peuple fe rangea en haïe, des foldats furent placés pour contenir les vivans & les morts dans le refpect : les Magiftrats prirent leurs places, le Greffier écrivit tout fur les Regiftres publics ; on ne peut trop conftater les nouveaux miracles.

On

DU FANATISME.

On déterra un corps au choix du Saint ; il pria, il se jetta à genoux, il fit de très-pieuses contorsions ; ses Compagnons l'imitérent ; le mort ne donna aucun signe de vie ; on le reporta dans son trou, & on punit légérement le Ressusciteur & ses adhérans. J'ai vû depuis un de ces pauvres gens, il m'a avoué qu'un d'eux étoit en péché véniel, & que le mort en pâtit, sans quoi la résurrection étoit infaillible.

S'il étoit permis de révéler la turpitude de gens à qui l'on doit le plus sincére respect, je dirois ici que Newton, le grand Newton a trouvé dans l'Apocalipse, que le Pape est l'Antechrist, & bien d'autres choses de cette nature : je dirois qu'il étoit Arien très-sérieusement. Je sais que cet écart de Newton est à celui de mon autre Géométre comme l'unité est à l'infini : il n'y a point de comparaison à faire. Mais quelle pauvre espéce que le genre-humain, si le grand Newton a crû trouver dans l'Apocalipse l'histoire présente de l'Europe.

Il semble que la superstition soit une maladie épidémique dont les ames les plus fortes ne sont pas toujours exemptes. Il y a en Turquie des gens de très-bon sens qui se feroient empâler pour certains sentimens d'Aboubekre. Ces principes une fois admis, ils raisonnent très-conséquemment : les Navariciens,

ciens, les Radaristes, les Jabaristes se damnent chez eux réciproquement avec des argumens très-subtils; ils tirent tous des conséquences plausibles, mais ils n'osent jamais examiner les principes.

Quelqu'un répand dans le monde qu'il y a un Géant haut de soixante & dix pieds; bientôt après les Docteurs examinent de quelle couleur doivent être ses cheveux, de quelle grandeur est son pouce, quelles dimensions ont ses ongles : on crie, on cabale, on se bat; ceux qui soutiennent que le petit doigt du Géant n'a que quinze lignes de diamètre, font brûler ceux qui affirment que le petit doigt a un pied d'épaisseur. Mais, Messieurs, votre Géant existe-t-il, dit modestement un passant? Quel doute horrible, s'écrient tous les disputans! quel blasphême! quelle absurdité! Alors ils font tous une petite tréve pour lapider le passant, & après l'avoir assassiné en cérémonie, de la maniére la plus édifiante, ils se battent entre eux comme de coutume, au sujet du petit doigt & des ongles.

DU DÉISME.

E Déïsme est une Religion répandue dans toutes les Religions; c'est un métal qui s'allie avec tous les autres, & dont les veines s'étendent sous terre aux quatre coins du monde. Cette mine est plus à découvert, plus travaillée à la Chine; par tout ailleurs elle est cachée, & le secret n'est que dans les mains des adeptes. Il n'y a point de païs où il y ait plus de ces adeptes qu'en Angleterre. Il y avoit au dernier siècle beaucoup d'Athées en ce Païs-là, comme en France & en Italie. Ce que le Chancelier Bacon avoit dit se trouve vrai à la lettre, qu'un peu de Philosophie rend l'homme Athée, & que beaucoup de Philosophie méne à la connaissance d'un Dieu.

Lorsqu'on croïoit avec Epicure que le hazard fait tout, ou avec Aristote, & même avec plusieurs anciens Théologiens, que rien ne naît que par corruption; & qu'avec de la matiére & du mouvement le monde va tout seul,

seul, alors on pouvoit ne pas croire à la Providence. Mais depuis qu'on entrevoit la nature que les Anciens ne voïoient point du tout, depuis qu'on s'eſt aperçû que tout eſt organiſé, que tout a ſon germe, depuis qu'on a bien ſû qu'un champignon eſt l'ouvrage d'une ſageſſe infinie, auſſi-bien que tous les mondes, alors ceux qui penſent ont adoré, là où leurs devanciers avoient blaſphêmé. Les Phiſiciens ſont devenus les hérauts de la Providence : un Catéchiſme annonce Dieu à des enfans, & un Newton le démontre aux ſages.

Bien des gens demandent ſi le Déïſme, conſidéré à part, & ſans aucune cérémonie religieuſe, eſt en effet une Religion! La réponſe eſt aiſée ; celui qui ne reconnaît qu'un Dieu Créateur, celui qui ne conſidére dans Dieu qu'un Etre infiniment puiſſant, & qui ne voit dans ſes créatures que des machines admirables, n'eſt pas plus religieux envers lui, qu'un Européen qui admireroit le Roi de la Chine, n'eſt pour cela ſujet de ce Prince.

Mais celui qui penſe que Dieu a daigné mettre un rapport entre lui & les hommes, qu'il les a faits libres, capables du bien & du mal, & qui leur a donné à tous ce bon ſens qui eſt l'inſtinct de l'homme, & ſur lequel eſt fondé la Loi naturelle, celui-là ſans douté a une Religion, & une Religion beaucoup meilleure que toutes les Sectes qui sont hors de notre Eglise; car toutes ces Sectes sont fausses, & la Loi naturelle est vraie. Notre Religion révélée n'est même, & ne pouvoit être que cette Loi naturelle perfectionnée. Ainsi le Déïsme est le bon sens qui n'est pas encore instruit de la révélation, & les autres Religions sont le bon sens perverti par la superstition.

Toutes les Sectes sont différentes, parce qu'elles viennent des hommes; la morale est par-tout la même, parce qu'elle vient de Dieu.

On demande pourquoi de cinq ou six cens Sectes, il n'y en a guères eu qui n'ait fait répandre du sang, & que les Déïstes qui sont par-tout si nombreux, n'ont jamais causé le moindre tumulte; c'est que ce sont des Philosophes. Or des Philosophes peuvent faire de mauvais raisonnemens, mais ils ne font jamais d'intrigues. Aussi ceux qui persécutent un Philosophe, sous prétexte que ses opinions peuvent être dangereuses au Public, sont aussi absurdes que ceux qui craindroient que l'étude de l'Algébre ne fît enchérir le pain au marché; il faut plaindre un Etre pensant qui s'égare; le persécuter est insensé & horrible. Nous sommes tous frères; si quelqu'un de mes frères, plein du respect

& de l'amour filial, animé de la charité la plus fraternelle, ne salue pas notre pere commun avec les mêmes cérémonies que moi, dois-je l'égorger & lui arracher le cœur?

SUR

SUR LES CONTRADICTIONS DE CE MONDE.

PLUS on voit ce monde, & plus on le voit plein de contradictions & d'inconséquences, à commencer par le Grand Turc, il fait couper toutes les têtes qui lui déplaisent & peut rarement conserver la sienne.

Si du Grand Turc nous passons au S. Pere, il confirme l'Election des Empereurs, il a des Rois pour vassaux, mais il n'est pas si puissant qu'un Duc de Savoïe. Il expédie des ordres pour l'Amérique & pour l'Affrique, & il ne pourroit pas ôter un privilège à la République de Luques; l'Empereur est Roi des Romains, mais le droit de leur Roi consiste à tenir l'étrier du Pape & à lui donner à laver à la Messe.

Les Anglais servent leur Monarque à genoux, mais ils le déposent, ils l'emprisonnent, ils le font périr sur l'échafaut.

Des hommes qui font vœu de pauvreté, obtiennent, en vertu de ce vœu, jusqu'à deux cent mille écus de rente, & en conséquence de leur vœu d'humilité sont des souverains despotiques.

On cuit en place publique ceux qui sont convaincus du péché de non conformité, & on explique gravement dans tous les Colléges la seconde églogue de Virgile, avec la déclaration d'amour de Coridon au bel Alexis ; *formosum pastor Coridon ardebat Alexin* ; & on fait remarquer aux enfans, que quoiqu'Alexis soit blond & qu'Amintas soit brun, cependant Amintas pourroit bien avoir la préférence.

Si un pauvre Philosophe, qui ne pense point à mal, s'avise de vouloir faire tourner la terre ou d'imaginer que la lumière vient du soleil, ou de supposer que la matière pourroit bien avoir quelques autres propriétés que celles que nous connoissons, on crie à l'impie, au perturbateur du repos public, & on traduit *ad usum Delfini*, les Tusculanes de Cicéron & Lucréce, qui sont deux cours complets d'irréligion.

Les Tribunaux ne croient plus aux possédés, on se moque des sorciers ; mais on a brûlé Gauffredy & Grandier pour sortilége, & en dernier lieu la moitié d'un Parlement vouloit condamner au feu un Religieux, accusé d'avoir ensorcelé une fille de 18. ans, en soufflant sur elle.

Le septique Philosophe Bayle a été persécuté même en Hollande ; la Motte le Vayer, plus septique & moins Philosophe, a été Précepteur du Roi Louis XIV. & du frère du Roi. Gouville étoit à la fois pendu en éfigie à Paris,

ris, & Ministre de France en Allemagne.

Le fameux Athée Spinosa vécut & mourut tranquile ; Vanini qui n'avoit écrit que contre Aristote, fut brûlé comme Athée : il a l'honneur en cette qualité de remplir un article dans les Histoires des gens de Lettres & dans tous les Dictionnaires, immenses archives de mensonges & d'un peu de vérité ; ouvrez ces Livres, vous y verrez que non-seulement Vanini enseignoit publiquement l'Athéïsme dans ses Ecrits, mais encore que douze Professeurs de sa Secte étoient partis de Naples avec lui dans le dessein de faire par tout des Profélites ; ouvrez ensuite les Livres de Vanini ; vous serez bien surpris de ne voir que des preuves de l'existence de Dieu. Voici ce qu'on lit dans son *Amphitheatrum*, Ouvrage également condamné & ignoré.

» Dieu est son principe & son terme, sans fin
» & sans commencement, n'aïant besoin ni de
» l'un ni de l'autre, & pere de tout commen-
» cement & toute fin ; il existe toujours, mais
» dans aucun tems ; pour lui le passé ne fuit
» point, & l'avenir ne viendra point ; il règne
» par tout sans être dans un lieu, immobile sans
» sans s'arrêter, rapide sans mouvement ; il est
» tout & hors de tout ; il est dans tout, mais
» sans être enfermé ; hors de tout, mais sans
» être exclu d'aucunes choses ; bon, mais sans
» qualité ; grand, mais sans quantité ; entier,
» mais sans parties ; immuable en variant tout
» l'Uni-

» l'Univers, sa volonté est sa puissance; simple,
» il n'y a rien en lui de purement possible, tout
» y est réel; il est le premier, le moïen, le der-
» nier acte; enfin étant tout, il est au-dessus de
» tous les Etres, hors d'eux, dans eux, au-de-
» là d'eux, à jamais devant & après eux.

C'est après une telle profession de foi que Vanini fut déclaré Athée. Sur quoi fut-il condamné ? Sur la simple déposition d'un nommé Françon. En vain ses Livres déposoient pour lui. Un seul ennemi lui a coûté la vie & l'a flétri dans l'Europe.

Si les affaires & les avantures des Particuliers, sont des inconséquences perpétuelles, les usages publics sont plus contradictoires encore. Un Asiatique qui voïageroit en Europe pourroit bien nous prendre pour des Païens. Nos jours de la semaine portent les noms de Mars, de Mercure, de Jupiter, de Vénus; les nôces de Cupidon & de Psiché sont peintes dans la maison des Papes : mais sur-tout si cet Asiatique voïoit notre Opéra, il ne douteroit pas que ce ne fût une fête à l'honneur des Dieux du Paganisme.

S'il s'informoit un peu plus exactement de nos mœurs, il seroit bien plus étonné; il verroit en Espagne qu'une loi sévére défend qu'aucun Etranger ait la moindre part indirecte au commerce de l'Amérique, & que cependant les Etrangers y font, par les Facteurs Espagnols, un commerce de cinquante millions par an, desorte que l'Espagne ne peut s'enrichir que par la violation de la loi, toujours subsistante & toujours méprisée.

Il verroit qu'en un autre païs le Gouvernement fait fleurir une Compagnie des Indes, & que les Théologiens ont déclaré le dividende des actions criminel devant Dieu. Il verroit qu'on achete le droit de juger les hommes, celui de commander à la guerre, celui d'entrer au Conseil ; il ne pourroit comprendre pourquoi il est dit dans les Patentes qui donnent ces Places, qu'elles ont été accordées gratis & sans brigue, tandis que la quittance de finance est attachée aux Lettres de provision.

Notre Asiatique ne seroit-il pas surpris de voir les Comédiens gagés par les Souverains & excommuniés par les Curés ? Il demanderoit pourquoi un Lieutenant-Général roturier, qui aura gagné des batailles, sera mis à la taille comme un païsan, & qu'un Echevin sera noble comme les Montmorencis ? Pourquoi, tandis qu'on interdit les Spectacles réguliers, dans une semaine consacrée à l'édification, on permet des Bateleurs qui offensent les oreilles les moins délicates ? Il verroit presque toujours nos usages en contradiction avec nos loix ; & si nous voïagions en Asie, nous y trouverions à peu près les mêmes incompatiblités.

Les hommes sont partout également fous,

ils ont fait des loix à mesure, comme on répare des brêches de murailles ; ici les fils aînés ont ôté tout ce qu'ils ont pû aux cadets, là les cadets partagent également ; tantôt l'Eglise a ordonné le duel, tantôt elle l'a anatématisé ; on a excommunié tour-à-tour les partisans & les ennemis d'Aristote, & ceux qui portoient des cheveux longs & ceux qui les portoient courts.

Nous n'avons dans le monde de loi parfaite que pour régler une espèce de folie, qui est le Jeu. Les régles du jeu sont les seules, qui n'admettent ni exception ni relâchement, ni variété, ni tiranie. Un homme qui a été laquais, s'il joue au Lansquenet avec des Rois, est païé sans difficulté quand il gagne ; par tout ailleurs la loi est un glaive dont le plus fort coupe par morceaux le plus foible.

Cependant ce monde subsiste comme si tout étoit bien ordonné ; l'irrégularité tient à notre nature ; notre monde politique est comme notre globe, quelque chose d'informe qui se conserve toujours. Il y auroit de la folie à vouloir que les montagnes, les mers, les riviéres fussent tracées en belles figures réguliéres ; il y auroit encore plus de folie de demander aux hommes une sagesse parfaite ; ce seroit vouloir donner des aîles à des Chiens ou des cornes à des Aigles.

DE

DE CE QU'ON NE FAIT PAS,

ET DE

CE QU'ON POUROIT FAIRE.

Laisser aller le monde comme il va, faire son devoir tellement-quellement, & dire toujours du bien de M. le Prieur, est une ancienne maxime de Moines; mais *est* peut laisser le Couvent dans la médiocrité, dans le relâchement & dans le mépris.

Quand l'émulation n'excite point les hommes, ce sont des ânes qui vont leur chemin lentement, qui s'arrêtent au premier obstacle & qui mangent tranquillement leurs chardons, à la vue des difficultés dont ils se rebutent; mais aux cris d'une voix qui les encourage, aux piqûres d'un aiguillon qui les réveillent, ce sont des coursiers qui volent & qui sautent au-delà de la barrière. Sans les avertissemens de l'Abbé de S. Pierre, les barbaries de la Taille arbitraire ne seroient jamais peut-être abolies en France. Sans les avis de Loke, le désordre public dans les Monnoies n'eût point
H 5 été

été réparé à Londres; il y a souvent des hommes, qui, sans avoir acheté le droit de juger leurs semblables, aiment le bien public, autant qu'il est négligé quelquefois par ceux qui aquèrent comme une Métairie le pouvoir de faire du bien & du mal.

À Rome, dans les premiers tems de la République, un jour un Citoïen dont la passion dominante étoit le désir de rendre son païs florissant, demanda à parler au premier Consul; on lui dit que le Magistrat étoit à table avec le Préteur, l'Edile, quelques Sénateurs, leurs Maîtresses & leurs Bouffons; il laissa entre les mains d'un des Esclaves insolens qui servoient à table, un Mémoire dont voici à peu près la teneur.

Puisque les Tyrans ont fait par toute la terre le mal qu'ils ont pû; ô vous qui vous piqués d'être bons, pourquoi ne faites-vous pas tout le bien que vous pouvez faire? D'où vient que les pauvres assiégent vos Temples & vos Carrefours & qu'ils étalent une misère inutile à l'Etat & honteuse pour vous, dans le tems que leurs mains pourroient être emploïées aux travaux publics? Que font pendant la paix ces Légions oisives qui peuvent réparer les grands Chemins & les Citadelles? Ces Marais, si on les desséchoit, n'infecteroient plus une Province & deviendroient des terres fertiles. Ces Carrefours irréguliers

&

& dignes d'une Ville de barbares, peuvent se changer en places magnifiques; ces marbres entaſſés ſur le rivage du Tibre peuvent être taillés en Statues, & devenir la récompenſe des Grands Hommes & la leçon de la vertu; vos Marchés publics dévroient être à la fois commodes & magnifiques, ils ne ſont que mal propres & dégoûtans; vos Maiſons manquent d'eau, & vos Fontaines publiques n'ont ni goût ni propreté. Votre principal Temple eſt d'une Architecture barbare; l'entrée de vos Spectacles reſſemble à celle d'un lieu infâme; les Salles où le Peuple ſe raſſemble pour entendre ce que l'Univers doit admirer, n'ont ni proportion ni grandeur, ni magnificence, ni commodité. Le Palais de votre Capitale menace ruine, & eſt inhabité. En vain votre pareſſe me répondra qu'il faudroit trop d'argent pour remédier à tant d'abus; de grace donnerez-vous cet argent aux Maſſageres & aux Cimbres? Ne ſera-t-il pas gagné par des Romains, par vos Architectes, par vos Sculpteurs, par vos Peintres, par tous vos Artiſtes? Ces Artiſtes récompenſés rendront cet argent à l'Etat par les nouvelles dépenſes qu'ils feront en état de faire; les beaux Arts feront en honneur, ils feront à la fois votre gloire & votre richeſſe; car le Peuple le plus riche eſt toujours celui qui travaille le plus. Ecoutez donc une noble émulation &

H 6   que

que les Grecs qui commencent à eſtimer votre valeur & votre conduite, ne vous reprochent votre groſſiéreté.

On lut à table le Mémoire du Citoïen, le Conſul ne dit mot & demanda à boire; l'Edile dit qu'il y avoit du bon dans cet Ecrit, & on n'en parla plus; la converſation roula ſur la ſéve du vin de Falerne, ſur le montant du vin de Cécube, on fit l'éloge d'un fameux Cuiſinier; on approfondit l'invention d'une nouvelle ſauce pour l'Eſturgeon, on porta des ſantés, on fit deux ou trois contes inſipides & on s'endormit; cependant le Sénateur Appius, qui avoit été touché en ſécret de la lecture du Mémoire, conſtruiſit quelque-tems après la voïe Appienne; Flaminius, fit la voïe Flaminienne; un autre embellit le Capitole, un autre bâtit un Amphitéâtre, un autre des Marchés publics. L'Écrit du Citoïen obſcur fut une ſemence qui germa peu-à-peu dans l'eſprit des Grands Hommes.

A MON-

A MONSEIGNEUR
LE PRINCE ROYAL
DE PRUSSE,

Depuis Roi de Prusse.

De l'usage de la Science dans les Princes.

Rince, il est peu de Rois que les Muses instruisent,
Peu savent éclairer les Peuples qu'ils conduisent.
Le sang des Antonins sur la terre est tari,
Car depuis ce Héros à Rome si chéri,
Ce Philosophe Roi, ce divin Marc-Aurele,
Des Princes, des Guerriers, des Savans le modéle,
Quel Roi sous un tel joug osant se captiver,
Dans les sources du vrai sût jamais s'abreuver ?
Deux ou trois, tout au plus, prodiges dans l'Histoire,
Du nom de Philosophe ont mérité la gloire ;
Le reste est à vos yeux le vulgaire des Rois,
Esclaves des plaisirs, fiers oppresseurs des Loix,
Fardeaux de la Nature, ou fléaux de la Terre,

Endormis sur le Trône, ou lançant le tonnerre.
Le monde aux pieds des Rois les voit sous un faux
    jour,
Qui sait règner, sait tout, si l'on en croit la Cour;
Mais quel est en effet ce grand art politique,
Ce talent si vanté dans un Roi despotique:
Tranquile sur le Trône, il parle, on obéït;
S'il soûrit, tout est gai; s'il est triste, on frémit.
Quoi! régir d'un coup d'œil une foule servile,
Est-ce un poids si pesant, un art si difficile?
Non. Mais fouler aux pieds la coupe de l'erreur
Dont veut nous enyvrer un ennemi flâteur,
Des Prélats courtisans confondre l'artifice,
Aux organes des Loix enseigner la justice,
Des Ecoles enfin chassant l'absurdité,
Dans leur sein ténébreux placer la vérité;
Eclairer le Savant, & soutenir le Sage,
Voilà ce que j'admire, & c'est-là votre ouvrage;
L'ignorance, en un mot, flétrit toute grandeur.
    Du dernier Roi d'Espagne un grave Ambassadeur
De deux savans Anglais reçut une priere:
Ils vouloient dans l'Ecole, apportant la lumiere,
De l'air qu'un long cristal enferme en sa hauteur,
Aller au haut d'un Mont marquer la pesanteur.
Il pouvoit les aider dans ce savant voïage;
Il les prit pour des fous, lui seul étoit peu sage.
Que dirai-je d'un Pape & de sept Cardinaux,
D'un zèle apostolique unissant les travaux,

Pour

Pour apprendre aux humains dans leurs augustes
    codes,
Que c'étoit un péché de croire aux Antipodes.
   Combien de Souverains Chrétiens & Musulmans,
Ont tremblé d'une éclipse, ont craint des Talismans?
Tout Monarque indolent, dédaigneux de s'instuire,
Est le jouet honteux de qui veut le séduire.
Un Astrologue, un Moine, un Chimiste éfronté,
Se font un revenu de sa crédulité.
Il prodigue au dernier son or par avarice,
Il demande au premier si Saturne propice,
D'un aspect fortuné regardant le Soleil,
Lui permet de dîner, ou l'appelle au Conseil?
Il est aux pieds de l'autre, & d'une ame soumise,
Par la crainte du Diable il enrichit l'Eglise.
Un pareil Souverain ressemble à ces faux-Dieux,
Vils marbres adorés, aïant en vain des yeux;
Et le Prince éclairé que la Raison domine,
Est un vivant portrait de l'Essence divine.
   Je sai que dans un Roi, l'étude, le savoir,
N'est pas le seul mérite & l'unique devoir;
Mais qu'on me nomme enfin dans l'Histoire sacrée,
Le Roi dont la mémoire est la plus révérée,
C'est ce Héros savant que Dieu même éclaira,
Qu'on chérit dans Sion, que la Terre admira,
Qui mérita des Rois le volontaire hommage.
Son Peuple étoit heureux, il vivoit sous un sage,
L'abondance à sa voix passant le sein des Mers,
                            Voloit

Voloit pour l'enrichir des bouts de l'Univers,
Comme à Londres, à Bordeaux, de cent voiles suivie,
Elle apporte au printems les trésors de l'Asie.
Ce Roi que tant d'éclat ne pouvoit éblouïr,
Sut joindre à ses talens l'art heureux de jouïr.
Ce sont-là les leçons qu'un Roi prudent doit suivre;
Le savoir en effet n'est rien sans l'art de vivre.
Qu'un Roi n'aille donc point épris d'un faux éclat,
Pâlissant sur un Livre, oublier son état.
Que plus il est instruit, plus il aime sa gloire.
   De ce Monarque Anglais vous connaissez l'his-
      toire :
Dans un fatal exil Jâques laissa périr
Son gendre infortuné qu'il eût pû secourir.
Ah! qu'il eût mieux valu, rassemblant ses armées,
Délivrer des Germains les Villes opprimées,
Venger de tant d'Etats les désolations,
Et tenir la balance entre les Nations;
Que d'aller des Docteurs briguant les vains suffrages
Au doux Enfant Jesus dédier ses Ouvrages.
Un Monarque éclairé n'est pas un Roi pédant,
Il combat en Héros, il pense en vrai Savant.
Tel fut ce Julien méconnu du vulgaire,
Philosophe & Guerrier, terrible & populaire.
Ainsi ce grand César, Soldat, Prêtre, Orateur,
Fut du Peuple Romain l'oracle & le vainqueur;
Il seroit aujourd'hui votre modéle, Auguste,
Et votre exemple en tout, s'il avoit été juste.

                            RE'PONSE

RÉPONSE
A UNE LETTRE

Dont le Roi de Prusse honora l'Auteur à son avénement à la Couronne.

Uoi, vous êtes Monarque, & vous m'aimez encore?
Quoi! le premier moment de cette heureuse aurore,
Qui promet à la Terre un jour si lumineux,
Marqué par vos bontés, met le comble à mes vœux.
O cœur toujours sensible! ame toujours égale;
Vos mains du Trône à moi remplissent l'intervale:
Citoïen couronné, des préjugés vainqueur,
Vous m'écrivez en homme, & parlez à mon cœur.
Cet Ecrit vertueux, ces divins caractères,
Du bonheur des humains sont les gages sincères.
Ah Prince! ah digne espoir de nos cœurs captivés!
Ah! règnez à jamais comme vous écrivez.
Poursuivez, remplissez des vœux si magnanimes;
Tout Roi jure aux Autels de réprimer les crimes;
Et vous, plus digne Roi, vous jurez dans mes mains
De protéger les Arts, & d'aimer les humains.

Et

Et toi * dont la vertu brilla persécutée ;
Toi qui prouvas un Dieu, mais qu'on nommoit Athée,
Martyr de la raison, que l'envie en fureur,
Chassa de son Païs par la main de l'erreur,
Reviens, il n'est plus rien qu'un Philosophe craigne,
Socrate est sur le Trône, & la vérité règne.
Cet or qu'on entassoit, ce pur sang des Etats,
Qui leur donne la mort en ne circulant pas,
Répandu par ses mains au gré de la prudence,
Va ranimer la vie, & porter l'abondance.
Il ne recherche point ces énormes soldats,
Ce superbe appareil inutile aux combats ;
Fardeaux embarrassans, colosses de la guerre,
Enlevés † à prix d'or aux deux bouts de la Terre,
Il veut dans ses guerriers le zèle & la valeur,
Et sans les mesurer, juge d'eux par le cœur.
Ainsi pense le juste, ainsi règne le sage ;
Mais il faut au grand homme un plus heureux partage ;
Consulter la prudence, & suivre l'équité,
Ce n'est encor qu'un pas vers l'immortalité.

Qui

* Le Professeur Wolf persécuté comme Athée, par les Théologiens de l'Université de Hall, chassé par Frideric II. sous peine d'être pendu, & fait Chancelier de la même Université à l'avénement de Frideric III.
† Un de ces Soldats qu'on nommoit Petit-Jean, avoit été acheté 24000 liv.

Qui n'est que juste est dur, qui n'est que sage est triste,
Dans d'autres sentimens l'héroïsme consiste ;
Le Conquérant est craint, le Sage est estimé.
Mais le bienfaisant charme, & lui seul est aimé ;
Lui seul est vraiment Roi, sa gloire est toujours pure,
Son nom parvient sans tache à la race future,
A qui se fait chérir faut-il d'autres exploits ?
Trajan non loin du Gange enchaîna trente Rois,
A peine a-t-il un nom fameux par la victoire :
Connu par ses bienfaits, sa bonté fait sa gloire ;
Jérusalem conquise, & ses murs abbatus,
N'ont point éternisé le grand nom de Titus.
Il fut aimé, voilà sa grandeur véritable.
 O vous qui l'imitez ; vous, son rival aimable,
Effacez le Héros dont vous suivez les pas,
Titus perdit un jour, & vous n'en perdez pas.

EPITRE

ÉPITRE
A UN MINISTRE D'ÉTAT.
Sur l'encouragement des Arts.

SPRIT sage & brillant que le Ciel a fait naître,
Et pour plaire aux sujets, & pour servir leur Maître,
Que j'aime à voir ton goût par des soins bienfaisans
Encourager les Arts à ta voix renaissans !
Sans accorder jamais d'injuste préférence
Entre tous ces rivaux ta main tient la balance,
Tel qu'un pere éclairé qui sait de ses enfans
Discerner, applaudir, emploïer les talens.

   Je plains tout esprit faible, aveugle en sa manie,
Qui dans un seul objet confina son génie;
Et qui de son idole adorateur charmé,
Veut immoler le reste au Dieu qu'il s'est formé:
Entens-tu murmurer ce sauvage Algébriste,
A la démarche lente, au teint blême, à l'œil triste,
Qui d'un calcul avide à peine encore instruit,
Sait que quatre est à deux, comme seize est à huit?

Il

Il méprise Racine, il insulte à Corneille,
Lulli n'a point de sons pour sa pesante oreille,
Et Rubens vainement sous ses pinceaux flâteurs,
De la belle Nature assortit les couleurs.
De XX redoublés admirant la puissance,
Il croit que Varignon fut seul utile en France,
Et s'étonne sur-tout, qu'inspiré par l'amour,
Sans Algébre autrefois Quinault charma la Cour.
Avec non moins d'orgueil & non moins de folie,
Un Eleve d'Euterpe, un enfant de Thalie,
Qui dans ses Vers pillés nous répéte aujourd'hui
Ce qu'on a dit cent fois, & toujours mieux que lui,
De sa frivole Muse admirateur unique,
Conçoit pour tout le reste un dégoût létargique;
Prend pour des Arpenteurs Archiméde & Newton,
Et voudroit mettre en Vers Cujas & Ciceron.
Ce Bœuf qui pésamment rumine ses problêmes,
Ce Papillon folâtre, ennemi des sistêmes,
Sont regardés tous deux avec un ris mocqueur,
Par un Légiste en robe, aprentif chicaneur,
Qui de papiers timbrés, barbouilleur mercenaire,
Vous vend pour un écu sa plume & sa colére.

 Pauvres fous, vains esprits, s'écrie avec hauteur,
Un ignorant fourré, fier du nom de Docteur,
Venez à moi, je suis l'oracle de l'Eglise;
J'argumente, j'écris, je benis, j'exorcise,
J'ai des péchez en Chaire épluché tous les cas;

J'ai

J'ai trente ans, sans l'entendre, expliqué Saint Thomas.
Ainsi ces Charlatans de leur art idolâtres,
Attroupent un vain peuple aux pieds de leurs théâtres;
L'honnête homme est plus juste, il approuve en autrui,
Les arts & les talens qu'il ne sent point en lui.

 Jadis avant que Dieu, consommant son ouvrage,
Eut soufflé dans Eden au nez de son image,
Il se plut à créer des animaux divers ;
L'aigle au regard perçant pour règner dans les airs,
Le Pan pour étaler l'Iris de son plumage.
Le Coursier vigoureux, ardent, plein de courage,
Le Chien fidèle & prompt, l'Asne docile & lent,
Et le Taureau farouche, & l'animal bêlant,
Le Chantre des forêts, la douce Tourterelle,
Qu'on a cru faussement des amans le modelle;
L'homme les nomma tous, & par un heureux choix,
Discernant leurs instincts, assigna leurs emplois.

 Ainsi par un goût sûr, par un choix toujours sage,
Des talens différens tu fais un juste usage,
Tu sais de Melpoméne animer les accens,
De sa riante sœur chérir les agrémens,
Protéger de Ramau la profonde harmonie,
Et mettre un compas d'or dans les mains d'Uranie.
Le véritable esprit peut se plier à tout,
On ne vit qu'à demi quand on n'a qu'un seul goût.
       Heureux

Heureux qui sait mêler l'agréable à l'utile,
Des travaux aux plaisirs passer d'un vol agile,
S'occuper en Ministre, & vivre en Citoïen,
Et se prêter à tout sans s'asservir à rien.
Un semblable génie au-dessus du vulgaire,
A l'art de gouverner joint le grand art de plaire;
On voit d'autres mortels auprès du Trône admis,
Ils ont tous des flâteurs, il a seul des amis.

ODE

ODE
AU ROI DE PRUSSE.

Sur son avénement au Trône.

NFIN voici le jour le plus beau de ma
    vie,
Que le monde attendoit, & que vous seul
    craignez,
Le grand jour où la terre est pour vous embellie,
    Le jour où vous régnez.

Fuïez loin de son Trône, Imposteurs Fanatiques,
Vils tirans des esprits, sombres persécuteurs;
Vous dont l'ame implacable, & les mains frénétiques
    Ont tramé tant d'horreurs.

Quoi, je t'entends encor absurde calomnie!
C'est toi, monstre inhumain, c'est toi qui poursuivis
Et Descartes & Bayle, & ce puissant génie,
    Successeur de Leibnits.

Tu prenais sur l'Autel un glaive qu'on révére,
                                    Pour

Pour frapper saintement les plus sages humains,
Mon Roi va te percer du fer que le vulgaire
    Adoroit dans tes mains.

Il te frappe, tu meurs, il venge notre injure,
La vérité renaît, l'erreur s'évanouit,
La terre éléve au Ciel une voix libre & pure,
    Le Ciel se réjouit.

Et vous de Borgia détestables maximes,
Science d'être injuste à la faveur des Loix,
Art d'opprimer la terre, art malheureux des crimes,
    Qu'on nommoit l'art des Rois.

Périssent à jamais vos leçons tiraniques,
Le crime est trop facile, il est trop dangereux,
Un esprit faible est fourbe, & les grands politiques
    Sont les cœurs généreux.

Ouvrons, du monde entier, les Annales fidelles,
Voïons-y les Tyrans ; ils sont tous malheureux,
Les foudres qu'ils portoient dans leurs mains criminelles
    Sont retombés sur eux.

Ils sont morts dans l'opprobre, ils sont morts dans la rage,
Mais Antonin, Trajan, Marc-Aurele, Titus,

Ont eu des jours ferains, fans nuit & fans orage,
  Purs comme leurs vertus.

Ils renaîtront en vous, ces vrais Héros de Rome,
A les remplacer tous, vous êtes deftiné,
Régnez, vivez heureux, que le plus honnête homme
  Soit le plus fortuné.

Un Philofophe régne, ah ! le fiècle où nous fommes
Le défiroit fans doute & n'ofoit l'efpérer,
Seul il a mérité de gouverner les hommes,
  Il fait les éclairer.

On a vû trop long-tems l'orgueilleufe ignorance
Ecrafant fous fes pieds le mérite abbattu,
Infulter aux talens, aux arts, à la fcience,
  Autant qu'à la vertu.

Avec un ris mocqueur, avec un ton de maître,
Un efclave de Cour, enfant des voluptés,
S'eft écrié fouvent, eft-on fait pour connaître ?
  Eft-il des verités ?

Il n'en eft pour vous, ame ftupide & fiére,
Abforbé dans la nuit, vous méprifez les Cieux,
Le Salomon du Nord apporte la lumiére ;
  Barbare, ouvrez les yeux.

FRAG-

FRAGMENT D'UNE LETTRE,

Sur un Usage très-utile, établi en Hollande.

L seroit à souhaiter que ceux qui sont à la tête des Nations imitassent les Artisans. Dès qu'on sait à Londres qu'on fait une étoffe nouvelle en France, on la contrefait; pourquoi un Homme d'Etat ne s'empressera-t-il pas d'établir dans son Païs une Loi utile qui viendra d'ailleurs ? Nous sommes parvenus à faire la même porcelaine qu'à la Chine, parvenons à faire le bien qu'on fait chez nos Voisins, & que nos Voisins profitent de ce que nous avons d'excellent.

Il y a tel particulier qui fait croître dans son jardin des fruits, que la nature n'avoit destinés à meurir que sous la ligne. Nous avons à nos portes mille Loix, mille Coutumes sages; voilà les fruits qu'il faut faire naître chez soi; voilà les arbres qu'il faut y transplanter : ceux-là viennent en tous climats, & se plaisent dans tous les terrains. La meilleure loi, le plus excellent usage, le plus utile que j'aïe jamais vû, c'est en Hollande. Quand deux hommes veulent plaider l'un contre l'autre, ils sont obligés d'aller d'abord au Tribunal des Juges Conciliateurs, appellés *Faiseurs de paix*. Si les Parties arrivent avec un Avocat & un Procureur, on fait d'abord retirer ces derniers, comme on ôte le bois d'un feu qu'on veut éteindre. Les Faiseurs de Paix disent aux Parties : Vous êtes de grands fous de vouloir manger votre argent à vous rendre mutuellement malheureux ; nous allons vous acommoder sans qu'il vous en coûte rien. Si la rage de la chicane est trop forte dans ces Plaideurs, on les remet à un autre jour, afin que le tems adoucisse les symptômes de leur maladie ; ensuite les Juges les envoient chercher une seconde, une troisiéme fois ; si leur folie est incurable, on leur permet de plaider, comme on abandonne au fer des Chirurgiens des membres gangrénés ; alors la Justice fait sa main.

Il n'est pas nécessaire de faire ici de longues déclamations, ni de calculer ce qui en reviendroit au genre-humain, si cette loi étoit adoptée. D'ailleurs je ne veux point aller sur les brisées de Mr. l'Abbé de Saint Pierre, dont un Ministre plein d'esprit appelloit les projets, *les Rêves d'un homme de bien*. Je sais que souvent un particulier, qui s'avise de proposer quelque chose pour le bonheur public, se fait berner. On dit : de quoi se mêle-t-il ? Voilà un plaisant homme de vouloir que nous soïons plus heureux que nous sommes ? Ne sait-il pas qu'un abus est toujours le patrimoine d'une bonne partie de la Nation ? Pourquoi nous ôter un mal où tant de gens trouvent leur bien ? A cela je n'ai rien à répondre.

CE QUE C'EST QUE LA VERTU.

DISCOURS EN VERS.

E nom de la Vertu retentit sur la terre,
 On l'entend au Théâtre, au Barreau,
  dans la Chaire,
 Jusqu'au milieu des Cours il parvient
  quelquefois,
Il s'est même glissé dans les Traités des Rois.
C'est un beau mot sans doute, & qu'on se plaît d'entendre,
Facile à prononcer, difficile à comprendre,
On trompe, on est trompé; je crois voir des jettons
Donnez, reçus, rendus, troquez par des fripons,
Ou bien ces faux-billets, vains enfans du système
De ce fou d'Ecossois, qui se duppa lui-même.
Qu'est-ce que la Vertu ? Le meilleur Citoïen,
Brutus, se repentit d'être un homme de bien;
La Vertu, disoit-il, est un nom sans substance.
 L'Ecole de Zenon, dans sa fiére ignorance,
Prît jadis pour vertu l'insensibilité.
Dans les champs Lévantins le Derviche hébêté,
L'œil au Ciel, les bras hauts & l'esprit en priéres,
Du Seigneur en dansant invoque les lumiéres,
Et tournant dans un cercle au nom de Mahomet,

Croit

CE QUE C'EST QUE LA VERTU.

Croit de la vertu même atteindre le sommet.
　Les reins ceints d'un cordon, l'œil armé d'impu-
　　dence,
Un Hermite à sandale, engraissé d'ignorance,
Parlant du nez à Dieu, chante au dos d'un Lutrin,
Cent Cantiques Hébreux mis en mauvais Latin ;
Le Ciel puisse bénir sa piété profonde ;
Mais quel en est le fruit ? Quel bien fait-il au monde ?
Malgré la sainteté de son auguste emploi,
C'est n'être bon à rien, que n'être bon qu'à soi.
　Quand l'Ennemi divin des Scribes & des Prêtres,
Chez Pilate autrefois fut traîné par des traîtres,
De cet air insolent qu'on nomme dignité,
Le Romain demanda, *qu'est-ce que Vérité ?*
L'Homme-Dieu qui pouvoit l'instruire ou le con-
　　fondre,
A ce juge orgueilleux dédaigna de répondre.
Son silence éloquent disoit assez à tous,
Que ce vrai tant cherché, ne fut point fait pour nous ;
Mais lorsque pénétré d'une ardeur ingénue,
Un simple Citoïen l'aborda dans la rue,
Et que disciple sage, il prétendit savoir,
Quel est l'état de l'homme, & quel est son devoir,
Sur ce grand intérêt sur ce point qui nous touche ;
Celui qui savoit tout, ouvrit alors la bouche,
Et dictant d'un seul mot des décrets solemnels,
Aimez Dieu, lui dit-il, mais aimez les mortels.
Voilà l'Homme & sa Loi ; c'est assez, le Ciel même

A daigné tout nous dire en ordonnant qu'on aime;
Le monde est médisant, vain, léger, envieux,
Le fuir est très-bien fait, le servir encor mieux;
A sa famille, aux siens, je veux qu'on soit utile.

 Où vas-tu loin de moi, Fanatique indocile?
Pourquoi ce teint jauni, ces regards effarés,
Ces élans convulsifs & ces pas égarés?
Contre un siècle indévot plein d'une sainte rage,
Tu cours chez ta Béate à son cinquième étage,
Quelques Saints possédés dans cet honnête lieu, *
Jurent, tordent les mains en l'honneur du bon Dieu;
Sur leurs tréteaux montés, ils rendent des oracles,
Prédisent le passé, font cent autres miracles,
L'aveugle y vient pour voir, & des deux yeux privé,
Retourne aux *Quinze-Vingts* marmottant son *Ave.*
Le boiteux saute & tombe, & sa sainte famille
Le ramène en chantant, porté sur sa bequille;
Le sourd au front stupide, écoute & n'entend rien;
D'aise alors tout pâmez, de pauvres gens de bien,
Qu'un sot voisin bénit & qu'un fourbe seconde,
Aux filles du quartier, prêchent la fin du monde.

 Je sai que ce saint œuvre a des charmes puissants;
Mais, dis-moi, n'as-tu point des devoirs plus pressans?
D'où vient que ton ami languit dans la misère?
Pourquoi lui refuser le plus vil nécessaire?
Chez toi, chez tes pareils, le seul riche est sauvé,
Et le pauvre inutile est le seul réprouvé.

 * Les Convulsionnaires.

Ce Magistrat, dit-on, est sévére, inflexible,
Rien n'amollit jamais sa grande ame insensible;
J'entends, il fait haïr sa place & son pouvoir,
Il fait des malheureux par zèle & par devoir.
Mais l'a-t-on jamais vû, sans qu'on le sollicite,
Courir d'un air affable au-devant du mérite,
Le choisir dans la foule & donner son appui
A l'honnête homme obscur qui se tait devant lui?
De quelques criminels il aura fait justice!
C'est peu d'être équitable, il faut rendre service.
Le Juste est bienfaisant. On conte qu'autrefois
Le Ministre odieux d'un de nos meilleurs Rois,
Lui disoit en ces mots son avis despotique,
Timante est en secret bien mauvais Catholique,
On a trouvé chez lui la Bible de Calvin,
A ce funeste excès vous devez mettre un frein,
Il faut qu'on l'emprisonne ou du moins qu'on l'exile,
Comme vous, dit le Roi, Timante m'est utile,
Vous m'apprenez assez quels sont les attentats,
Il m'a donné son sang & vous n'en parlez pas;
De ce Roi bienfaisant, la candeur équitable,
Peint mieux que vingt Sermons la vertu véritable.

Ce beau nom de Vertu sera-t-il accordé,
Au mérite farouche, à l'art toujours fardé,
A l'indolent Germont, dont la pitié discrette
Craint de parler pour moi quand Sejan m'inquiette,
Au faible & doux Cyrus tout le jour occupé,

Des propos d'un flateur & des soins d'un soupé?
Non, je donne ce titre au cœur tendre & sublime,
Qui prévient les besoins d'un ami qu'on opprime,
Je le donne à Norman, je le donne à Cochin,
Dont l'éloquente voix protégea l'orphelin;
Non pas à toi Griffon, babillard mercenaire,
Qui prodiguant en vain ta vénale colére,
Et changeant un Art noble en un lâche métier,
N'as fait qu'un plat libelle au lieu d'un Plaidoïer;
Magistrat dont l'esprit sait éclairer le zèle,
Parlant comme de Thou, jugeant comme Pucelle;
Tendre & solide ami, bienfaicteur généreux,
Qui peut te refuser le nom de Vertueux?

Jouïs de ce grand titre, ô toi dont la sagesse,
N'est point le fruit amer d'une austére rudesse,
Toi qui malgré l'éclat dont tu blesses les yeux,
Peux compter plus d'amis que tu n'as d'envieux.

Certain Legislateur, dont la plume féconde,
Fit tant de vains projets pour le bien de ce monde,
Et qui depuis trente ans écrit pour des ingrats,
Vient de créer un mot qui manque à Vaugelas.
Ce mot est *bienfaisance*, il me plaît, il rassemble,
Si le cœur en est cru, bien des vertus ensemble;
Petits Grammairiens, grands Précepteurs des sots,
Qui pesez la parole & mesurez les mots;
Pareille expression vous semble hazardée,
Mais l'Univers entier doit en chérir l'idée.

LETTRE

LETTRE

A

M. DE GERVASY

MEDECIN,

Qui avoit dissipé la Peste dans le Gévaudan, & qui l'avoit traité de la Petite-Verole, en 1722.

TU revenois couvert d'une gloire éternelle;
Le Gévaudan surpris t'avoit vu triompher
Des traits contagieux d'une Peste cruelle,
Et ta main venoit d'étouffer,
De cent poisons cachés la semence mortelle:
Dans Maisons cependant je voïois mes beaux jours:
Vers leurs derniers momens précipiter leur cours;
La mort près de mon lit, sanglante, inexorable,
Avoit levé sur moi sa faulx épouventable;
Le vieux Nocher des morts à sa voix accourut;
C'en étoit fait, sa main tranchoit ma destinée;
Mais tu lui dis, arrête; & la mort étonnée
Reconnut son Vainqueur, frémit & disparut;

I 6 Aussi-

Aussi-tôt ta main vigilante,
Ranimant la chaleur éteinte dans mon corps,
De ma frêle machine arrangea les ressorts;
  La Nature obéïssante
  Fut soumise à tes efforts,
  Et la Parque impatiente
File aujourd'hui pour moi dans l'Empire des Morts.
Hélas ! si comme moi, l'aimable Génonville
Avoit de ta présence eu le secours utile,
Il vivroit, & sa vie eût rempli mes souhaits.
De son cher entretien je goûterois les charmes ;
Mes jours que je te dois renaîtroient sans allarmes,
Et mes yeux qui sans toi se fermoient pour jamais,
Ne se r'ouvriroient pas pour répandre des larmes.
C'est toi, du moins, c'est toi par qui dans ma douleur
  Je puis jouïr de la douceur
De plaire, & d'être cher encore
Aux illustres amis dont le destin m'honore.
Je reverrai Maisons, dont les soins bienfaisans,
  Viennent d'adoucir ma souffrance ;
Maisons en qui l'esprit tient lieu d'expérience,
  Et dont j'admire la prudence
  Dans l'âge des égaremens.
Je me flatte en secret que je pourrai peut-être
Charmer encore Sulli qui m'a trop oublié.
Mariamne à ses yeux ira bien-tôt paraître ;
Il la verra pour elle implorer sa pitié,

         Et

Et ranimer en lui ce goût, cette amitié,
Que pour moi dans son cœur ma Muse avoit fait naître.
Beaux jardins de Villars, ombrages toujours frais,
  C'est sous vos feuillages épais
Que mes yeux reverront ce Héros plein de gloire,
  Qui nous a ramené la paix
  Sur les aîles de la Victoire.
C'est-là que Richelieu, par son air enchanteur,
Par ses vivacités, son esprit & ses graces,
Dès qu'il reparoîtra, saura joindre mon cœur,
A tant de cœurs soumis qui volent sur ses traces.
Et toi, cher Bolimbrok, Héros, qui d'Apollon
  As reçû plus d'une couronne,
  Qui réunis dans ta personne
  L'éloquence de Ciceron,
  L'intrépidité de Caton,
L'esprit de Mécénas, l'agrément de Pétrone
  Et la science de Varron;
Bolimbrok, à ma gloire il faut que je publie
  Que tes soins, pendant le cours
  De ma triste maladie,
  Ont daigné marquer mes jours
Par le tendre intérêt que tu prends à ma vie;
Enfin donc je respire, & respire pour toi;
Je pourrai desormais te parler & t'entendre.
Mais Ciel! quel souvenir vient ici me surprendre!
Cette aimable beauté qui me tient sous sa loi,
        Qui

Qui m'a juré toujours une amitié si tendre,
Daignera-t-elle encor jetter les yeux sur moi?
Hélas! en descendant sur le sombre rivage
Dans mon cœur expirant je portois son image;
Son amour, ses vertus, ses graces, ses apas,
Les plaisirs que cent fois j'ai goûté dans ses bras,
A ces derniers momens flattoient encor mon ame;
Je brûlois en mourant d'une éternelle flâme.
Grands Dieux! me faudra-il regretter le trépas?
M'auroit-elle oublié? seroit-elle volage?
Que dis-je, malheureux; où vai-je m'engager?
      Quand on porte sur le visage
D'un mal si redouté le fatal témoignage,
Est-ce à l'amour qu'il faut songer?

AU CAMP
DEVANT
PHILISBOURG.
Le 3. Juillet 1734.

'EST ici que l'on dort sans lit,
Et qu'on prend ses repas par terre.
Je vois & j'entens l'Athmosphére
Qui s'embrase & qui retentit
De cent décharges de tonnerre,
Et dans ces horreurs de la Guerre,
Le Français chante, boit & rit :
Bellone va réduire en cendres
Les Courtines de Philisbourg,
Par cinquante mille Alexandres
Païés à quatre sous par jour ;
Je les vois prodiguant leur vie
Chercher ces combats meurtriers,
Couverts de fange & de Lauriers,
Et pleins d'honneur & de folie.
Je vois briller au milieu d'eux

Ce Fantôme, nommé la Gloire;
A l'œil superbe, au front poudreux,
Portant au cou cravate noire,
Aïant sa tromppette en sa main,
Sonnant la charge & la victoire,
Et chantant quelques airs à boire
Dont ils répettent le refrein:
   O Nation brillante & vaine !
Illustres Fous, Peuple charmant,
Que la Gloire à son char enchaîne,
Il est beau d'affronter gaïement
Le trépas & le Prince Eugène.
   Mais hélas ! quel sera le prix
De vos héroïques prouesses ?
Vous serez Cocus dans Paris,
Par vos Femmes & vos Maîtresses.

LETTRE

LETTRE
A MADAME
DE GONDRIN,
DEPUIS
M. LA COMTESSE
DE TOULOUSE,

Sur le Péril qu'elle avoit couru en traversant la Loire en 1719.

Avez-vous, gentille Douairiére,
Ce que dans Sulli l'on faisoit,
Lorsqu'Eole vous conduisoit
D'une si terrible maniére ?
Le malin Périgni rioit,
Et pour vous déja préparoit
Une Epitaphe familiére,
Disant qu'on vous repêcheroit
Incessamment dans la riviére;
Et qu'alors il observeroit
Ce que votre humeur un peu fiére

Sans ce hazard lui cacheroit.
Cependant l'Espar, la Valiére,
Guiche, Sulli, tout soupiroit;
Roussi parloit peu, mais juroit,
Et l'Abbé Courtin qui pleuroit,
En voïant votre heure derniére
Adressoit à Dieu sa priére,
Et pour vous tout bas murmuroit
Quelque Oraison de son Bréviaire,
Qu'alors, contre son ordinaire,
Dévotement il frédonnoit,
Dont à peine il se souvenoit,
Et que même il n'entendoit guére.
Mais quel spectacle! J'envisage
Les Amours, qui de tous côtés
S'opposent à l'affreuse rage
Des Vents contre vous irrités.
Je les vois: ils sont à la nage,
Et plongés jusqu'au cou dans l'eau,
Ils conduisent votre bateau,
Et vous voilà sur le rivage.
Gondrin, songez à faire usage
Des jours qu'Amour a conservés;
C'est pour lui qu'il les a sauvés,
Il a des droits sur son ouvrage.

LETTRE
A MONSIEUR ***,
SUR
LES PHILOSOPHES
QUI ONT TRAITÉ
DE L'AME HUMAINE.

Il faut que je l'avouë, Monsieur, lorsque j'ai examiné l'infaillible Aristote, le Docteur Angélique, le Divin Platon, j'ai pris toutes ces épithétes pour des sobriquets. Je n'ai vu dans tous les Philosophes, qui ont parlé de l'ame humaine, que des aveugles pleins de témérité & de babil, qui s'efforcent de persuader qu'ils ont une vûë d'aigle, & ceux qui les en croïent sur leur parole me font compassion ; ce sont des gens fascinés, qui s'imaginent aussi eux-mêmes de voir quelque chose, quoiqu'ils n'en aïent aucune notion claire & évidente.

Je

Je ne feindrai point de mettre au rang de ces Maîtres d'erreurs, Descartes & Mallebranche. Le premier nous assûre, que l'ame de l'homme est une substance, dont l'essence est de penser, qui pense toujours, & qui s'occupe dans le ventre de sa mere de belles idées Métaphysiques, & de beaux axiômes généraux, qu'elle oublie ensuite.

Pour le Pere Mallebranche, il est bien persuadé que nous voïons tout en Dieu. Il a trouvé des Partisans; parce que les Fables les plus hardies, sont celles qui sont le mieux reçuës de la foible imagination des hommes.

Plusieurs Philosophes ont donc fait le roman de l'ame; & il n'y a qu'un Sage qui en ait écrit modestement l'histoire. Je vais faire l'abrégé de cette histoire, selon que je l'ai conçuë. Je sçais fort bien que tout le monde ne conviendra pas des idées de M. Locke; il se pourroit bien faire que M. Locke eût raison, contre Descartes & Mallebranche, & qu'il eût tort contre la Sorbonne. Je parle selon les lumiéres de la Philosophie, non selon les révélations de la foi. Il ne m'apartient que de penser humainement. Les Théologiens décident divinement, c'est toute autre chose. La raison & la foi sont de nature contraire. En un mot, voici un petit précis de M. Locke; que je censurerois si j'étois Théologien, & que j'adopte pour un moment comme pure hypothèse, comme conjecture de simple Philosophie,

humai-

humainement parlant. Il s'agit de sçavoir ce que c'est que l'ame.

Premiérement, le mot d'ame est de ces termes, que chacun prononce sans l'entendre ; nous n'entendons que les choses dont nous avons une idée; nous n'en avons point de l'ame, ni de l'esprit : donc nous ne l'entendons point.

En second lieu, il nous a plû d'apeller ame, cette faculté de sentir & de penser, comme nous apellons vie, la faculté de vivre, & volonté, la faculté de vouloir.

Des raisonneurs sont venus ensuite, & ont dit, l'homme est composé de matiére & d'esprit ; la matiére est étenduë & divisible; l'esprit n'est ni étendu, ni divisible : donc il est, disent-ils, d'une autre nature. C'est un assemblage d'êtres, qui ne sont point faits l'un pour l'autre, & que Dieu unit malgré leur nature ; nous voïons peu le corps, nous ne voïons point l'ame : elle n'a point de parties; donc elle est éternelle. Elle a des idées pures & spirituelles, donc elle ne les reçoit point de la matiére : elle ne les reçoit point non plus d'elle-même; donc Dieu les lui donne, donc elle aporte en naissant les idées de Dieu, de l'infini, & toutes les idées générales.

Toujours humainement parlant, je réponds à ces Messieurs, qu'ils sont bien sçavans : ils suposent d'abord qu'il y a une ame, & puis ils nous disent ce que ce doit être. Ils prononcent le nom de matiére, & décident enfuite nettement ce qu'elle eft. Et moi je leur dis, vous ne connoiffez ni l'efprit, ni la matiére. Par l'efprit, vous ne pouvez imaginer que la faculté de penfer ; par la matiére, vous ne pouvez entendre qu'un certain affemblage de qualités, de couleurs, d'étenduës, de folidités, & il vous a plû d'apeller cela matiére ; & vous avez affigné les limites de la matiére & de l'ame, avant d'être fûrs feulement de l'exiftence de l'une & de l'autre.

Quant à la matiére, vous enfeignez gravement qu'il n'y a en elle que l'étenduë & la folidité; & moi je vous dis modeftement qu'elle eft capable de mille propriétés, que ni vous, ni moi, ne connoiffons pas. Vous dites que l'ame eft indivifible, éternelle, & vous fupofez ce qui eft en queftion. Vous êtes à peu près comme un Régent de Collége, qui n'aïant vû d'horloge de fa vie, auroit tout d'un coup entre fes mains une montre d'Angleterre à répétition. Cet homme, bon Péripatéticien, eft frapé de la juftefse avec laquelle les aiguilles divifent & marquent les tems, & encore plus étonné qu'un bouton pouffé par le doigt, fonne précifément l'heure que l'aiguille marque. Mon Philofophe ne manque pas de concevoir qu'il y a dans cette machine une ame qui la gouverne, & qui en méne les refforts. Il démontre fçavamment fon opinion, par la comparaifon des Anges, qui font
aller

aller les Sphéres Célestes, & il fait soutenir dans sa Classe de belles Thèses sur l'ame des montres. Un de ces Ecoliers ouvre la montre, on n'y voit que des ressorts, & cependant on soutient toujours le système des ames des montres. Je suis cet Ecolier ouvrant la montre, que l'on apelle l'homme, & qui, au lieu de définir hardiment ce que nous ne connoissons point, tâche d'examiner par dégrés ce que nous voulons connoître. Prenons un Enfant à l'instant de sa naissance, & suivons pas à pas les progrès de son entendement. Vous me faites honneur de m'aprendre que Dieu a pris la peine de créer une ame pour aller loger dans ce corps, lorsqu'il avoit environ six semaines. Cette ame en arrivant étoit, dites-vous, pourvuë d'idées Métaphisiques, connoissant Dieu, l'esprit & l'infini fort clairement ; elle étoit, en un mot, une très-sçavante personne. Mais malheureusement elle sort de l'*Uterus* avec une ignorance crasse ; elle passe dix-huit mois à ne connoître que le teton de sa nourice, & lorsqu'à l'âge de vingt ans on veut faire ressouvenir cette ame de toutes les idées scientifiques qu'elle avoit quand elle fut unie à son corps, elle est souvent si bouchée qu'elle n'en peut concevoir aucune. Il y a des peuples entiers qui n'ont jamais eu une seule de ces idées. En vérité, à quoi pensoit l'ame de Descartes & de Mallebranche, quand elle imagina de telles rêveries ? Suivons donc l'idée du
petit

petit enfant, sans nous arrêter aux imaginations des Philosophes.

Le jour que sa mere est acouchée de lui, & de son ame, il est né un chien dans la maison, un chat, & un serin. Au bout de trois mois, j'aprends un menuet au serin ; au bout de dix-huit mois, je fais du chien un excellent chasseur ; le chat au bout de six semaines fait déja tous ses tours, & l'enfant au bout de quatre ans ne sait rien. Moi, homme grossier, témoin de cette prodigieuse différence, & qui n'ai jamais vû d'enfant, je crois d'abord que le chat, le chien, & le serin sont des créatures très-intelligentes, & que le petit enfant est un simple Automate.

Cependant peu-à-peu je m'aperçois que cet enfant a des idées, de la mémoire, qu'il a les mêmes passions que ces animaux, & alors j'avouë qu'il est, comme eux, une créature raisonnable. Il me communique différentes idées par quelques paroles qu'il a aprises, de même que mon chien, par des cris diversifiez, me fait exactement connoître ses divers besoins. J'aperçois qu'à l'âge de six ou sept ans, l'enfant combine dans son petit cerveau presque autant d'idées que mon chien de chasse dans le sien. Enfin il ateint avec l'âge à un nombre infini de connoissances ; alors que dois-je penser de lui ? Irois-je croire qu'il est d'une nature tout-à-fait différente ? Non, sans doute ; car vous voïez d'un côté un imbécille, de l'autre un Newton.

Vous prétendez qu'ils sont pourtant de même nature, & qu'il n'y a de la différence que du plus au moins. Pour mieux m'assûrer de la vraisemblance de mon opinion, j'examine mon enfant & mon chien, pendant leur veille & leur sommeil. Je les saigne l'un & l'autre outre mesure; alors leurs idées semblent s'écouler avec le sang. Dans cet état je les apelle, ils ne me répondent plus, & si je leur tire encor quelques palettes, mes deux machines, qui avoient auparavant des idées en très-grand nombre & des passions de toutes espéces, n'auront plus aucun sentiment. J'examine ensuite mes deux animaux pendant qu'ils dorment; je m'aperçois que le chien, après avoir trop mangé, a des rêves; il chasse, il crie après la proïe. Mon jeune enfant, étant dans le même état, parle à sa Maîtresse & fait l'amour en songe. Si l'un & l'autre ont mangé modérément, ni l'un ni l'autre ne rêve. Enfin je vois que leur faculté de sentir, d'apercevoir, d'exprimer leurs idées, s'est dévelopée en eux petit-à-petit, & s'affoiblit aussi par degrés. J'aperçois en eux plus de raport cent fois, que je n'en trouve entre tel homme d'esprit & tel homme imbécille. C'est ce que je vous expliquerai encore plus clairement dans une autre Lettre.

Du 4. Juin 1736.

AU MÊME.

Sur la matiére précédente.

JE vous ai dit en dernier lieu, Monsieur, que j'aperçevois entre mon chien & mon enfant plus de raport cent fois, qu'entre tel homme absolument imbécille. Quelle est l'opinion que j'aurai de leur nature ? Celle que tous les Peuples ont imaginée d'abord, avant que la politique Egyptienne se figurât la spiritualité & l'immortalité de l'Ame. Je soupçonnerai même, avec bien de l'aparence, qu'Archiméde & une Taupe sont de la même espéce, quoique d'un genre différent ; de même qu'un chêne & un grain de moutarde sont formés par les mêmes principes, quoique l'un soit un grand arbre, & l'autre une petite plante. Je penserai que Dieu a donné des portions d'intelligence à des portions de matiére organisée pour penser. Je croirai que la matiére pense à proportion de la finesse des sens, & que ce sont eux qui les proportionnent à la mesure de nos idées. Je croirai qu'une huître à l'écaille a moins de sensations & de sens, parce qu'elle a l'ame atachée

à son

à son écaille. Cinq sens lui seroient inutiles. Il y a beaucoup d'animaux qui n'ont que deux sens ; nous en avons cinq, ce qui est bien peu de chose. Il est à croire qu'il est dans d'autres mondes, d'autres animaux qui joüissent de vingt ou trente sens ; & que d'autres espéces encor plus parfaites ont des sens à l'infini.

Il me paroît que voilà la maniére la plus simple & la plus naturelle d'en raisonner ; c'est-à-dire, de deviner & de soupçonner. Certainement il s'est passé bien du tems avant que les hommes aïent été assez ingénieux pour imaginer un être inconnu, qui est nous, qui fait tout en nous, qui n'est pas tout-à-fait nous, & qui vit après nous. Aussi n'est-on venu que par dégrés à concevoir une idée si hardie. D'abord le mot *Ame* a signifié la vie, & a été commun pour nous & pour les autres animaux. Ensuite notre orgueil nous a fait une ame à part, & nous a fait imaginer une forme substantielle pour les autres créatures. Cet orgueil humain demande ce que c'est donc que ce pouvoir d'apercevoir & de sentir, qu'il apelle ame dans l'homme, & instinct dans la brute ? Je satisferai à cette question, quand les humanités m'auront apris ce que c'est que le son, la lumiére, l'espace, le corps, le tems. En atendant, je dirai dans l'esprit du sage Locke, la Philosophie consiste à s'arrêter, quand le flambeau de la Physique nous manque. J'observe les éfets de la nature, mais je vous avouë que je n'en conçois pas plus que vous les principes. Tout ce que je fais, c'est que je ne dois pas atribuer à plusieurs causes, sur-tout à des causes inconnuës, ce que je puis atribuer à une cause connuë. Or je puis atribuer à mon corps la faculté de penser & de sentir; donc je ne dois point chercher cette faculté dans une autre substance, apellée ame ou esprit, dont je ne puis avoir la moindre idée. Vous vous récriez à cette proposition. Vous trouvez donc de l'irréligion à oser dire que le corps peut penser? Mais que diriez-vous, répondroit Mr. Locke, si c'est vous-même qui êtes ici coupable d'irreligion, vous qui osez borner la puissance de Dieu? Quel est l'homme sur la terre qui peut assurer, sans une impiété absurde, qu'il est impossible à Dieu de donner à la matiére le sentiment & le penser? Foibles & hardis que vous êtes, vous avancez que la matiére ne pense point, parce que vous ne concevez pas qu'une matière, telle qu'elle soit, pense.

Grands Philosophes, qui décidez du pouvoir de Dieu, & qui dites que Dieu d'une pierre peut faire un Ange; ne voïez-vous pas que selon vous-mêmes, Dieu ne feroit en ce cas que donner à une pierre la puissance de penser; car si la matière de la pierre ne restoit pas, ce ne seroit plus une pierre, ce seroit une pierre anéantie, & un Ange créé? De quelque côté que
vous

vous vous tourniez, vous êtes forcés d'avoüer deux chofes, votre ignorance, & la puiffance immenfe du Créateur; votre ignorance qui fe révolte contre la matiére penfante, & la puiffance du Créateur, à qui certes cela n'eft pas impoffible.

Vous qui favez que la matiére ne périt pas, contefterez-vous à Dieu le pouvoir de conferver dans cette matiére la plus belle qualité dont il l'avoit ornée? L'étenduë fubfifte bien fans corps par lui, puifqu'il y a des Philofophes qui croient le vuide. Les accidens fubfiftent bien fans la fubftance, parmi les Chrétiens qui croient la Tranfubftantiation. Dieu, dites-vous, ne peut pas faire ce qui implique contradiction. Il faudroit en favoir plus que vous n'en favez, pour foutenir cette thefe avec connoiffance de caufe. Vous avez beau faire, vous ne faurez jamais autre chofe, finon que vous êtes corps, & que vous penfez. Bien des gens qui ont apris dans l'Ecole à ne douter de rien, qui prennent leurs fyllogifmes pour des Oracles, & leurs fuperftitions pour la Religion, regardent Mr. Locke comme un impie dangereux. Ces fuperftitieux font dans la fociété des hommes, ce que les poltrons font dans une armée, ils ont & donnent des terreurs paniques: il faut avoir la pitié de diffiper leurs craintes; il faut qu'ils fachent que ce ne feront pas les fentimens des Philofophes qui feront jamais tort à la Religion. Il eft assûré que la lumiére vient du soleil, & que les planettes tournent autour de cet astre. On n'en lit pas avec moins d'édification dans la Bible, que la lumiére a été faite avant le soleil, & que le soleil s'est arrêté sur le Village de Gabaon. Il est démontré que l'Arc-en-Ciel est formé nécessairement par la pluie; on n'en respecte pas moins le Texte-Sacré, qui dit que Dieu posa son arc dans les nuées, après le déluge, en signe qu'il n'y auroit plus d'inondations.

On ne sauroit plus douter maintenant que la plûpart des étoiles ne soient beaucoup plus grandes que tout notre Globe; cela n'empêche pas que nous ne lisions avec beaucoup d'édification dans les Saintes-Ecritures, qu'au jour du Jugement les étoiles tomberont sur la terre.

Combien d'autres traits ne trouve-t'on point dans l'Ancien & dans le Nouveau-Testament tout-à-fait oposés aux expériences, aux démonstrations & aux découvertes qui se font journellement?

Le Mystére de la Trinité & celui de l'Eucharistie, ont beau être contradictoires aux démonstrations connuës; ils n'en sont pas moins révérés chez les Philosophes Catholiques, qui savent que les choses de la raison & de la foi sont de différente nature.

La notion des Antipodes a été condamnée par les Papes & les Conciles; & les Papes, après la découverte des Antipodes, y ont fait
porter

porter cette même Religion Chrétienne, dont on croïoit la destruction sûre, en cas que l'on pût trouver un homme, qui, comme on parloit alors, avoit la tête en bas, & les pieds en haut, par raport à nous, & qui, comme dit le très-peu Philosophe S. Augustin, seroit tombé au Ciel. Jamais les Philosophes ne feront tort à la Religion dominante d'un païs. Pourquoi ? C'est qu'ils sont sans enthousiasme, & qu'ils n'écrivent point pour le peuple. Divisez le genre-humain en vingt parts, il y en a dix-neuf composées de ceux qui travaillent de leurs mains, & qui ne sauront jamais s'il y a un Locke au monde. Dans la vingtiéme partie qui reste, combien trouve-t'on peu d'hommes qui lisent ? Et parmi ceux qui lisent, il y en a vingt qui lisent les Romans, contre un qui étudie la Philosophie. Le nombre de ceux qui pensent est extrêmement petit, & ceux-là ne s'avisent pas de troubler le monde.

Ce n'est ni Montagne, ni Locke, ni Bayle, ni Spinosa, ni Hobbes, ni Strambourg, ni Collins, ni Toland, ni leurs semblables, qui ont porté le flambeau de la discorde dans leur Patrie ; ce sont la plûpart des Théologiens, qui aïant eu d'abord l'ambition d'être chefs de Secte, ont eu bien-tôt celle d'être chefs de parti. Que dis-je ? tous les Livres des Philosophes modernes mis ensemble ne feront jamais dans le monde autant de bruit seulement, qu'en fit autrefois la dispute des Cordeliers sur la forme de leurs manches & de leurs capuchons, ou de savoir si les Franciscains ont la propriété de leur soupe avant que de l'avoir mangée ?

Au reste, je vous répete encor, qu'en écrivant avec liberté, je ne me rends garand d'aucune opinion & ne suis responsable de rien. Il y a peut-être parmi ces songes & ces rêveries Philosophiques, des raisonnemens ausquels je donnerois la préférence sur certains Dogmes Théologiques ; mais il n'y en a aucun que je ne sacrifiasse tout-d'un-coup à la Religion & à la Patrie.

RE'PONSE.

RÉPONSE

Au Discours d'un Docteur Allemand.

QUI Plume a, guerre a. Je me souviens que quand on representa, il y a vingt-six ans, la Tragédie d'Oedipe, ce petit succès m'attira des contradictions qui n'ont point fini. La Henriade empoisonna ma vie. L'Histoire de Charles XII. m'a procuré plus d'ennemis, que n'en avoit ce Monarque. Je me donnois alors à la Philosophie, croïant y trouver le repos que Newton appelle *rem prorsus substantialem*. Mais je vis que la racine carée du Cube des révolutions des Planettes, & ces carés de leurs distances, me faisoient encor des ennemis. Il est vrai qu'en Angleterre on me sût quelque gré d'avoir été le premier Français qui eût rendu un compte détaillé des admirables découvertes de Newton, sur la lumiére & sur la gravitation universelle. La Société Roïale de Londres daigna m'admettre dans ce Corps illustre, qui a produit des vérités neuves & immortelles. Mais je m'aperçois que j'ai encouru l'indignation de quelques Docteurs Allemans. J'ai osé mesurer toujours la force du corps en mouve-

mouvement par M x v. J'ai eu l'insolence de douter des Monades de l'harmonie rétablie, & même du grand principe des Indiscernables; pouvois-je espérer du repos, après avoir tant ébranlé ces fondemens de la nature ? On a emploïé, pour me convaincre, de longs sophismes & de grosses injures, selon la respectable coutume, introduite depuis long-tems dans cette science, qu'on apelle *Philosophie*; c'est-à-dire, amour de la sagesse.

Il est vrai qu'une personne infiniment respectable en tous égards & qui a beaucoup de fortes d'esprits, a daigné en emploïer une à éclaircir & à orner le systême de Leibnitz; elle s'est amusée à décorer d'un beau portique ce Bâtiment vaste & confus. J'ai été étonné de ne pouvoir la croire en l'admirant; mais j'en ai vû enfin la raison. C'est qu'elle même ne croïoit guéres; & c'est ce qui arrive souvent, entre ceux qui s'imaginent vouloir persuader & ceux qui s'éforcent de se laisser persuader.

Plus je vais en avant, & plus je suis confirmé dans l'idée que les Systêmes de Métaphisique sont pour les Philosophes ce que les Romans sont pour les femmes. Ils ont tous la vogue, les uns après les autres, & finissent tous par être oubliés. Une vérité Mathématique reste pour l'éternité, & les fantômes Métaphisiques passent comme des rêves de malades.

Lorsque j'étois en Angleterre, je ne pus
avoir

avoir la consolation de voir le grand Newton, qui touchoit à sa fin. Le fameux Curé de S. James, Samuel Clarke, l'Ami, le Disciple & le Commentateur de Newton, daigna me donner quelques instructions sur cette partie de la Philosophie, qui veut s'élever au-dessus du calcul & des sens. Je ne trouvois pas à la vérité cette Anatomie circonspecte de l'entendement humain, ce Bâton d'Aveugle, avec lequel marchoit le modeste Locke, cherchant son chemin & le trouvant, cette timidité savante qui arrêtoit Locke sur le bord des abîmes. Clarke sautoit dans l'abîme, & j'osois croire l'y suivre un jour, plein de ces grandes recherches, qui charment l'esprit par leur immensité. Je dis à un Membre, très-éclairé de la Société Roïale; M. Clarke est un bien plus grand Métaphisicien que M. Newton; cela peut être, me répondit-il froidement; c'est comme si vous difiés que l'un joüe mieux au balon que l'autre; cette réponse me fit rentrer en moi-même. J'ai depuis osé percer quelques-uns de ces balons de la Métaphisique, & j'ai vû qu'il n'en est sorti que du vent. Aussi quand je dis à M. de Sgravesande, *vanitas vanitatum & Metaphisica vanitas*, il me répondit; je suis bien faché que vous aïés raison.

Le Pere Mallebranche, dans sa *Recherche de la Vérité*, ne concevant rien de beau, rien d'utile que son systême, s'exprime ainsi. " Les hommes

» mes ne sont pas faits pour considérer des
» moucherons, & on n'aprouve pas la peine
» que quelques personnes se sont données de
» nous aprendre comment sont faits certains
» insectes, les transformations des vers, &c. Il
» est permis de s'amuser à cela, quand on n'a
» rien à faire & pour se divertir.

Cependant cet amusement à cela pour se divertir, nous a fait connaître les ressources inépuisables de la nature, qui rendent à des animaux les membres qu'ils ont perdus, qui produisent des têtes après qu'on les a coupées, qui donnent à tel insecte le pouvoir de s'acoupler, l'instant d'après que sa tête est séparée de son corps, qui permettent à d'autres de multiplier leurs espéces, sans le secours des deux sexes; cet amusement à cela a developé un nouvel Univers en petit, & des variétés à l'infini de sagesse & de puissance, tandis qu'en quarante ans d'étude le Pere Mallebranche a trouvé que la lumiére est une vibration de pressions sur de petits tourbillons mous, & que nous voïons tout en Dieu.

On a imprimé depuis peu, sous le nom de Londres, une édition des Elémens de Newton, dans laquelle on trouve un court exposé de peu d'idées Métaphisiques dont Newton avoit jetté la semence dans ses Ouvrages. On s'est avisé d'imprimer en Hollande cette partie Métaphisique aussi facilement que mes autres Œuvres,

&

& on l'a imprimé sous le titre de *Parallele des Sentimens de Newton & Leibnitz*, titre qui n'est nullement convenable ; car je ne parle qu'en deux ou trois endroits des choses que Leibnitz a imaginées.

Je dis dans ce petit Ouvrage, si l'on veut savoir ce que Newton pensoit sur la formation des idées, sur la maniére dont l'ame opére & dont elle est unie au corps, & lequel de tous ces systêmes il embrassoit, je répondrai qu'il n'en suivoit aucun. Que savoit donc sur cette matiére celui qui avoit soumis l'infini au calcul, qui avoit découvert la nature de la lumiére & les loix de la pesanteur universelle ? Il savoit douter.

Et là-dessus on s'écrie : Eh, nous autres, nous ne doutons pas, nous savons de science certaine que l'ame est je ne sais quoi destiné nécessairement à recevoir je ne sais quelle idée, dans le tems que le corps fait nécessairement certains mouvemens, sans que l'un ait la moindre influence sur l'autre ; comme lorsqu'un homme prêche & que l'autre fait les gestes, & cela s'apelle l'harmonie rétablie. Nous savons que la matiére est composée d'êtres qui ne sont pas matiére, & que dans la patte d'un liévre, il y a une infinité d'êtres impalpables, d'êtres sans étenduë, dont chacun a des idées confuses, qui composent un miroir concentré de tout l'Univers, & cela s'apelle le Systême des Monades. Nous concevons aussi parfaitement l'acord de la liberté & de la nécessité ; nous entendons très-bien comment tout étant plein, tout a pu se mouvoir.

Heureux ceux qui peuvent comprendre des choses si peu compréhensibles, & qui voïent un autre Univers que celui où nous vivons.

Quant à la dispute sur la mesure de la force des corps en mouvement, il me paroît que ce n'est qu'une dispute de mots, & je suis fâché qu'il y en ait de telle en Mathématique. Que l'on compte comme l'on voudra M.X.V. ou bien MXV. rien ne changera dans la Mécanique; il faudra toujours la même quantité de chevaux pour tirer les fardeaux, la même charge de poudre pour les canons. Plût à Dieu qu'il n'y eut pas d'autres quérelles entre les hommes, nous serions des Anges sur la terre ; mais ne ressemble-t-on pas quelquefois aux Diables, que Milton nous represente dévorés d'ennui, de rage, d'inquiétude & de douleur, & raisonnans encor sur la Métaphisique au milieu de leurs tourmens.

Tels dans l'amas brillant des rêves de Milton,
On voit les habitans du brûlant Phlégéton,
Entourrés de torrens de bitume & de flamme,
Disputer sur l'essence & du corps & de l'ame,

Sonder

A UN ALLEMAND.

Sonder les profondeurs de la fatalité,
Et de la prévoïance & de la liberté,
Ils creusent vainement dans cet abîme immense.

.... And reason'd High
Of Providence fore Kuowlege Wil end fate
Fixt fate frec Will fore Kuowledge absolute
And fonnd no end, &c.

DE LA FABLE.

QUELQUES personnes, plus tristes que sages, ont voulu proscrire depuis peu l'ancienne Mitologie, comme un recueil de Contes puériles, indignes de la gravité reconnuë de nos mœurs. Il seroit triste pourtant de brûler Ovide, Homére, Hésiode, & toutes nos belles Tapisseries, nos Tableaux, & nos Opéra. Beaucoup de Fables, après-tout, sont plus Philosophiques, que ces Messieurs ne sont Philosophes. S'ils font grace aux Contes familiers d'Esope, pourquoi faire main-basse sur ces Fables sublimes, qui ont été respectées du genre-humain, dont elles ont fait l'instruction ? Elles sont mêlées de beaucoup d'insipidités ; car quelle chose est sans mélange ? Mais tous les siécles adopteront la Boëte de Pandore, au fond de laquelle se trouve la consolation du genre-humain ; les deux Tonneaux de Jupiter, qui versent sans cesse le bien & le mal ; la Nuë embrassée par Ixion, emblême & châtiment des Ambitieux : y a-t'il rien de plus sublime que Minerve, la Déesse de la Sagesse, formée dans la tête du Maître des Dieux ? y a-t'il rien de plus vrai & de plus agréable que la Déesse de la Beauté, obligée de n'être jamais

sans

sans les Graces ? Les Divinitez des Arts, toutes Filles de la Déesse de Mémoire, ne nous avertissent-elles pas, aussi-bien que Locke, que nous ne pouvons sans mémoire avoir le moindre jugement, la moindre étincelle d'esprit ? Les Fléches de l'Amour, son bandeau, sa jeunesse; Flore caressée par Zéphire, ne font-ils pas les emblêmes sensibles de la nature entiére ? Ces Fables ont survécu aux Religions qui les consacroient; les Temples des Dieux d'Egypte, de la Grece, de Rome, ne sont plus, & Ovide subsiste. On peut détruire les objets de la crédulité, mais non ceux du plaisir; nous aimerons à jamais ces images vraies & riantes. Lucréce ne croïoit pas à ces Dieux de la Fable; mais il célébroit la Nature, sous le nom de Vénus.

Alma Venus Cœli subter labentia signa
Quæ mare navigerunt, quæ terras frugiferantes
  Concelebras per te, quoniam genus omne
    Animantium
Concipitur, visitque exortum lumina Solis.

Si l'Antiquité, dans ses ténèbres, s'étoit bornée à reconnaître la Divinité dans ces images, auroit-on beaucoup de reproches à luî faire ? L'ame, productrice du monde, étoit adorée par les Sages; elle gouvernoit les Mers, sous le nom

nom de Neptune; les Airs, sous l'emblême de Junon; les Campagnes, sous celui de Pan. Elle étoit la Divinité des Armées, sous le nom de Mars. On animoit tous ses atributs. Jupiter étoit le seul Dieu; la Chaîne d'Or avec laquelle il enlevoit les Dieux inférieurs des hommes, étoit une image frapante de l'unité d'un Etre souverain. Le Peuple, à la vérité, prenoit ces images pour autant de Dieux souverains; mais que nous importe le Peuple?

On demande tous les jours, pourquoi les Magistrats Grecs & Romains permettoient qu'on tournât en ridicule sur le Théâtre ces mêmes Dieux qu'on adoroit dans les Temples? On fait là une suposition fausse; on ne se moquoit point des Dieux sur le Théâtre; mais des sottises atribuées à ces Dieux, par ceux qui avoient corrompu l'ancienne Mitologie. Les Consuls Romains trouvoient bon qu'on plaisantât sur la scène de l'Avanture des deux Sosies; mais ils n'auroient pas souffert qu'on eût ataqué le culte de Jupiter & de Mercure. C'est ainsi que mille usages, qui paraissent contradictoires, ne le sont point. J'ai vû sur les Théâtres d'une Nation très-savante & très-spirituelle, des avantures tirées de ces contes, que la crédulité populaire ajoutoit autrefois à des Histoires, d'ailleurs respectables; dira-t'on pour cela que cette nation permet qu'on insulte aux objets de sa vénération?

II.

DE LA FABLE.

Il n'est pas à craindre qu'on devienne Païen, pour avoir entendu à Paris l'Opéra de Proserpine, ou pour avoir vû à Rome les Nôces de Psiché, peintes dans le Vatican par Raphaël; la Fable forme le goût & ne rend personne idolâtre.

Les belles Fables de l'Antiquité ont encor ce grand avantage sur l'Histoire, qu'elles presentent une morale sensible; ce sont des leçons de vertu, & presque toute l'Histoire est le succès des crimes, ou des armes. Jupiter dans la Fable, descend sur la terre pour punir Tantale & Licaon; mais dans l'Histoire, nos Tantales & nos Licaons sont souvent les Dieux de la terre; Baucis & Philemon obtiennent que leur Cabane soit changée en un Temple; nos Baucis & nos Philemons voient vendre ici par le Créancier, les Marmites que les Dieux changent en Trépieds d'Or dans Ovide.

Je sai combien l'Histoire peut nous instruire; je sai combien elle est nécessaire; mais en vérité il faut lui aider beaucoup, pour en tirer des régles de conduite. Que ceux qui ne connaissent la politique que dans les Livres, se souviennent toujours de ces vers de Corneille.

Ces exemples récents suffiroient pour m'instruire,
Si par l'exemple seul on devoit se conduire;
Mais souvent l'un se perd, où l'autre s'est sauvé,
Et par où l'un périt, un autre est conservé.

Henri

Henri VIII. Tiran de ſes Parlements, de ſes Miniſtres, de ſes femmes, des conſciences & des bourſes, vit & meurt paiſible. Le bon, le brave Charles I. périt ſur un échafaut. Notre admirable Héroïne, Marguerite d'Anjou, donne en vain douze batailles en perſonne contre les Anglais rebelles. Guillaume III. chaſſe Jâques II. d'Angleterre, ſans donner bataille. Nous avons vû de nos jours la Famille Impériale de Perſe égorgée, & des Etrangers ſur ſon Trône. Pour qui ne regarde qu'aux événemens, & qui ne remonte pas plus haut, l'Hiſtoire ſemble acuſer la Providence, & les vieilles Fables morales la juſtifient.

Il eſt clair qu'on trouve dans elles l'utile & l'agréable. Ceux qui dans ce monde ne ſont ni l'un ni l'autre, crient contre elles. Laiſſons-les dire, & liſons Homére & Ovide, auſſi-bien que Tite-Live & Rapin-Toiras. Le goût peut donner des préférences; mais il n'y a que le Fanatiſme qui donne des excluſions.

Tous les Arts ſont amis, ainſi qu'ils ſont divins;
Vouloir les ſéparer, ce n'eſt pas les connaître.
L'Hiſtoire nous aprend ce que ſont les humains;
La Fable, ce qu'ils doivent être.

LETTRES

LETTRES GALANTES
DE MONSIEUR
ARROUET DE VOLTAIRE.

LETTRE PREMIERE. *

JE crois, ma chére Demoiselle, que vous m'aimez ; ainsi préparez-vous à vous servir de toute la force de votre esprit dans cette ocasion. Dès que je rentrai hier au soir à l'H. Monsieur L. me dit qu'il falloit partir aujourd'hui ; & tout ce que j'ai pu faire a été d'obtenir qu'il différât jusqu'à demain ; mais il m'a deffendu de sortir de chez lui jusqu'à mon départ. Sa raison est, qu'il craint que Madame votre Mere ne me fasse un afront, qui rejailliroit sur lui & sur le R. ; il ne m'a pas seulement permis de répliquer. Il faut absolument
que

*Lisez votre Lettre en bas, & fiez-vous au Porteur.

que je parte, & que je parte sans vous voir. Vous pouvez juger de ma douleur : elle me couteroit la vie, si je n'espérois de pouvoir vous servir en perdant votre chére présence. Le desir de vous voir à Paris me consolera dans mon voïage. Je ne vous dis rien pour vous engager à quitter...... & à revoir votre Pere, des bras duquel vous avez été arrachée pour venir ici être malheureuse.... Si vous balanciez un moment, vous mériteriez presque tous vos malheurs. Que votre vertu se montre ici toute entiére : voïez-moi partir avec la même résolution que vous devez partir vous-même. Je serai à l'H. toute la journée. Envoïez-moi trois Lettres, pour Monsieur votre Pere, pour Monsieur votre Oncle & pour Madame votre Sœur. Cela est absolument nécessaire, & je ne les rendrai qu'en tems & lieu ; sur-tout celle de votre Sœur. Que le porteur de ces Lettres soit le Cordonnier ; promettez-lui récompense. Qu'il vienne ici une forme à la main, comme pour venir accommoder mes souliers ; joignez à ces Lettres un Billet pour moi. Que j'aïe en partant cette consolation. Sur-tout, au nom de l'amour que j'ai pour vous, ma chére, envoïez-moi votre Portrait ; faites tous vos éforts pour l'obtenir de Madame votre Mere ; il sera bien mieux entre mes mains que dans les siennes, puisqu'il est déja dans mon cœur. Le Valet

Valet que je vous envoïe est entiérement à moi. Si vous voulez le faire passer auprès de votre Mere pour un faiseur de Tabatiéres, il est Normand, & jouera fort bien son rôle : il vous rendra toutes mes Lettres, que je mettrai à son adresse, & vous me ferez tenir les vôtres par lui; vous pourrez lui confier votre Portrait. Je vous écris cette Lettre pendant la nuit, & je ne sais pas encor comment je partirai ; je sais seulement que je partirai : je ferai tout mon possible pour vous voir avant de quitter la H. cependant comme je ne puis vous en assurer, je vous dis adieu, mon cher cœur, pour la derniére fois ; je vous le dis en vous jurant toute la tendresse que vous méritez. Oui, ma chére... je vous aimerai toujours ; les Amans les moins fidèles parlent de même; mais leur amour n'est pas fondé comme le mien sur une estime parfaite ; j'aime votre vertu autant que votre personne, & je ne demande au Ciel que de puiser auprès de vous les nobles sentimens que vous avez : ma tendresse me fait conter sur la vôtre ; je me flâte que je vous ferai souhaiter de voir Paris. Je vais dans cette belle Ville solliciter votre retour. Je vous écrirai tous les ordinaires par le canal de L. à qui je vous prie de donner quelque chose pour chaque Lettre, afin de l'encourager à bien faire. Adieu, encor une fois, ma chére Maîtresse ; songez un peu à votre malheureux
Amant;

Amant; mais n'y songez point pour vous atrister; conservez votre santé; si vous voulez conserver la mienne; aïez sur-tout beaucoup de discrétion, brûlez ma lettre, & toutes celles que vous recevrez de moi : il vaut mieux avoir moins de bonté pour moi, & avoir plus de soin de vous; consolons-nous par l'espérance de nous revoir bien-tôt; aimons-nous toute notre vie. Peut-être viendrai-je moi-même vous chercher. Je me croirois alors le plus heureux des hommes; mais enfin, pourvû que vous veniez, je suis trop content : je ne veux que votre bonheur; je voudrois le faire aux dépens du mien, & je serai trop récompensé, quand je me rendrai le doux témoignage que j'ai contribué à vous remettre dans votre bien-être. Adieu, mon cher cœur, je vous embrasse mille fois, A***.

Le Fêvre vient de m'avertir ce matin qu'on lui a ordonné de rendre à Son E. les Lettres que je lui donnerois à porter; ainsi sans doute on interceptera les Lettres qui viendront par son canal; choisissez donc quelqu'un à qui on puisse se fier, s'il en est dans le monde; vous me manderez son adresse : sur-tout envoïez-moi ce soir vos Lettres, & instruisez bien votre Commissionnaire : ne chargez point Lisbette de ce message; tenez-vous prête demain de bonne heure, je tâcherai de vous voir avant de partir, & nous prendrons nos derniéres mesures. A***.

LETTRE II.

JE suis ici prisonnier, au nom du Roi; mais on est maître de m'ôter la vie & non l'amour que j'ai pour vous. Oüi, mon adorable Maîtresse, je vous verrai ce soir, dûssai-je porter ma tête sur un échaffaut. Ne me parlez point, au nom de Dieu, dans des termes aussi funestes que vous m'écrivez; vivez & soïez discrette. Gardez-vous de Madame votre Mere, comme de l'ennemi le plus cruel que vous aïez. Que dis-je! gardez-vous de tout le monde; ne vous fiez à personne; tenez-vous prête dès que la lune paraîtra; je sortirai de l'Hôtel *incognito*, je prendrai un carosse, ou ma chaise, nous irons comme le vent à Schevelin; j'aporterai de l'encre & du papier, nous ferons nos Lettres; mais si vous m'aimez, consolez-vous: rapellez toute votre vertu & toute votre presence d'esprit: contraignez-vous devant Madame votre Mere; tâchez d'avoir votre Portrait, & contez que l'aprêt des plus grands suplices ne m'empêchera pas de vous servir. Non, rien n'est capable de me détacher de vous: notre amour est fondé sur la vertu;

il durera autant que notre vie. Donnez ordre au Cordonnier d'aller chercher une chaise ; mais non, je ne veux pas que vous vous en fiez à lui : tenez-vous prête dès quatre heures ; je vous atendrai proche votre ruë. Adieu ; il n'est rien à quoi je ne m'expose pour vous ; vous en méritez bien davantage. Adieu, mon cher cœur. A.***.

LETTRE III.

Je ne partirai, je crois, que lundi ou mardi. Il semble, ma chére, qu'on ne recule mon départ que pour me faire mieux sentir le cruel chagrin d'être dans la même Ville que vous, & de ne pouvoir vous y voir. On observe ici tous mes pas; je ne sai même si le Fêvre pourra te rendre cette Lettre. Je te conjure, au nom de Dieu, sur toutes choses, de n'envoïer ici personne de ta part, sans en avoir concerté avec moi; j'ai des choses d'une conséquence extrême à vous dire. Vous ne pouvez pas venir ici; il m'est impossible d'aller de jour chez vous; je sortirai par une fenêtre à minuit; si tu as quelque endroit où je puisse te voir; si tu peux à cette heure quitter le lit de ta Mere, en prétextant quelque besoin, au cas qu'elle s'en aperçoive. Enfin si tu peux consentir à cette démarche, sans courir de risque, je n'en courrai aucun. Mande-moi si tu peux venir à ta porte cette nuit; tu n'as qu'à le dire à le Fêvre de bouche. Informe-moi, sur-tout, de ta santé. Adieu, mon aimable Maîtresse, je t'adore, & je me réserve à t'exprimer toute ma tendresse en te voïant. A ★★★.

LETTRE IV.

Je viens d'aprendre, mon cher cœur, que je pourrai partir avec Mr. de M**, en poste dans sept ou huit jours; mais que le plaisir de rester dans la Ville où vous êtes me coutera de larmes. On m'a imposé la nécessité d'être prisonnier jusqu'à mon départ, ou de partir sur le champ. Ce seroit vous trahir que de venir vous voir ce soir; il faut absolument que je me prive du bonheur d'être auprès de vous afin de vous mieux servir. Si vous voulez pourtant changer nos malheurs en plaisirs, il ne tiendra qu'à vous. Envoïez Lisbette sur les trois heures, je la chargerai pour vous d'un paquet qui contiendra des habillemens d'homme; vous vous acommoderez chez elle; & si vous avez assez de bonté pour vouloir bien voir un pauvre prisonnier qui vous adore, vous vous donnerez la peine de venir sur la brune à l'H**. A quelle cruelle extrémité sommes-nous réduits, ma chére? Est-ce à vous à me venir trouver? Voilà cependant l'unique moïen de nous voir. Vous m'aimez, ainsi j'espére vous voir aujourd'hui dans mon petit apartement. Le bonheur d'être

tre vôtre esclave me fera oublier que je suis le prisonnier de ***. Mais comme on connaît mes habits, & que par conséquent on pourroit vous connaître, je vous envoïerai un manteau qui cachera votre juste-au-corps, pour plus de sûreté. Mon cher cœur, songez que ces circonstances-ci sont bien critiques. Défiez-vous, encor un coup, de Madame votre Mere; défiez-vous de vous-même: mais contez sur moi, comme sur vous; & atendez tout de moi, sans exception, pour vous tirer de l'abîme où vous êtes, nous n'avons plus besoin de sermens pour nous faire croire. Adieu, mon cher cœur; je vous aime, je vous adore. A***.

C'est le Valet-de-pied en question qui vous porte cette Lettre.

LETTRE V.

JE ne fai fi je dois vous apeller Monfieur ou Mademoifelle. Si vous êtes adorable en cornettes, ma foi vous êtes un aimable Cavalier; & notre Portier qui n'eſt point amoureux de vous, vous a trouvé un très-joli garçon. La premiére fois que vous viendrez il vous recevra à merveille. Vous aviez pourtant la mine auſſi terrible qu'aimable, & je crains que vous n'aïez tiré l'épée dans la ruë, afin qu'il ne vous manqua plus rien d'un jeune homme. Après tout, tout jeune homme que vous êtes, vous êtes fage comme une fille.

 Enfin je vous ai vû, charmant objet que j'aime,
  En Cavalier déguifé dans ce jour;
  J'ai cru voir Vénus elle-même
  Sous la figure de l'Amour.
 L'Amour & vous, vous êtes de même âge,
  Et fa Mere a moins de beauté;
  Mais, malgré ce double avantage,
 J'ai reconnu bien-tôt la vérité.
  O..... vous êtes trop fage
  Pour être une Divinité.

Il est certain qu'il n'est point de Dieu qui ne dût vous prendre pour modèle, & il n'en est point qu'on doive imiter, ce sont des yvrognes, des jaloux & des débauchez. On me dira peut-être,

 Avec quelle irrévérence
 Parle des Dieux ce maraut ?

Mais c'est assez parler des Dieux : venons aux hommes. Lorsque je suis en train de badiner, j'aprens par le Fêvre qu'on vous a soupçonnée hier. C'est à coup sûr la fille qui vous annonça, qui est la cause de ce soupçon qu'on a ici : ledit le Fêvre vous instruira de tout ; c'est un garçon d'esprit & qui m'est fort affectionné ; il s'est tiré très-bien de l'interrogatoire de Son E. On conte de nous surprendre ce soir ; mais ce que l'amour garde est bien gardé ; je sauterai par les fenêtres, & je viendrai sur la brune chez ***, si je le puis ; le Fêvre viendra chercher mes habits sur les quatre heures ; atendez-moi sur les cinq en bas ; & si je ne viens pas, c'est que je ne le pourrai absolument point. Ne nous atendrissons point en vain ; ce n'est plus par des Lettres que nous devons nous témoigner notre amour, c'est en vous rendant service. Je pars vendredi avec Monsieur de M***. Que je vienne vous voir, ou que je n'y vienne pas, envoïez-moi toujours vos Lettres ce soir par le Fêvre, qui viendra les querir; gardez-vous de Madame votre Mere; gardez un secret inviolable; atendez patiemment les réponses de Paris; soïez toujours prête pour partir; quelque chose qui arrive, je vous verrai avant mon départ. Tout ira bien, pourvû que vous vouliez venir en France, & quitter une Mere..... dans les bras d'un Pere. Comme on avoit ordonné à le Fêvre de rendre toutes mes Lettres à Son E. j'en ai écrit une fausse, que j'ai fait remettre en ses mains; elle ne contient que des louanges pour vous & pour lui, qui ne sont point affectées; le Fêvre vous rendra conte de tout. Adieu, mon cher cœur; aimez-moi toujours, & ne croïez pas que je ne hazarderai pas ma vie pour vous. A***.

LETTRE

LETTRE VI.*

ON a découvert notre entrevûë d'hier, ma charmante Demoiselle; l'amour nous excuse l'un l'autre envers nous-mêmes, mais non pas envers ceux qui sont destinez à me retenir prisonnier; le plus grand malheur qui pouvoit m'arriver, étoit de hazarder ainsi votre réputation. Dieu veuille encor que notre monstre aux cent yeux ne soit pas instruit de notre déguisement; mandez-moi exactement tout ce que cette barbare Mere dit hier à Monsieur de la B***, & à vous, & ne contez pas que nous puissions nous voir avant mon départ, à moins que nous ne voulions achever de tout gâter : faisons, mon cher cœur, ce dernier éfort sur nous-mêmes. Pour moi, qui donnerois ma vie pour vous voir, je regarderai cette absence comme un bien, puisqu'elle me doit procurer le bonheur d'être long-tems auprès de vous, à l'abri des faiseurs de prisonniers & des faiseuses de libelles. Je ne puis vous dire dans cette Lettre que ce que

* A la Haye, le 6. Décembre 1713.

que je vous ai dit dans toutes les autres. Je ne vous recommande pas de m'aimer ; je ne vous parle pas de mon amour, nous sommes assez instruits de nos sentimens ; il ne s'agit ici que de vous rendre heureuse ; il faut pour cela une discrétion entiére. Il faut dissimuler avec Madame votre Mere : ne me dites point que vous êtes trop sincére pour trahir vos sentimens ; oüi, mon cher cœur, soïez sincére avec moi, qui vous adore ; & non pas avec une..... ce seroit un crime que de lui laisser découvrir tout ce que vous pensez. Vous conserverez sans doute votre santé, puisque vous m'aimez ; & l'espérance de nous revoir bientôt nous tiendra lieu du plaisir d'être ensemble. Je vous écrirai tous les ordinaires à l'adresse de Madame de Santoc de Maïsan ; vous mettrez la mienne à Mr. A. le cadet, chez Mr. A... Tresorier de la Chambre-des-Comptes, Cour du Palais, à Paris. Je mettrai vendredi une Lettre pour vous à la poste de Rotterdam ; j'atendrai une Lettre de vous à Bruxelles, que le Maître de la Poste me fera tenir ; envoïez-moi vos Lettres pour Mr. votre Pere & Mr. votre Oncle, par le présent porteur. Si le Fêvre ne peut pas te porter cette Lettre, confie-toi à celui que j'envoïerai ; remets-lui le Paquet & les Lettres. Adieu, ma chére..... si tu m'aimes, consoles-toi ; songes que nous réparerons bien les maux de l'absen-

ce;

ce; cédons à la nécessité. On peut nous empêcher de nous voir; mais jamais de nous aimer. Je ne trouve point de terme assez fort pour t'exprimer mon amour; je ne sai même si je dévrois t'en parler; puisqu'en t'en parlant, je ne fais sans doute que t'atrister, au lieu de te consoler. Juge du desordre où est mon cœur, par le desordre de ma Lettre; mais malgré ce triste état, je fais un éfort sur moi; imite-moi, si tu m'aimes. Adieu, encor une fois, ma chére Maîtresse. Adieu, ma belle.... je ne pourrai point vivre à Paris, si je ne t'y vois bien-tôt. Songes à dater toutes tes Lettres. A***.

LETTRE VII.*

JE vous écris encor une fois, ma pauvre..... pour vous demander pardon de vous avoir grondée ce matin, & pour vous gronder encor mieux ce soir, au hazard de vous demander pardon demain. Quoi! vous voulez parler à M. L....? Eh ne savez-vous pas que ce qu'il craint le plus, c'est de paraître favoriser votre retraite? Il craint votre Mere; il veut ménager les E.... Vous devez vous-même craindre les uns & les autres, & ne point vous exposer d'un côté à être enfermée, & de l'autre à recevoir un afront. Le Fêvre m'a raporté que votre Mere..... & que vous êtes malade; le cœur m'a saigné à ce recit. Je suis coupable de tous vos malheurs; & quoique je les partage avec vous, vous n'en souffrez pas moins. C'est une chose bien triste pour moi, que mon amour ne vous ait encor produit qu'une source de chagrins: le triste état où je suis réduit moi-même ne me permet pas de vous donner aucune consolation; vous devez la trou-

* Ce Dimanche au soir 10. Décembre 1713.

trouver dans vous-même. Songez que vos peines finiront bien-tôt, & tâchez du moins à adoucir la maligne férocité de votre mere. Représentez-lui doucement qu'elle vous fera mourir. Ce discours ne la touchera pas ; mais il faudra qu'elle paroisse en être touchée. Ne lui parlez jamais de moi, ni de la France, ni de Mr. L.... sur-tout gardez-vous de venir à l'h... ma chére..... suivez mes conseils une fois, vous prendrez votre revanche le reste de ma vie, & je ferai toujours vœu de vous obéir. Adieu, mon cher cœur, nous sommes tous deux dans des circonstances fort tristes ; mais nous nous aimons ; voilà la plus douce consolation que nous puissions avoir. Je ne vous demande pas votre Portrait ; je serois trop heureux, & je ne dois pas l'être, tandis que vous êtes malheureuse. Adieu, mon cher cœur, aimez-moi toujours ; informez-moi de votre santé. A***.

LETTTE

LETTRE VIII.*

JE ne sais que d'hier, ma chére, que vous êtes malade : ce sont-là les suites des chagrins que je vous ai causez. Quoi ! je suis cause de vos malheurs, & je ne puis les adoucir ! Non, je n'ai jamais senti de douleur plus vive & plus juste : je ne sai pas quelle est votre maladie ; tout augmente ma crainte ; vous m'aimez, & vous ne m'écrivez point ; je juge de-là que vous êtes malade véritablement. Quelle triste situation pour deux Amans ; l'un au lit, & l'autre prisonnier ! Je ne puis faire autre chose pour vous que des souhaits, en atendant votre guérison & ma liberté. Je vous prierois de vous bien porter, s'il dépendoit de vous de m'acorder cette grace ; mais du moins il dépend de vous de songer à votre santé ; & c'est le plus grand plaisir que vous me puissiez faire. Je ne vous ai point écrit de Lettres où je ne vous aïe recommandé cette santé qui m'est si chére. Je suporterai toutes mes peines avec joïe, si vous pouvez un peu prendre

* Ce mercredi au soir.

dre le dessus de toutes les vôtres. Mon départ est reculé encor; Mr. de M..... qui vient actuellement dans ma chambre, m'empêche de continuer ma Lettre. Adieu, ma belle Maîtresse. Adieu, mon cher cœur. Puissiez-vous être aussi heureuse toute votre vie, que je suis malheureux maintenant. Adieu, ma chére; tâche de m'écrire. A***.

LETTRE IX.*

Est-il possible, ma chére Maîtresse, que je ne puisse du moins jouïr de la satisfaction de pleurer au pié de votre lit, & de baiser mille fois vos belles mains, que j'arroserois de mes larmes; je saurois du moins à quoi m'en tenir sur votre maladie; car vous me laissez là-dessus dans une triste incertitude. J'aurois la consolation de vous embrasser en partant & de vous dire adieu, jusqu'au tems où je pourrai vous voir à Paris. On vient de me dire qu'enfin c'est pour demain; je m'atens pourtant encor à quelque délai. Après-tout, en quelque-tems que je parte, vous recevrez toujours de moi une Lettre datée de Rotterdam, dans laquelle je vous manderai bien des choses de conséquence; mais dans laquelle je ne pourrai pourtant vous exprimer mon amour comme je le sens. Je partirai dans de cruelles inquiétudes, que vos Lettres adouciront à leur ordinaire. Je vous ai mandé dans ma derniére Lettre, que je ne m'ocupois que du plaisir

* Ce samedi au soir.

de penser à vous ; cependant j'ai lû hier & aujourd'hui les Lettres G... de M. D... son style m'a quelquefois fait oublier...... Je suis à présent bien convaincu qu'avec beaucoup d'esprit on peut être bien.... J'ai été très-content du premier Tome qui offre bien du prix à ses cadets. On remarque, sur-tout dans les quatre derniers, un Auteur qui est lassé d'avoir la plume à la main, & qui court au grand galop à la fin de l'Ouvrage ; j'ai imité l'Auteur en cela, & je me suis dépêché d'achever. J'ai reconnu le portrait de B. c'est un des plus mauvais endroits de tout l'Ouvrage : mais, en vérité, il me semble que je parle un peu trop des personnes que je haïs ; je ne dévrois parler que de celles que j'adore. Que je vous sai bon gré, mon cher cœur, d'avoir pris le bon de votre Mere, & d'en avoir laissé le mauvais ; mais que je vous saurai bien meilleur gré lorsque vous la quitterez entiérement, & que vous abandonnerez un païs que vous ne devez plus regarder qu'avec horreur. Peutêtre dans le tems que je vous parle de voïage, n'êtes-vous guéres en état d'en faire ; peut-être êtes-vous actuellement souffrante dans votre lit, &..... qu'il vaudroit bien mieux que je fusse dans votre chambre au lieu d'elle ; mes tendres baisers vous en convaincroient ; ma bouche seroit collée sur la vôtre. Je vous demande pardon, ma belle.... de vous parler avec

avec cette liberté; ne prenez mes expressions que comme un excès d'amour, & non comme un manque de respect. Ha, je n'ai plus qu'une grace à vous demander, c'est que vous aïez soin de votre santé, & que vous m'en disiez des nouvelles. Adieu, mon cher cœur, voilà peut-être la derniére Lettre que je daterai de la H...; je vous jure une constance éternelle; vous seule pouvez me rendre heureux; & je suis trop heureux déja, quand je me remets dans l'esprit les tendres sentimens que vous avez pour moi; mon amour les mérite; je me rends avec plaisir ce témoignage; je connois trop bien le prix de votre cœur pour ne vouloir pas m'en rendre digne. Adieu, mon adorable.... Adieu, ma chére.... si l'on pouvoit écrire des baisers, je vous en enverrois une infinité par le Courier. Je baise, au lieu de vous, vos précieuses Lettres, où je lis ma félicité. Adieu, mon cher cœur. A***.

LETTRE

LETTRE X.*

J E suis parti hier lundi à huit heures du matin avec Mr. de M. Le Fêvre nous acompagna jusqu'à Rotterdam, où nous prîmes un Yacht, qui doit nous conduire à Anvers ou à Gand. Je n'ai pû vous écrire de Rotterdam, & le Fêvre s'est chargé de vous donner de mes nouvelles. Je pars sans vous voir, ma chére, & le chagrin dont je suis rongé actuellement est aussi grand que mon amour. Je vous laisse dans la situation du monde la plus cruelle ; je connois tous vos malheurs mieux que vous, & je les regarde comme les miens, d'autant plus que vous les méritez moins. Si la certitude d'être aimé peut servir de quelque consolation, nous devons un peu nous consoler tous deux ; mais que nous servira le bonheur de nous aimer, sans celui de nous voir ? C'est alors que je pourrois me regarder comme le plus heureux de tous les hommes. Comme j'aime votre vertu autant que vous, n'aïez aucun scrupule sur le retour que vous devez
à ma

* Du fond d'un Yacht, ce 19. Décembre 1713.

à ma tendresse; je fais humainement tout ce que je puis pour vous tirer du comble du malheur où vous êtes; n'allez pas changer de résolution, vous en seriez cruellement punie en restant dans le païs où vous êtes. Le desir que j'ai de vous procurer le sort que vous méritez, me force à vous parler ainsi; quelque part que je sois, je passerai des jours bien tristes, si je les passe sans vous; mais je menerai une vie bien plus misérable, si la seule personne que j'aime reste dans le malheur. Je crois que vous avez pris une ferme résolution que rien ne peut changer; l'honneur vous engage à quitter la Hollande. Que je suis heureux, que l'honneur se trouve d'accord avec l'amour; écrivez-moi à Paris, à mon adresse, tous les ordinaires; mandez-moi les moindres particularitez qui vous regarderont; ne manquez pas à m'envoier, dans la premiére Lettre que vous m'écrirez, une autre Lettre, s'adressant à moi, dans laquelle vous me parlerez comme à un Ami, & non comme à un Amant; vous y ferez succintement la peinture de tous vos malheurs; que votre vertu y paroisse dans tout son jour, sans affectation; enfin servez-vous de tout votre esprit pour m'écrire une Lettre que je puisse montrer à tous ceux à qui je serai obligé de parler de vous; que notre tendresse cependant ne perde rien à tout cela; & si dans cette Lettre,

dont

dont je vous parle, vous ne me parlez que d'eſtime, marquez-moi dans l'autre tout l'amour que le mien mérite; ſur-tout informez-moi de votre chére ſanté, pour laquelle je tremble; vous aurez beſoin de toute votre force pour ſoutenir les fatigues du voïage ſur lequel je conte; & il faudra, ou que Monſieur votre Pere ſoit auſſi fou que Monſieur B. ou que vous reveniez en France joüir du bien-être que vous méritez; mais je me fais déja les idées les plus agréables de votre ſéjour à Paris : vous ſeriez bien cruelle envers vous & envers moi, ſi vous trompiez mes eſpérances; mais non, vous n'avez pas beſoin d'être fortifiée dans vos bons ſentimens; & au regret près d'être ſéparé de vous pour quelque-tems, je n'ai point à me plaindre. La premiére choſe que je ferai en arrivant à Paris, ce ſera de mettre le Pere Tourmine dans vos intérêts, enſuite je rendrai vos Lettres; je ſerai obligé d'expliquer à mon Pere le ſujet de mon retour, & je me flâte qu'il ne ſera pas tout-à-fait fâché contre moi, pourvû qu'on ne l'ait point prévenu; mais quand je dévrois encourir toute ſa colére, je me croirois toujours trop heureux, lorſque je penſerai que vous êtes la perſonne du monde la plus aimable, & que vous m'aimez. Je n'ai point paſſé dans ma petite vie de plus doux momens, que ceux où vous m'avez juré que vous répondériez à

ma

ma tendresse : continuez-moi ces sentimens autant que je les mériterai, & vous m'aimerez toute votre vie. Cette Lettre-ci vous viendra, je crois, par Gand, où nous devons aborder. Nous avons un beau tems & un bon vent, & par-dessus cela de bon vin, de bons pâtez & de bons jambons, & de bons lits. Nous ne sommes que nous deux, Mr. de M... & moi, dans un grand Yacht; il s'ocupe à écrire, à manger, à boire & à dormir, & moi à penser à vous. Je ne vous vois point, & je vous jure que je ne m'aperçois point que je suis dans la compagnie d'un bon pâté & d'un homme d'esprit. Ma chére.... me manque; mais je me flâte qu'elle ne me manquera pas toujours, puisque je ne voïage que pour vous faire voïager vous-même. N'allez pas prendre pourtant exemple sur moi; ne vous afligez point, & joignez à la faveur que vous me faites de m'aimer, celle de me faire espérer que je vous verrai bientôt : encor un coup, écrivez-moi tous les ordinaires; & si vous êtes sage, brûlez mes Lettres, & ne m'exposez point une seconde fois au chagrin de vous voir maltraitée pour moi : ne vous exposez point aux fureurs de votre Mere; vous savez de quoi elle est capable. Hélas ! vous ne l'avez que trop expérimenté : dissimulez avec elle, c'est le seul parti qu'il y a à prendre; dites, ce que j'espére que vous ne ferez jamais, dites que vous m'avez

ou-

oublié; dites que vous me haïssez, & aimez-m'en davantage; conservez votre santé & vos bonnes intentions. Plût au Ciel que vous fussiez déja à Paris. Ha! que je me récompenserois bien alors de notre cruelle séparation. Ma chére.... vous aurez toujours en moi un véritable Amant & un véritable Ami. Qu'on est heureux quand on peut unir ces deux titres, qui sont garants l'un de l'autre. Adieu, mon adorable.... écrivez-moi dès que vous aurez reçu ma Lettre, & adressez la vôtre à Paris; sur-tout ne manquez pas à m'envoïer celle que je vous demande au commencement de celle-ci; rien n'est plus essentiel. Je crois que vous êtes à present en état d'écrire; & comme on se persuade ce qu'on souhaite, je me flâte que votre santé est rétablie. Hélas! votre maladie m'a privé du plaisir de recevoir de vos nouvelles; réparons vîte le tems perdu. Adieu, mon cher cœur, aimez-moi autant que je vous aime; si vous m'aimez, ma Lettre est bien courte. Adieu, ma chére Maîtresse, je vous estime trop pour ne pas vous aimer toujours. A***.

LETTRE

LETTRE XI.*

JE suis parti de la Haye avec Mr. de M... le lundi dernier à huit heures du matin; nous nous embarquâmes à Rotterdam, où il me fut absolument impossible de vous écrire. Je chargeai le Fêvre de vous instruire de mon départ; au lieu de prendre la route d'Anvers, où j'atendois une de vos Lettres, nous prîmes celle de Gand; je mis donc à Gand une Lettre pour vous à la poste, à l'adresse de Madame de Santoc de Maisan. J'arrivai à Paris la veille de Noël. La premiére chose que j'ai fait a été de voir le P. Tournemine. Ce Jésuite m'avoit écrit à la Haye le jour que j'en partis: il fait agir pour vous M. l'Evêque d'Evreux, votre parent; je lui ai mis entre les mains vos trois Lettres, & on dispose actuellement Monsieur votre Pere à vous revoir bien-tôt: voilà ce que j'ai fait pour vous; voici mon sort actuellement. A peine suis-je arrivé à Paris, que j'ai apris que Mr. L**. avoit écrit à mon Pere contre moi une Let-

---

* Ce jeudi matin 28. Décembre 1713.

GALANTES. 255

Lettre fanglante; qu'il lui avoit envoïé les Lettres que Madame votre Mere lui avoit écrites; & qu'enfin mon Pere a une Lettre de Cachet pour me faire enfermer. Je n'ofe me montrer; j'ai fait parler à mon Pere; tout ce qu'on a pu obtenir de lui a été de me faire embarquer pour les Ifles; mais on n'a pu le faire changer de réfolution fur fon Teftament qu'il a fait, dans lequel il me deshérite. Ce n'eft pas tout, depuis plus de trois femaines je n'ai point reçu de vos nouvelles; je ne fai fi vous vivez, & fi vous ne vivez point bien malheureufement; je crains que vous ne m'aïez écrit à l'adreffe de mon Pere, & que votre Lettre n'ait été ouverte par lui. Dans de fi cruelles circonftances, je ne dois point me prefenter à Meffieurs vos Parens; ils ignoreront tous que c'eft par moi que vous revenez en France; & c'eft actuellement le Pere Tournemine qui eft entiérement chargé de votre afaire. Vous voïez à prefent que je fuis dans le comble du malheur, & qu'il eft abfolument impoffible d'être plus malheureux, à moins que d'être abandonné de vous. Vous voïez, d'un autre côté, qu'il ne tient plus qu'à vous d'être heureufe; vous n'avez plus qu'un pas à faire. Partez, dès que vous aurez reçu les ordres de Monfieur votre Pere; vous ferez aux Nouvelles-Catholiques avec Madame C***. Il vous fera aifé de vous faire chérir de toute votre Famille, de gagner entiére-

Tome V. M ment

ment l'amitié de Mr. votre Pere, & de vous faire à Paris un fort heureux. Vous m'aimez, ma chére, vous savez combien je vous aime; certainement ma tendresse mérite du retour; j'ai fait ce que j'ai pu pour vous remettre dans votre bien-être. Je me suis plongé, pour vous rendre heureuse, dans le plus grand des malheurs; vous pouvez me rendre le plus heureux de tous les hommes. Pour cela, revenez en France, rendez-vous heureuse vous-même, alors je me croirai bien-récompensé; je pourrai en un jour me racommoder entiérement avec mon Pere, alors nous joüirons en liberté du plaisir de nous voir; je me represente ces momens heureux, comme la fin de tous nos chagrins, & comme le commencement d'une vie douce & aimable, telle que vous devez la mener à Paris. Si vous avez assez d'inhumanité pour me faire perdre le fruit de tous mes malheurs, & pour vous obstiner à rester en Hollande, je vous promets bien sûrement que je me tuerai à la premiére nouvelle que j'en aurai; dans le triste état où je suis, vous seule pouvez me faire aimer la vie. Mais, hélas! je me parle ici de mes maux, tandis que peut-être vous êtes plus malheureuse que moi. Je crains tout pour votre santé; je crains tout de votre Mere; je me forme là-dessus des idées affreuses. Au nom de Dieu éclaircissez-moi: mais, hélas! je crains même que vous ne receviez

pas

pas ma Lettre. Ha! que je fuis malheureux, mon cher cœur, & que mon cœur eſt livré à une profonde & juſte triſteſſe. Peut-être m'avez-vous écrit à Anvers ou à Bruxelles; peut-être m'avez-vous écrit à Paris; mais enfin depuis trois femaines je n'ai point reçu de vos nouvelles; écrivez-moi tout le plutôt que vous pourrez à Mr. du Tilly, ruë Maubué, à la roſe rouge. Ecrivez-moi une Lettre bien longue, qui m'inſtruiſe bien ſûrement de votre fituation. Nous fommes tous deux bien malheureux; mais nous nous aimons; une tendreſſe mutuelle eſt une confolation bien douce; jamais amour ne fut égal au mien, parce que perſonne ne mérite jamais mieux que vous d'être aimée; fi mon fincére atachement peut vous confoler, je fuis confolé moi-même. Une foule de réflexions fe prefente à mon efprit; je ne puis les mettre ſur le papier; la triſteſſe, la crainte, l'amour m'agitent violemment; mais j'en reviens toujours à me rendre le fecret témoignage que je n'ai rien fait contre l'honnête-homme, & cela me fert beaucoup à me faire fuporter mes chagrins; je me fuis fait un vrai devoir de vous aimer; je remplirai ce devoir toute ma vie; vous n'aurez jamais aſſez de cruauté pour m'abandonner, ma chére.... ma belle Maîtreſſe, mon cher cœur, écrivez-moi bien-tôt, ou plutôt ſur

le champ : dès que j'aurai vû votre Lettre, je vous manderai mon sort ; je ne sai pas encor ce que je deviendrai ; je suis dans une incertitude affreuse ; sur-tout, je sai seulement que je vous aime. Ah ! quand pourrai-je vous embrasser, mon cher cœur?
A***.

LETTRE XII.

DEPUIS que je suis à Paris, j'ai été moi-même à la grande Poste tous les jours, afin de retirer vos Lettres; que je craignois qui ne tombassent entre les mains de mon Pere; enfin je viens d'en recevoir une ce mardi au soir second Janvier; elle est datée de la Haye du 28. Décembre, & j'y fais réponse sur le champ. J'ai baisé mille fois cette Lettre, quoique vous ne m'y parliez pas de votre amour; il sufit qu'elle vienne de vous pour qu'elle me soit infiniment chére: je vous prouverai pourtant par ma réponse, que je ne suis pas si politique que vous le dites; je ne vous apellerai point Madame, comme vous m'apellez Monsieur; je ne puis que vous nommer ma chére, & si vous vous plaignez de mon peu de politesse, vous ne vous plaindrez pas de mon peu d'amour. Comment pouvez-vous soupçonner cet amour qui ne finira qu'avec moi? Et comment pouvez-vous me reprocher ma négligence? Ce seroit bien à moi à vous gronder, puisqu'aussi-bien je renonce à la politesse, ou plutôt je suis bien malheureux que vous n'aïez pas reçû deux Lettres que je vous écrivis ; l'une de Gand , & l'autre de Paris. Ne seriez-vous point vous-même assez négligente pour n'avoir point retiré ces Lettres ; & si vous les avez vûës, vous condannerez bien vos reproches & vos soupçons ; vous y aurez lû que je suis plus malheureux que vous , & que je vous aime plus que vous ne m'aimez ; vous aurez apris que Mr. Ch. écrivit à mon Pere, déja irrité contre moi , une Lettre, telle qu'il n'en écriroit point contre un scélérat. J'arrivai à Paris dans le tems que sur la foi de cette Lettre mon Pere avoit obtenu une Lettre-de-Cachet pour me faire enfermer, après m'avoir deshérité. Je me suis caché pendant quelques jours, jusqu'à ce que mes amis l'aïent un peu apaisé ; c'est-à-dire, l'aïent engagé à avoir du moins la bonté de m'envoïer aux Isles , avec du pain & de l'eau. Voilà tout ce que j'ai pu obtenir de lui, sans avoir pu même le voir. J'ai emploïé les momens où j'ai pu me montrer en Ville , à voir le P. Tournemine , & je lui ai remis les Lettres dont vous m'avez chargé ; il engage l'Evêque d'Evreux dans vos intérêts ; pour moi je me donnerai bien de garde que votre Famille puisse seulement soupçonner que je vous connois, cela gâteroit tout, & vous savez que votre intérêt seul me fait agir. Je ne m'arrête point à me plaindre inutilement de l'imprudence avec laquelle nous

avons

avons tous deux agi à la Haye ; c'eſt cette imprudence qui ſera cauſe de bien des maux : mais enfin cette faute eſt faite, & l'excuſe peut ſeule la réparer ; je vous ai déja dit dans mes Lettres, que la conſolation d'être aimé fait oublier tous les chagrins ; nous avons l'un & l'autre trop beſoin de conſolation pour ne nous pas aimer toujours. Il viendra peut-être un tems où nous ſerons plus heureux ; c'eſt-à-dire, où nous pourrons nous voir. Cédons à la néceſſité, & écrivons-nous bien réguliérement, vous à Mr. du Tilly, ruë Maubué, à la roſe rouge, & moi à Madame Bonnet. Je vous donnerai peut-être bien-tôt une autre adreſſe pour moi ; car je crois que je partirai inceſſamment pour Breſt ; ne laiſſez pourtant pas de m'écrire à Paris ; mandez-moi les moindres particularitez qui vous regardent ; mandez-moi vos ſentimens, ſur-tout, & ſoïez perſuadée que je vous aimerai toujours, ou je ferai le plus malheureux de tous les hommes. Vous ſavez bien, ma chére... que mon amour n'eſt point du genre de celui de la plûpart des jeunes gens, qui ne cherchent en aimant qu'à contenter la débauche & leur vanité ; regardez-moi comme un Amant ; mais regardez-moi comme un Ami véritable. Ce mot renferme tout ; l'éloignement des lieux ne changera rien à mon cœur. Si vous me croïez, je vous demande pour prix de ma tendreſſe une Lettre de huit pages, écrites menu : j'oubliois à vous dire que les deux que vous n'avez point reçuës, sont à l'adresse de Madame de Santoc de Maisan, à la Haye : récrivez-moi sur le champ, afin que si vous avez quelques ordres à me donner, votre Lettre me trouve encor à Paris, prêt à les exécuter ; je me réserve comme vous à vous mander certaines choses, lorsque j'aurai reçu votre réponse. Adieu, ma belle Maîtresse, aimez un peu un malheureux Amant, qui voudroit donner sa vie pour vous rendre heureuse. Adieu, mon cœur. A***.

LETTRE

LETTRE XIII.*

J'AI reçu, ma chére.... votre Lettre du premier de ce mois, par laquelle j'ai apris votre maladie : il ne me manquoit plus qu'une telle nouvelle pour achever mon malheur ; & comme un mal ne vient jamais seul, les embarras où je me suis trouvé m'ont privé du plaisir de vous écrire la semaine passée. Vous me demanderez quel est cet embarras, c'étoit de faire ce que vous m'avez conseillé ; je me suis mis en pension chez un Procureur, afin d'aprendre le métier de Robin auquel mon Pere m'a destiné, & je crois par-là regagner son amitié. Si vous m'aimiez autant que je vous aime, vous vous rendriez un peu à mes priéres, puisque j'obéis si bien à vos ordres ; me voilà fixé à Paris pour long-tems : est-il possible que j'y serai sans vous ? Ne croïez pas que l'envie de vous voir ici n'ait pour but que mon plaisir : je regarde votre intérêt plus que ma satisfaction, & je crois que vous en êtes bien persuadée ; songez par combien de raisons la Hollande

* A Paris le 20. Janvier 1714.

lande doit vous être odieuse. Une vie douce & tranquille à Paris n'est-elle pas préférable à la compagnie de Madame votre Mere? Et des biens considérables dans une belle Ville, ne valent-ils pas mieux que la pauvreté à la Haye? Ne vous piquez pas là-dessus de sentimens que vous nommez Héroïques: l'intérêt ne doit jamais, je l'avouë, être assez fort pour faire commettre une mauvaise action; mais aussi le désintéressement ne doit pas empêcher d'en faire une bonne lorsqu'on y trouve son compte. Croïez-moi, vous méritez d'être heureuse; vous êtes faite pour briller par-tout; on ne brille point sans biens, & on ne vous blâmera jamais lorsque vous jouïrez d'une bonne fortune, & vos calomniateurs vous respecteront alors; enfin vous m'aimez, & je ne serois pas retourné en France, si je n'avois cru que vous me suivriez bien-tôt: vous me l'avez promis; & vous qui avez de si beaux sentimens, vous ne trahirez pas votre promesse. Vous n'avez qu'un moïen pour revenir; M. le Normand, Évêque d'Evreux en Normandie, est je croi votre Cousin; écrivez-lui, & que la Religion & l'amitié pour votre Famille soient vos deux motifs auprès de lui; insistez, sur-tout, sur l'article de la Religion; dites-lui que le Roi souhaite la conversion des Huguenots, & qu'étant Ministre du Seigneur & votre Parent, il doit, par toutes

sortes

fortes de raisons, favoriser votre retour; conjurez-le d'engager Monsieur votre Pere dans un dessein si juste; marquez-lui que vous voulez vous retirer dans une Communauté; non comme Religieuse pourtant, je n'ai garde de vous le conseiller; ne manquez pas à le nommer Monseigneur l'Evêque d'Evreux, à Evreux en Normandie; je vous manderai le succès de la Lettre, que je saurai par le P. Tournemine. Que je serois heureux, si après tant de traverses, nous pouvions nous revoir à Paris; le plaisir de vous voir répareroit mes malheurs; & si ma fidélité peut réparer les vôtres, vous êtes sûre d'être consolée. En vérité ce n'est qu'en tremblant que je songe à tout ce que vous avez souffert, & j'avouë que vous aviez besoin de consolation. Que ne puis-je vous en donner, en vous disant que je vous aimerai toute ma vie. Ne manquez pas, je vous en conjure, d'écrire à l'Evêque d'Evreux; cela, le plûtôt que vous pourrez : mandez-moi comment vous vous portez depuis votre maladie, & écrivez-moi à M. de St. Fort, chez M. Alain Procureur au Châtelet, ruë Pavé-Saint-Bernard. Adieu, ma chére.... vous savez que je vous aimerai toujours. A***.

LETTRE XIV.*

MA chére... toutes les fois que vous ne m'écrivez point, je m'imagine que vous n'avez point reçu mes Lettres; car je ne peux croire que l'éloignement des lieux ait fait sur vous ce qu'il ne peut pas faire sur moi; & comme je vous aime toujours, je me persuade que vous m'aimez encor. Eclaircissez-moi donc de deux choses; l'une, si vous avez reçu mes deux derniéres Lettres, & si je suis encor dans votre cœur; mandez-moi, sur-tout, si vous avez reçu ma derniére, que je vous écrivis le 12. de Janvier, dans laquelle il étoit parlé de l'Evêque d'Evreux, & d'autres personnes, dont j'ai hazardé les noms; mandez-moi quelque chose de certain par votre réponse à cette Lettre; sur-tout instruisez-moi, je vous conjure, de l'état de votre santé & de vos afaires; adressez votre Lettre à Mr. le Chevalier de St. Fort, chez M. Alain Procureur, près les degrez de la Place-Maubert. Que votre Lettre soit plus longue que la mienne; je trouverai toujours plus de plaisir à lire une de vos Lettres de quatre pages, que vous n'en aurez à en lire de moi une de deux lignes. A***.

* A Paris le 10. Février 1714.

NOUVELLE.

Fragment de Mr. de V..... trouvé dans ses Papiers, écrit de sa main.

LA fille de la Comtesse de B... commençoit à être belle, & sa mere à cesser de l'être; mais comme la Comtesse vouloit le paraître encor, elle tenoit toujours sa fille dans l'Abaïe de Fontevrault, où elle étoit élevée dans tous les préjugez dont on a coûtume de remplir les jeunes personnes; le soin de son éducation n'étoit pourtant pas entièrement abandonné aux Religieuses du Couvent. Un de ses parens, homme d'Eglise, & qui faisoit sa résidence dans son Abaïe, voisine de celle de Fontevrault, la venoit voir très-souvent, & avoit même permission de la faire venir chez lui quelquefois: c'étoit un homme, qui joignoit à une érudition profonde, tous les agrémens de l'esprit. Il avoit été élevé à la Cour: mais il n'avoit d'un Courtisan que la politesse. Il réunissoit les vertus qui font les Saints, & des qua-
litez

litez qui font les grands hommes. Il étoit d'une taille noble, & son visage majestueux. On se sentoit saisi de respect en le voïant; mais dès qu'il parloit, on commençoit à l'aimer. Il avoit une éloquence touchante; un son de voix qui alloit au cœur. Tant de talens, si propres pour séduire, n'étoient emploïez que pour persuader la vérité & la vertu. Retiré depuis long-tems dans son Abaïe, sa réputation remplissoit malgré lui tout le Roïaume: enfin il sembloit que nôtre siécle eut dérobé un si grand homme aux premiers siécles de l'Eglise. Il avoit vû naître Mademoiselle de B..... & comme il lui avoit remarqué dans son enfance des semences d'esprit, il avoit résolu de les cultiver; il prit un soin particulier de son éducation, tout le tems qu'elle fut dans le Convent. Insensiblement le progrès qu'elle fit, par ses leçons, la lui rendit plus chére: elle lui tenoit lieu de fille; & s'il n'avoit voulu dans la suite d'autre prix de ses soins, que la perfection de son éleve, *jamais Maître n'eut été mieux récompensé.*

Mademoiselle de B... étoit dans sa dix-septiéme année, & dans l'éclat brillant d'une beauté parfaite; le Convent, par conséquent, lui devenoit insuportable, & elle avoit même besoin de toute sa reconnoissance pour ne pas s'ennuïer quelquefois avec l'Abé.

Elle n'avoit d'autre douceur dans sa retraite,

te, que de la quiter quelquefois pour aller à l'Abaïe de son parent.

Dans un de ses voïages qu'elle y fit, ce grand homme monta chez elle plutôt que de coutume; elle dormoit encor: la chaleur insuportable de la saison l'obligeoit à se mettre nuë; elle étoit dans une situation à faire tourner la tête à un Pere de l'Eglise.

Il est impossible d'exprimer ce qui se passa dans le cœur de l'Abé. Il sentit des mouvemens aussi inconnus pour lui, que les beautez qu'il découvroit; & trente ans d'une vertu auſtére ne tinrent pas contre un moment de la vûë de tant de charmes. Il se sentit ennivré, malgré lui, d'une passion furieuse dans sa naissance; & le fatal aspect de Mademoiselle de B... le rendit si coupable en un instant, qu'il sortit de la chambre avec déja des remords.

Tandis que Mademoiselle de B... dormoit encor, le malheureux Abé, retourné dans son apartement, étoit dans une agitation horrible; il voulut faire des réflexions; mais la victoire ne fut pas douteuse, entre ses réflexions & son amour. Son heure fatale étoit venuë, & il falloit qu'il donnât un exemple de foiblesse aussi grand que ceux qu'il avoit donné de vertus.

Malheureusement pour lui l'espérance se glissa dans son cœur; il se flâta que le respect & la docilité que la Demoiselle avoit pour lui,

lui, pourroient lui tenir lieu d'amour; il crût même qu'il étoit juste qu'il recueillit les prémices de ce qu'il avoit cultivé avec tant de soin. Pour comble d'humiliation, il fallut se résoudre à être hipocrite, afin de réussir dans ses desseins. Il monte dans la chambre de la jeune de B… qui étoit à sa toilette, ignorant tout le mal qu'elle avoit fait. Quand ils furent seuls, il commença en ces termes. *Le tems de vôtre établissement viendra bien-tôt; je ne serai plus le maître de vôtre conduite, ni peut-être le témoin. Il faut enfin vous donner des conseils dignes de vôtre esprit & de vôtre âge, & par conséquent il n'est rien que je ne doive vous aprendre. Je ne prétens point imposer à vôtre jeunesse le joug d'une austérité trop rude; & après avoir passé dix années à vous instruire de vos devoirs, il est juste d'emploïer du moins quelques momens à vous parler de vos plaisirs.*

A ces paroles, qu'il prononçoit en tremblant & avec émotion, ils rougirent l'un & l'autre, parce qu'elle ne les comprenoit pas encor; & l'Abé, parce qu'il se préparoit à les expliquer. *La nature*, continua-il, *vous donne des goûts, qui indiférents par eux-mêmes, ne deviennent criminels que par les circonstances où on les satisfait. Vous pourriez, par exemple, faire aujourd'hui, sans perdre vôtre innocence, ce qui dans un autre tems vous rendroit coupable. Maîtresse de vous-même, vous n'êtes liée par aucun enga-*

engagement ; enfin il vous eſt permis de donner des faveurs, quand vous n'êtes pas encor ſoumiſe à une loi qui vous ordonne de les garder pour un ſeul homme.

Mademoiſelle de B.... qui baiſſoit les yeux, demanda ce que tout cela vouloit dire. *Cela veut dire*, pourſuivit l'Abé, en ſe jettant à ſes genoux, *cela veut dire que je vous adore, & que vous êtes la plus ingrate perſonne qui ſoit au monde. Faut-il que vous oubliez la tendreſſe avec laquelle je vous ai élevée ?* Je me ſouviendrai toujours de vos bontez, lui répondit-elle; mais je me ſouviendrai auſſi des leçons de vertu que j'ai reçû de vous. Elle ſortit, après avoir proféré ces paroles, & laiſſa le malheureux Abé mourant de honte & de déſeſpoir; elle partit auſſi-tôt pour ſon Convent.

Tout ce qui ſe paſſoit alors dans l'eſprit de l'Abé étoit extrême ; il ſembloit qu'un pouvoir inconnu voulut lui faire perdre en un jour tout le fruit d'une vie ſainte, pour le mettre au niveau des autres hommes. Il eut envie de courir après Mademoiſelle de B... & d'avoir par la force, ce qu'il déſeſpéroit d'obtenir par ſes ſoins. Mais enfin un raïon de ſon ancienne vertu venant à percer à travers les nuages dont ſa raiſon étoit obſcurcie, il ſe regarda lui-même avec exécration. Il vit le comble d'humiliation où il étoit parvenu ; il voulut finir ſa vie, jugeant bien, par ſa fu-

reur,

reur, qu'il ne pouvoit plus la conferver que pour des crimes. Il étoit dans ce trifte état, lorfqu'on lui aporta la nouvelle qu'il étoit nommé à l'Evêché de ✻✻✻. *Hélas !* dit-il, *on me donne des honneurs, lorfque je commence à en être indigne.*

Cependant comme il avoit déja donné entrée dans fon cœur à une paffion, il étoit ouvert à toutes les autres. L'ambition le confola des refus qu'il avoit effuïez. Il accepta avec tranfport, une dignité qu'il auroit refufé deux jours auparavant. Il partit fans voir fa parente. Il crut que l'éloignement, & les foins de l'Epifcopat, le guériroient d'une paffion fi déraifonnable, & lui rendroient fa vertu, qu'il avoit perdu malgré lui.

Mais à peine avoit-il pris poffeffion de fon Diocèfe, que Madame la Comteffe de B... maria fa fille au Comte de la M... qui demeuroit à Paris, & dont l'Hôtel touchoit à celui de l'Evêque.

Cette alliance avoit été concluë, comme beaucoup d'autres, fans confulter le choix de ceux qui y étoient les plus intereffez ; & Mademoifelle de B... fe vit condannée à paffer fa vie avec un homme qu'elle n'avoit jamais vû ; mais elle ne fut pas la feule à qui ce mariage fit de la peine ; il donna le dernier coup au malheureux Evêque, qui fut obligé de faire la cérémonie lui-même, & de mettre fa

Maîtreffe

Maîtresse dans les bras du Comte de la M...

Le principal mérite du Comte, étoit une grande naissance. C'étoit un homme dont on ne pouvoit rien dire, & qui n'étoit extraordinaire que par la jalousie qu'il eut toûjours de sa femme.

Plus d'une personne s'ofrit à justifier les craintes du Comte. Le nouveau Prélat fut du nombre. Le danger l'étoit venu chercher; il y succomba sans résistance. Il parla de son amour; mais il n'en parla plus en tremblant, ni la rougeur sur le front comme autrefois. Il s'étoit familiarisé avec sa passion; & d'ailleurs l'exemple de tant de ses Confréres lui donnoit un peu de hardiesse. Il venoit quelquefois pleurer, en camail & en rochet, aux pieds de Madame la Comtesse. Mais s'il n'avoit pû réussir auprès d'elle, dans le tems qu'elle ne connoissoit encor d'autre homme que lui, il n'y avoit guéres d'aparence qu'il put lui plaire dès qu'elle eut vû le Chevalier de D.....

C'étoit une de ces figures faites uniquement pour plaire; l'objet de plus d'une sorte de passion : il faisoit des rivaux dans l'un & l'autre sexe; & il n'y avoit rien de si beau & de si gracieux que lui dans la nature, si ce n'étoit la Comtesse.

La première fois qu'ils se virent, ils furent étonnez l'un de l'autre; & quelque-tems après,

après, la surprise se changea en amour. La Comtesse n'étoit point de ces femmes, dont l'imagination fait tous les sentimens, qui n'ont des intrigues que pour le plaisir d'en avoir; elle aima véritablement le Chevalier, & elle eut bien-tôt pour lui la même fureur que l'Evêque avoit pour elle.

Cependant elle avoit de la vertu : & si les scrupules & les remords pouvoient dompter une passion violente, la Comtesse eut été victorieuse de la sienne.

Dès qu'elle sentit le penchant invincible qui l'entraînoit, elle se trouva la plus malheureuse femme du monde. Elle craignoit les fureurs de son mari, l'indiscrétion du Chevalier, & se craignoit elle-même. Elle vit souvent son Amant, & ne lui acorda jamais rien, quoiqu'elle fut mille fois sur le point de lui acorder tout. Dès qu'elle sortoit d'avec lui, elle étoit dans le même état où fut le malheureux Evêque quand il l'entrevit dormir dans son Abaïe.

Enfin l'Evêque, le Chevalier, & elle, étoient trois personnes fort à plaindre; mais bien-tôt une avanture fort étrange les rendit heureux tous trois.

L'Evêque voïant bien, par les indocilitez de son Clerc, que ses assiduitez & ses empressemens ne lui serviroient de rien, résolut de s'y prendre d'une autre maniére.

La

La Comtesse rentroit quelquefois chez elle au milieu de la nuit ; une seule de ses femmes l'atendoit pour la deshabiller ; son mari la grondoit de rentrer si tard. L'Evêque qui savoit tout ce qu'elle faisoit, jusqu'aux moindres circonstances, fit un jour venir chez lui une de ses femmes : *Il s'agit , lui dit-il , de m'introduire la nuit dans la chambre de vôtre Maîtresse à la place du Comte de la M.... & voilà dix mille francs en or que je vous donne déja par reconnoissance.* La Demoiselle fit ce que bien d'autres eussent fait en sa place ; elle frémit à la proposition du Prélat, & se radoucit à la vuë des mille pistoles ; prit l'argent, & promit tout ce qu'on voulut. Toutes les mesures étant prises ; un soir, que le Comte de la M.... n'atendoit point sa femme, l'Evêque vint l'atendre pour lui ; elle arriva, plus belle que jamais, se coucha, & ne fut point grondée. Le Prélat qui craignoit que la Comtesse, en découvrant le troc, ne fit du bruit & ne réveillât peut-être son mari, qui ne couchoit pas loin de-là : *Ce n'est point M. de la M..... lui dit-il, que vous avez entre vos bras ; c'est un malheureux qui est désespéré, même en jouïssant de vous, de ne devoir ses plaisirs qu'à ses artifices ; vous en userez avec moi comme vous voudrez ; mais sur-tout ne criez point, si vous ne voulez pas nous perdre tous deux.*

La surprise de la Comtesse ne lui permis pas

pas de parler; elle tâcha de se débarasser d'entre les bras du saint homme; mais il n'étoit pas venu là pour la laisser aller : la violence & les pleurs furent mis en usage pour la retenir; & comme il y a des momens où les femmes ont plus de foiblesses que dans d'autres, & que d'ailleurs le plus fort en étoit fait; Madame la Comtesse se préta négligemment à tout ce que le Prélat vouloit d'elle. Elle auroit mieux aimé avoir été surprise par le beau Chevalier que par l'Evêque.

Au milieu des plaisirs, qu'elle ne partageoit que médiocrement avec lui, le nom du Chevalier de D.... lui échapa.

Vous vous êtes trahie, lui dit l'Evêque; *est-il possible que dans de pareils momens vous pensiez à d'autres qu'à moi?* Elle lui donna de mauvaises excuses. *Non*, reprit-il, *vous aimez le Chevalier de D..... & je n'ai plus qu'à mourir, puisque j'ai un Rival comme lui.*

Madame de la M..... qui par sa foiblesse venoit de donner à l'Evêque tant de droits sur elle, vit bien qu'il falloit le tromper, & elle fut réduite à lui prodiguer des caresses pour lui ôter ses soupçons; mais elle en fut pour ses faveurs; le trop clairvoïant Prélat ne fut point désabusé : il sortit enfin moins charmé d'avoir possédé sa Maîtresse, que désespéré d'avoir découvert un Rival. Il sortit, mais sans remords; il les laissa à Madame de la M.....

Dès

Dès qu'elle se vit seule, le repentir se saisit d'elle ; ses scrupules n'étoient que trop raisonnables ; car elle avoit donné à un Prêtre, qu'elle n'aimoit point, ce qu'elle avoit constamment refusé au plus aimable homme du monde, qu'elle adoroit. Cette idée étoit désespérante pour elle : elle entra en fureur dans la chambre de la Demoiselle aux dix milles francs. *C'est vous, lui dit-elle, qui avez introduit chez moi ce malheureux ; sortez tout à l'heure ; & si vous aimez la vie, ne vous presentez jamais devant moi.* La Confidente de l'Evêque sortit, & la Comtesse fut encor long-tems à faire de tristes réflexions. Enfin elle s'abandonna au sommeil, & même dormit long-tems ; &, ce qu'on auroit peine à croire, elle ne fut pas fâchée quand elle se réveilla, de voir que les douceurs du repos avoient rétabli son teint brillant, cette fraîcheur que la visite de l'Evêque avoit un peu altérée. Elle regarda son miroir avec complaisance, & se consola presque de sa faute, quand elle vit qu'elle n'en étoit que plus belle. Elle se mit sur un lit de repos ; ses cheveux descendoient en boucles sur sa gorge ; elle n'étoit vétuë que d'une robe legére ; & on eut dit à son ajustement qu'elle s'atendoit à ce qui lui arriva un moment après.

Elle vit entrer le Chevalier de D..... A sa vûë, la honte de ce qui lui étoit arrivé la fit rougir ; elle arrêta sur lui des regards tristes &

lan-

languissans. Le Chevalier, qui lisoit son bonheur dans les yeux de sa chére Maîtresse, se jette à ses genoux ; étonné de son peu de résistance, il l'embrasse avec la confiance d'un homme qui croïoit être le premier qui eut triomphé de la vertu de la Comtesse. *Hélas! lui dit-elle, je suis indigne de vous ; je ne mérite pas que vous m'aimiez.* Le Chevalier trouva qu'elle étoit trop modeste ; il lui fit voir qu'elle étoit très-digne d'être aimée de lui.

La nature, qui n'avoit jamais rien fait de si beau que ces deux Amans, devoit prendre plaisir à les voir voir unis ensemble ; ils étoient l'un & l'autre d'une beauté parfaite. Quiconque ne les eut pas connus & les eut vû dans ce moment, n'auroit pas distingué le Chevalier de la Comtesse.

Il n'y avoit qu'eux seuls qui se seroient aperçus de la diférence. La Comtesse, qui avoit prononcé le nom du Chevalier dans les bras de l'Evêque, ne prononça point celui du Prélat entre ceux du Chevalier. Elle étoit ennivrée des plaisirs, dont elle n'avoit eu qu'un ombre legére quelques heures auparavant ; ils se firent, l'un & l'autre, mille sermens de s'aimer toujours, & de se voir souvent. Ils se quitérent avec autant de regret que s'ils ne devoient se revoir jamais. Il se trouva que la Comtesse, qui avoit été jusqu'alors vertueuse, acorda ses faveurs à deux personnes en un jour,

jour, sans presque savoir comme cela s'étoit pu faire. Elle résolut d'être plus sage dorénavant ; c'est-à-dire, d'aimer uniquement le Chevalier, de ne plus donner à l'Eglise ce qui n'étoit dû qu'à lui, & de réparer, par tous les emportemens de la tendresse la plus vive, l'infidélité prématurée qu'elle lui avoit faite.

Cependant l'Evêque n'étoit point satisfait d'un bonheur passager, qui n'étoit que le fruit de sa hardiesse & de son industrie ; il vouloit se rendre maître de l'esprit de la Comtesse, qu'il avoit si long-tems gouverné. Il mit en usage, auprès d'elle, toutes les insinuations & toutes les souplesses qui gagnent les cœurs. Mais les engagemens que la Comtesse avoit pris avec le Chevalier, lui donnoient, pour résister au Prélat, beaucoup plus de force qu'elle n'en avoit quand la vertu étoit sa seule défense. L'Evêque eut assez d'amour-propre pour s'imaginer qu'il seroit aimé d'elle, si le Chevalier ne l'étoit pas. Il résolut de perdre son Rival dans l'esprit de la Comtesse, qui depuis qu'elle s'étoit livrée à son Amant, étoit devenu impénétrable pour lui. Il invita le jeune Chevalier à venir passer quelques jours à sa campagne. Il y fit venir aussi un Médecin, de ceux qui croïent qu'il ne faut ni boire ni manger pour se bien porter. Un jour, que le jeune Chevalier s'étoit fatigué à la

Tome V.   N   chas-

chasse, l'Evêque lui fit aporter un boüillon, dans lequel on avoit eu soin de mêler un peu d'éméthique. A peine cette boisson eut-elle fait son éfet, que le Médecin fut consulté. Il dit gravement, que cela venoit d'une indigestion. Il déclama contre les excès de bouche. Il fit un long discours sur la sobriété; cita les Auteurs qui ont parlé contre la gourmandise; condanna le malade à être saigné & purgé, & à deux jours d'une diéte rigoureuse.

La sentence fut exécutée. Le Chevalier, quoique d'un bon tempérament, en eut la fiévre, & bien-tôt on commença à craindre pour sa vie. Quand le Prélat vit que la foiblesse du corps pouvoit bien aller jusqu'à l'esprit, il s'aproche de son lit, & aïant fait retirer tout le monde : *Ce n'est point comme Evêque, lui dit-il, c'est comme ami que je vous parle; vous me voïez les larmes aux yeux de l'état où vous êtes. Il ne faut point vous le dissimuler; mon ministére n'est point de tromper; vous êtes en danger de la vie. Je donnerois la mienne, pour vous rendre la santé du corps & de l'ame. Il est tems que vous songiez à remplir des devoirs qu'on ne connoît guéres dans le monde, que quand on est prêt de le quiter.* Le Chevalier vit bien ce que cela vouloit dire. Il avoit été élevé dans des principes de piété. Ces idées, éfacées aisément par les plaisirs, sont aussi aisément

ment rapellées par la maladie. Le Chevalier rendit graces au mal qui le mettoit entre les bras de l'Evêque. Il le croïoit un faint. Tout l'Univers y étoit trompé, hors Madame la Comteffe, *qui avoit eu affez de vertu pour ne défabufer perfonne.*

Le Chevalier fe crut obligé, par la Religion, à ne point mourir fans avoir fait à quelqu'un l'aveu de toute fa vie. *C'eſt vous*, dit-il à l'Evêque, *de qui j'atens du fecours dans les triſtes circonſtances où je fuis; ce n'eſt qu'à vous feul que je veux m'adreſſer; & je croirai mes fautes à demi pardonnées, fi je me vois affifté d'un homme auffi vertueux que vous.* Alors le faint Prélat parla fort avantageufement de la clémence Divine; & quand il eut fait le portrait du bonheur de *l'autre vie*, fon Pénitent commença la confeffion de *la fienne.*

Il paffa legérement fur les premiers tributs que l'on païe à la débauche, au fortir de l'enfance; il avoüa des doutes fur la Religion, dans un âge plus avancé; il s'acufa de plus d'une efpéce de paffion; enfin il fut prêt de parler de fa derniére intrigue; mais la parole s'arrêta dans fa bouche; il crut que c'étoit trahir la Comteffe, que d'avoüer même, fans la nommer, la paffion qu'il avoit pour elle. L'Evêque, qui vit qu'on n'omettoit que la feule chofe dont il vouloit qu'on lui parlât, preffa vivement fon malade de boire le calice jufqu'à la lie. *Si vous avez quelque chofe dans le cœur*, lui dit-il, *découvrez-le avec confiance ; ne perdez point, par un filence criminel, le fruit de l'action que vous faites. Songez que ce n'eft point à un homme que vous parlez, & que je tiens ici la place de celui devant qui il faut vous préparer à paroître.* Hélas ! répondit le Chevalier, de quoi me fervira-t'il de faire l'aveu d'une paffion dont il m'eft impoffible de me défaire. J'adore la plus belle femme de la Cour ; le tombeau qui s'ouvre pour moi, étoit le feul obftacle qu'on pût mettre à mon amour. Il y a un an que je l'aime, & quelques mois que j'en fuis aimé. Alors il defcendit dans un détail très-exact de fes amours avec la Comteffe, & il eut du moins le plaifir de parler long-tems de ce qu'il aimoit. Le Confeffeur connut enfin fon Rival, & vit tous ces doutes levez, par les particularitez qu'il tira de la bouche du malheureux Chevalier.

Mais c'étoit peu pour lui de favoir que fon Rival étoit heureux ; il falloit l'empêcher déformais de l'être.

Il déploïa toute fon éloquence auprès de fon Pénitent. Il lui fit voir la mort qui le menaçoit. Le Ciel ouvert d'un côté, & des malheurs infinis de l'autre. Il emploïa, avec une énergie fi fingulière, tous les lieux communs dont on fe fert en de pareilles rencontres, que l'imagination de celui qui l'écoutoit en fut ébranlée.

L'é-

L'éloquence du preſſant Conſeſſeur; l'idée de la mort qu'il avoit devant les yeux; la crainte dont tout homme eſt ſaiſi dans ces cruels momens, tout diſpoſoit le Chevalier à ſa converſion; & le malheureux prit pour un miracle de la grace, ce qui n'étoit qu'un éfet de la foibleſſe de ſon eſprit & de l'artifice du Prélat. *Promettez, lui dit l'Evêque, de renoncer à vos atachemens criminels.* Le malade, ſans lui répondre poſitivement, lui demanda s'il étoit ſûr qu'il en mourroit. Le Prélat l'aſſura, en confidence, qu'il n'avoit plus que quelques jours à vivre. *Puiſque je dois mourir*, dit le Chevalier en ſoupirant, *il faut donc bien que je renonce à la Comteſſe de la M... Tenez*, ajoûta-t'il, *voilà une Caſſette où il y a pluſieurs de ſes Lettres, ſon Portrait, des Bracelets de ſes Cheveux; je mets entre vos mains les témoignages malheureux de la paſſion la plus tendre qui fût jamais. Je ne me fie qu'à vous; rendez tout cela à Madame la Comteſſe de la M.... & puiſſiez-vous la convertir avec moi.* Dès que l'Evêque eut la Caſſette fatale, il n'eut pas beſoin de pouſſer plus loin la maladie du Chevalier. Il ne vouloit pas la mort du pécheur, mais ſa converſion. Il chaſſa d'auprès de lui ſon Médecin, & bien-tôt le Chevalier fut hors de danger. Son Directeur lui fit regarder ſa guériſon comme un miracle. Le pauvre jeune homme crut tout; car il étoit déja dévot,

& résolut de se retirer dans sa terre, d'éviter tout commerce avec le monde ; & pour mettre le comble à ses artifices, l'Evêque lui fit promettre de lui envoïer toutes les Lettres qu'il pourroit recevoir de sa Maîtresse.

A MADEMOISELLE DE CLERMONT.

Les Citoïens de Bellebat ne peuvent vous rendre conte que de leurs Divertissemens & de leurs Fêtes ; ils n'ont ici d'afaires que celles de leurs plaisirs. Bien différens en cela de Monsieur vôtre Frére aîné, qui ne travaille tout le jour que pour le bonheur des autres. Nous sommes tous devenus ici Poëtes & Musiciens, sans pourtant être devenus bizarres. Nous avons ici de fondation un grand homme, qui excelle en ces deux genres ; c'est le Curé de Courdimanche ; ce bon homme a la tête tournée de Vers & de Musique, & on le prendroit volontiers pour l'Aumônier du Cocher de Monsieur de Verthamon. Nous le couronnâmes Poëte hier en cérémonie dans le Château de Bellebat ; & nous nous flâtons que le bruit de cette Fête magnifique excitera par-tout l'émulation, & ranimera les Beaux-Arts en France.

On avoit illuminé la grande Salle de Bellebat, au bout de laquelle on avoit dressé un Trône sur une Table de Lansquenet ; au-dessus du Trône pendoit, à une ficelle imperceptible, une grande Couronne de Laurier, où étoit renfermée une petite Lanterne allumée, qui donnoit à la Couronne un éclat singulier. M. le Comte de C..... & tous les Citoïens de Bellebat, étoient rangez sur des Tabourets : ils avoient tous des Branches de Laurier à la main, de belles Mouſtaches faites avec du charbon, un Bonnet de papier ſur la tête, fait en forme de Pain de ſucre ; & ſur chaque Bonnet, on liſoit en groſſes lettres le nom des plus grands Poëtes de l'Antiquité. Ceux qui faiſoient les fonctions de Grands-Maîtres des Cérémonies, avoient une Couronne de Laurier ſur la tête, un Bâton à la main, & étoient décorez d'un Tapis Vert, qui leur ſervoit de Mante.

Tout étant diſpoſé, & le Curé étant arrivé dans une calèche à ſix chevaux, qu'on avoit envoïé au-devant de lui, il fut conduit à ſon Trône ; dès qu'il fut aſſis, l'Orateur lui prononça à genoux une Harangue dans le ſtile de l'Académie, pleine de loüanges, d'antithèſes & de mots nouveaux. Le Curé reçût tous ces éloges, avec l'air d'un homme qui ſait bien qu'il en mérite encor davantage. Car tout le monde n'eſt pas de l'humeur de notre Reine, qui hait les loüanges autant qu'elle les mérite. Après la Harangue, on exécuta le Concert, dont on vous envoïe les Paroles & la Cérémonie, par une grande Piéce de Vers

pom-

pompeux, à laquelle ni les Assistans, ni le Curé, ni l'Auteur n'entendirent rien. Il faudroit avoir été témoin de cette Fête pour en bien sentir l'agrément. Les projets & les préparatifs de ces divertissemens sont toûjours agréables; l'exécution rarement bonne, & le recit souvent enuïeux.

Ainsi dans les plaisirs d'une vie innocente
Nous atendons l'heureux jour,
Où nous reverrons le séjour
De cette Reine aimable & bienfaisante,
L'objet de nos respects, l'objet de nôtre amour:
Le plaisir de vivre à sa Cour
Vaut la Fête la plus brillante.

Le Curé de Courdimanche s'étant placé sur le Trône qui lui étoit destiné, tous les Habitans de Courdimanche vinrent en cérémonie le haranguer. Voltaire porta la parole. La Harangue finie, la Cérémonie commença.

UN HABITANT DE COURDIMANCHE CHANTE.

Peuples fortunez de Courdimanche,
Devant le Curé que tout s'épanche,
A le Couronner qu'on se prépare,
De Pampre, en atendant la Thiâre.

En cet endroit on met une Couronne sur la tête du Curé.

A MADEMOISELLE

LE CHŒUR CHANTE.

Que l'on doit être
Content d'avoir un Prêtre
Qui fait de si beaux Vers.
  Qu'on aplaudisse
Sans cesse à ses nouveaux airs,
  A ses Concerts.
Qu'à l'Eglise il vous benisse;
Qu'à table il vous réjoüisse;
Que d'un triomphe si doux
Tous les Curez soient jaloux.
Mene-t'on dans le monde une vie
  Qui soit plus jolie
  Qu'à Bellebat?
Ce Curé nous enchante;
Lors qu'à table il chante,
On croiroit être au sabat.
Le Démon Poëtique,
Qui rend pâle, étique,
Voltaire le rimeur,
 Rend la face bien grasse à ce Pasteur.
A ce joïeux Curé Bellebat doit sa gloire.
Tous les bûveurs on lui voit terrasser;
Mais il ne veut, pour prix de sa victoire,
Que le bon vin que Livry fait verser.
On vient, pour l'admirer, des quatre coins du
    monde;
  On quitte une brillante Cour;

Par

Par tout à sa santé chacun boit à ronde ;
Mais qui peut voir sa face rubiconde,
Voit sans étonnement l'excès de nôtre amour.
 Triomphez, grand Courdimanche ;
 Triomphez des plus grands cœurs,
 Ce n'est qu'aux plus fameux bûveurs
Qu'il est permis de manger vôtre éclanche.

Une Nymphe lui presente un verre de vin.

Versez-lui de ce vin vieux,
  Silvie ;
Versez-lui de ce vin vieux,
Encor un coup, je vous prie,
L'amour vous en rendra deux.

Vénus permet qu'en ces beaux lieux
  Bacchus préside ;
Le Curé de ce lieu joïeux
  Est le Druïde ;
Honneur, cent fois honneur
A ce divin Pasteur.
Le plaisir est son guide ;
Que les Curez d'alentour,
Viennent lui faire la cour.

Où trouver la grâce du comique,
Un stile noble & plaisant,
Et du grand & sublime tragique,
Le recit tendre & touchant ;

Voltaire a-t'il tout cela dans sa manche ?
  Et lon lan la,
  Ce n'est pas-là
  Qu'on trouve cela ;
C'est chez le grand Courdimanche.

 En fait de la plus douce harmonie,
 Qui charme & séduit les cœurs,
 Des Maîtres de France ou d'Italie,
 Qui doit passer pour vainqueurs,
 Entre Miguel & Lully le choix panche,
  Et lon lan la, &c.

 Salut au Curé de Courdimanche.
 Oh ! que c'est un homme divin ;
 Sa Ménagére est fraîche & blanche ;
 Salut au Curé de Courdimanche.
 Sûr d'une soif, que rien n'étanche,
 Il vuideroit cent brocs de vin ;
 Salut au Curé de Courdimanche ;
 Oh ! que c'est un homme divin.

 Du pain bis, une simple éclanche ;
 Salut au Curé de Courdimanche.
 Maigre ou gras, beccassine ou tanche,
 Tout est bon, dès qu'il a du vin ;
 Salut au Curé de Courdimanche.

 Des Vers, il en a dans sa manche ;
        Salut

Salut au Curé de Courdimanche;
Aucun repas ne se retranche.
En s'éveillant, il court au vin;
Salut au Curé de Courdimanche.
Oh! que c'est un homme divin!

La Scène change, representant l'Agonie du Curé de Courdimanche.

Il paroît étendu sur son lit.

CHŒUR.

Ah! nôtre Curé
S'est bien échaudé
Faisant sa lessive. (*a*)
Ah! nôtre Curé
Est presque enterré
Pour s'être échaudé.

UN HABITANT.

Et du même chaudron, (*bis*)
La pauvre Bacarie
A brûle son.

CHŒUR.

Ah! nôtre Curé, &c.

(*a*) Il lui étoit tombé sur les jambes une chaudiére d'eau boüillante. On le supose si incommodé, qu'il est à l'extrémité.

A MADEMOISELLE
UN HABITANT.

Quelques gens nous ont dit, (*bis*)
Que le Curé lui-même
Avoit brûlé son.

CHŒUR.

Ah ! nôtre Curé, &c.

Exhortation faite au Curé de Courdimanche
en son Agonie.

Curé de Courdimanche, & Prêtre d'Apollon,
Que je vois sur ce lit étendu tout du long,
Après avoir vingt ans dans une paix profonde
Enterré, confessé, bâtisé vôtre monde;
Après tant d'*Oremus*, chantez si plaisamment;
Après cent *Requiem*, entonnez si gaïement,
Pour nous, je l'avoüerai, c'est une peine extrême,
Qu'il nous faille aujourd'hui prier Dieu pour vous-même.
Mais tout passe & tout meurt; tel est l'arrêt du sort;
L'instant où nous naissons est un pas vers la mort.
Le petit Pere André n'est plus qu'un peu de cendres;
Frére Frédon n'est plus; Diogéne, Alexandre,
César, le Poëte M... la Fillon, Constantin,
Mahomet, Brioché, tous ont même destin.
Ce Cocher, si fameux à la Cour, à la Ville,
Amour des beaux esprits, Pere du Vaudeville,
Dont vous auriez été le très-digne Aumônier,
Près S. Eustache encor est pleuré du quartier.

Vous

Vous les suivrez bien-tôt : c'est donc ici, mon frére,
Qu'il faut que vous songiez à votre grande affaire.
Si vous aviez toujours été homme de bien,
Un bon Prêtre, un nigaut, je ne vous dirois rien.
Mais qui peut, entre nous, garder son innocence ?
Quel Curé n'a besoin d'un peu de pénitence ?
Combien en a-t'on vû jusqu'au piés des Autels,
Porter un cœur paîtri de penchans criminels ?
Dans ce Tribunal même, où par des loix séveres,
Des fautes des mortels ils sont dépositaires,
Convoiter les beautez qui vers eux s'acusoient,
Et commettre le crime alors qu'ils l'écoutoient.

Je veux que de la Chaire, le Démon redoutable,
N'ait pû vous enchanter par son pouvoir aimable ;
Que digne imitateur des Saints du premier tems,
Vous aïez pû dompter la révolte des sens,
Vous viviez en châtré ; c'est un bonheur extrême :
Mais ce n'est pas assez, Curé, Dieu veut qu'on l'aime.
La charité fait tout ; vous possédez en vain
Les mœurs de nos Prélats, l'esprit d'un Capucin ;
D'un Cordelier nerveux la timide innocence ;
La science d'un Carme, avec sa continence ;
Des fils de Loïola toute l'humilité,
Vous ne serez Chrétien que par la charité.

Commencez donc, Curé, par un éfort suprême,
Pour mieux savoir aimer, haïssez-vous vous-même.

Fai-

A MADEMOISELLE

Faites-nous humblement un exposé succint
De cent petits péchez dont vous fûtes ateint;
Vos jeux, vos passe-tems, vos plaisirs & vos peines,
Olivette, Amauri, vos amours & vos haines.
Combien de muids de vin vous vuidiez dans un an?
Si Brunelle avec vous a dormi bien souvent?

Après que vous aurez, aux yeux de l'Assemblée,
Etalé les péchez dont vôtre ame est troublée;
Avant que de partir, il faudra prudemment
Dicter vos volontez & faire un Testament.
Bellebat perd en vous ses plaisirs & sa gloire;
Il lui faut un Poëte & des chansons à boire;
Il ne peut s'en passer; vous devez parmi nous
Choisir un Successeur qui soit digne de vous.
Il sera vôtre ouvrage; & vous pourrez le faire,
De vôtre esprit charmant, unique Légataire.
Tel Elie autrefois, loin des profanes yeux,
Dans un char de lumière emporté dans les Cieux,
Avant que de partir, pour ce rare voïage,
Consoloit Elisée qui lui servoit de Page;
Et dans un Testament qu'on n'a point par écrit,
Avec un vieux pourpoint lui laissa son esprit.
Afin de soulager vôtre mémoire usée, (a)
Nous ferons en chansons une peinture aisée,

De

(a) Il étoit sujet à commencer des histoires qu'il ne
finissoit point; ce défaut venoit du dérangement de sa
cervelle: il l'atribuoit au défaut de mémoire.

De cent petits péchez que peut faire un Pasteur,
Et que vous n'auriez pû nous reciter par cœur.

LES HABITANS DE BELLEBAT CHANTENT.

Vous prenez donc congé de nous ;
En vérité, c'est grand dommage ;
Mon cher Curé, disposez-vous
A franchir gaïement ce passage.
Eh ! quoi vous résistez encor,
Dites vôtre *Confiteor*.

Lorsque vous aimâtes Margot,
Vous n'étiez pas encor Soûdiacre.
Un beau jour de Quasimodo,
Avec elle montant en fiacre :
Vous en souviendroit-il encor,
Dites vôtre *Confiteor*.

Nous vous avons vû, pour Catin,
Abandonner souvent l'Ofice ;
Vous n'êtes pas, je le crois bien,
Chû dans le fonds du précipice ;
Mais parbleu vous étiez au bord,
Dites vôtre *Confiteor*.

Vos sens de Brunelle enchantez,
La fêtoient mieux que le Dimanche.
Sous le linge elle a des beautez,

Quoi

Quoi qu'elle ne soit pas fort blanche,
Et qu'elle ait quelque taïe encor,
Dites vôtre *Confiteor*.

Vous avez renversé sur cu,
Plus de vingt tonneaux par année;
Tout Courdimanche fut convaincu
Que Toinon fut plus renversée.
Pour les muids de vin, passe encor,
Dites vôtre *Confiteor*.

Vous n'êtes pas demeuré court
Dans vos rendez-vous, comme en Chaire;
Vous avez tout l'air d'un Saucourt,
De grands traits à la Cordelière;
Mais ce qui reluit n'est pas or,
Dites vôtre *Confiteor*.

Eleve, & quelquefois rival,
De l'Abbé de Pure & d'Horace;
Du fonds du Confessional,
Quand vous grimpez sur le Parnasse,
Vous vous croïez sur le Thabor,
Dites vôtre *Confiteor*.

Si les Amauris ont voulu
Troubler vôtre innocente flâme,
Et s'il vous ont un peu battu,
C'est pour le salut de vôtre ame:

C'est

C'est pour vous de grace un tresor,
Dites vôtre *Confiteor*.

APRÈS LA CONFESSION,
LE BEDEAU CHANTE.

Gardez tous un silence extrême,
Le Curé se dispose à vous parler lui-même ;
Pour donner plus d'éclat à ses ordres derniers
Il a fait assembler ici les Marguilliers.
Ecoutez comme on carillonne ;
Du bruit des cloches Bellebat raisonne ;
Il tousse, il crache ; écoutez bien,
De ce qu'il dit ne perdez jamais rien.

LE CURE' CHANTE, *d'un ton entrecoupé.*

A Courdimanche, avec honneur,
J'ai fait mon devoir de Pasteur ;
J'ai sçû boire, chanter & plaire,
Toutes mes brebis contenter ;
Mon Successeur sera Voltaire,
Pour mieux me faire regretter.

LE BEDEAU CHANTE.

Que de tous côtez on entende
Le beau nom de Voltaire, & qu'il soit célébré.
Est-il pour nous une gloire plus grande ?
L'Auteur d'Œdipe est devenu Curé.
Que de tous côtez on entende, &c.

A MADEMOISELLE

LE CHŒUR CHANTE.

Qu'avec plaisir Bellebat reconnoisse,
De ce Curé le digne Successeur;
Il faut toujours dans la Paroisse,
Un grand Poëte, avec un grand buveur.
  Que l'on benisse
  Le choix propice,
  Qui du Pasteur
  Vous fait Coadjuteur.

On répéte.

Que de tous côtez on entende
Le beau nom de Voltaire, & qu'il soit célébré.

M. D. P. presente à Voltaire une Couronne de Lauriers, & l'installe en chantant.

Pour prix du bonheur extrême
Que nous goûtons dans ces lieux,
Et qu'on ne doit qu'à toi-même,
Reçois ce don précieux;
  Je te le donne,
En atendant encor mieux
  Qu'une Couronne.

Dans cet auguste jour
Reçois cette Couronne,
Par les mains de l'Amour,
Nôtre cœur te la donne.
Et zon zon zon, &c.

Tu connois le devoir
Où cet honneur t'engage,
Par un double pouvoir
Mérite nôtre hommage.
Et zon zon zon, &c.

On annonce au Coadjuteur ses devoirs.

Du poste où l'on t'introduit,
Connois bien toutes les charges;
Il faut des épaules bien larges,
Grand soif, & bon apétit.

L'on répéte.

Du poste, &c.

On fait le Panégirique du Curé, comme s'il étoit mort.

Hélas ! nôtre pauvre Saint,
Que Dieu veüille avoir son ame;
Pain, vin, jambon, fille, ou femme,
Tout lui passoit par la main.

L'on répéte.

Hélas, &c.

Il eut cru taxer les Dieux
D'une puissance bornée;

Si jamais pour l'autre année
Il eut gardé du vin vieux.

   On répéte.

Il eut cru, &c.

Tout Courdimanche en discord
Menaçoit d'un grand tapage;
Il ennivra le Village,
A l'inſtant tout fut d'acord.

   On répéte.

Tout, &c.

Quand l'Orage étoit bien fort;
Pour détourner le Tonnerre,
Un autre eut dit ſon Bréviaire;
Lui couroit au vin d'abord.

   On répéte.

Quand, &c.

Bon homme, ami du prochain,
Ennemi de l'abſtinence;
S'il prêchoit la pénitence,
C'étoit un verre à la main.

   On répéte.

Bon homme, &c.

DE CLERMONT.

Deux jeunes Filles chantent.

Que nos Prairies
Seront fleuries ;
Les jeux, l'amour,
Suivent Voltaire en ce jour ;
Déja nos meres
Sont moins sévéres ;
On dit qu'on peut faire un mari cocu,
Heureuse terre ;
C'est à Voltaire
Que tout est dû.

On répéte.

Que nos Prairies, &c.

L'Amour lui doit
Les honneurs qu'il reçoit ;
Un cœur sauvage
Par lui s'adoucit ;
Fille trop sage
Pour lui s'atendrit.

On répéte.

Que nos Prairies, &c.

Remerciment de Voltaire au Curé.

Curé, dans qui l'on voit les talens & les traits,
La gaïeté, la douceur, & la soif éternelle ;

A MADEMOISELLE

Du Curé de Meudon, qu'on nommoit Rabelais,
   Dont la mémoire est immortelle,
   Vous avez daigné me donner
Vos talens, vôtre esprit, ces dons d'un Dieu propice;
   C'est le charmant bénéfice
   Que vous aïez à résigner.
Puisse vôtre carriére être encor longue & belle,
Vous formerez en moi vôtre heureux Successeur;
   Je serai dans ces lieux vôtre Coadjuteur,
   Par tout, hors auprès de Brunelle.

CHŒUR.

   Honneur, & cent fois honneur,
    A nôtre Coadjuteur.

A MONSEIGNEUR LE COMTE DE C.

Viens, parois jeune Prince, & qu'on te reconnoisse
   Pour le coq de nôtre Paroisse;
Que ton Frére à ton gré soit le digne Pasteur
   De tous les Peuples de la France;
Qu'on chante, si l'on veut, sa vertu, sa prudence,
Toi seul dans Bellebat remplira nos desirs.
On peut par tout ailleurs célébrer sa justice;
Nous ne voulons ici chanter que nos plaisirs;
Qui pourroit mieux que toi commencer cet ofice?

AU SEIGNEUR DE BELLEBAT.

   Duchy, Maître de la maison,
Vous me paroissez franc, vrai, sans façon,

Très-peu complimenteur, & je vous en révére;
La loüange à vos yeux n'eut jamais rien de doux;
Allez, ne craignez rien des transports de ma lire :
Je vous estimerai, mais sans vous en rien dire;
C'est comme il faut vivre avec vous.

A MONSIEUR DE M.

Continuez, Monsieur, avec l'heureux talent,
D'être plaisant & froid, sans être froid-plaisant,
De divertir souvent, & de ne jamais rire.
  Vous savez railler sans médire,
  Et vous possédez l'art charmant
De ne jamais fâcher, & toûjours contredire.

A MADAME DE M.

Vous, aimable moitié de ce grand Disputeur;
Vous qui pensez toujours bien plus que vous n'en
  dites;
Vous de qui l'on estime, & l'esprit & le cœur,
Lorsque vous ne songez qu'à cacher leurs mérites,
Joüissez du plaisir d'avoir toûjours dompté
Les contradictions dont son esprit abonde;
Car ce n'est que pour vous qu'il a toûjours été
  De l'avis du reste du monde.

A MADAME DE PRIE.

De Prie, objet aimable, & rare assurément,
  Que vous passez d'un vol rapide,

A MADEMOISELLE

Du grave à l'enjoüé, du frivole au solide!
    Que vous uniffez plaifamment
L'efprit d'un Philofophe & celui d'un enfant.
J'accepte les lauriers que vôtre main me donne.
Mais ne peut-on tenir de vous qu'une Couronne?
Vous connoiffez Alain, ce Poëte fameux,
Qui s'endormit un jour au Palais de fa Reine:
    Il en reçût un baifer amoureux;
Mais il dormoit, & la faveur fut vaine.
Vous me pourriez païer d'un prix beaucoup plus
    doux:
    Et fi vôtre bouche vermeille
Doit quelque chofe aux vers que je chante pour
    vous,
    N'atendez pas que je fommeille.

A M. DE BAYE, *son Frére.*

Vous êtes, cher de Baye, au printems de vôtre âge.
Vous promettez beaucoup, vous tiendrez davan-
    tage.
    Sur-tout n'aïez jamais d'humeur;
    Vous plairez, quand vous voudrez plaire;
    D'ailleurs imitez vôtre frére.
Mais hélas! qui pourroit imiter vôtre fœur?

A M. DE LA FEUILLADE.

    Vous avez, jeune de la Feüillade,
Ce don charmant, que jadis eut Saucourt;
    Ce don qui toûjours perfuade,
    Et qui plaît fur-tout à la Cour.

Gardez

Gardez qu'un jour on ne vous plaigne
   D'avoir fçû mal ufer d'un talent fi parfait;
N'allez pas devenir un méchant cabaret,
   Portant une fi belle enfeigne.

A M. DE BONNEVAL.

Et vous, cher Bonneval, que vous êtes heureux!
Vous écrivez fouvent fous l'aimable de Prie,
Et vous avez des Vers le talent gracieux;
Ainfi diverfement vous paffez vôtre vie
   A parler la langue des Dieux.
Partagez avec moi ce brin de ma Couronne,
De Prie, aux yeux de tous, m'a promis encor mieux.
Ah! fi ce mieux venoit; j'en jure, par les Cieux,
De ne le partager jamais avec perfonne.

A M. LE PRESIDENT HENAULT.

   Hénault, aimé de tout le monde,
   Vous enchantez également
   Le Philofophe, & l'ignorant,
   Le galant à perruque blonde,
   Le Citoyen, le Courtifan.
En Apollon, vous êtes mon Confrére,
Maître dans l'art d'aimer, bien plus en l'art de plaire;
Vif, fans emportement; complaifant, fans fadeur;
   Homme d'efprit, fans être Auteur,
   Vous préfidez à cette Fête;
Vous avez tout l'honneur de cet aimable jour;

Mes lauriers étoient faits pour ceindre vôtre tête;
Mais vous n'en recevez que des mains de l'amour.

A MESSIEURS DE LIVRY.

Plus on connoît Livry, plus il est agréable.
Il donne des plaisirs, & toûjours il en prend;
Il est le Dieu du lit, & le Dieu de la table.
Son Frére, en tapinois, en fait bien tout autant;
    Et sans perdre sa prudence,
Lorsqu'avec des bûveurs il se trouve engagé,
    Il soutient mieux que le Clergé
Les Libertez de l'Eglise de France.

A M. DE LAISTRE.

Doux, sage, ingénieux, agréable de Laistre,
    Vous avez gagné mon cœur
    Dès que j'ai pû vous connoître.
Mon estime envers vous à l'instant va paroître;
    Je vous fais mon Enfant de Chœur.

LE CHŒUR CHANTE.

Chantons tous la chambriére
De nôtre Coadjuteur;
Elle aura beaucoup à faire
Pour engraisser son Pasteur.
Haut le pié bonne ménagére,
Haut le pié Coadjuteur.

DE CLERMONT.

LE COADJUTEUR CHANTE.

Tu parois dans le bel âge,
Vive, aimable, & sans humeur;
Viens gouverner mon ménage,
Et ma Paroisse, & mon cœur.
Haut le cul, belle Ménagére,
Haut le cul Coadjuteur.

L'Evêque le plus auſtére,
S'il visitoit mon réduit;
Cache-toi ma Ménagére,
Car il te prendroit pour lui.
Haut le pié, bonne Ménagére,
Tu peux paroître aujourd'hui.

LE CHŒUR CHANTE.

Honneur au Dieu de Cithére,
Et gloire au divin Bacchus;
Honneur & gloire à Voltaire,
Héritier de leurs vertus.
Haut le pié bonne Ménagére,
Que de biens sont atendus.

Des jeux l'escorte legére,
Sous ce digne Successeur,
De la raison trop auſtére
Me délivrera le cœur.
Haut le pié, bonne Ménagére,
Célébrez vôtre bonheur.

La

La raison toûjours murmure
Contre nos tendres souhaits,
Par une triste peinture,
Des cœurs tu troubles la paix.
Ils peignent d'après nature ;
J'aime bien mieux leurs Portraits.

IMPROMPTU,

Pour Monsieur le Comte de Clermont.

ON, je ne suis point fait pour flâter la grandeur,
.Tout faste m'importune, & tout orgueil m'assomme;
Mais Clermont, malgré moi, vient desarmer mon cœur.
J'ai crû trouver un Prince, & je rencontre un homme.

EPITRE
AU
PRINCE EUGÉNE.

RAND PRINCE, qui dans cette Cour,
Où la Justice étoit éteinte,
Sçûtes inspirer de l'amour,
Même en nous donnant de la crainte,
Vous, que Rousseau, si dignement,
A, dit-on, chanté sur sa lire ;
Eugéne, je ne sais comment
Je m'y prendrai pour vous écrire.
Oh ! que nos Français sont contens
De vôtre derniére Victoire,
Et qu'ils chérissent vôtre gloire !
Quand ce n'est point à leurs dépens.
Poursuivez ; des Musulmans
Rompez bien-tôt la barriére ;
Faites mordre la poussiére
Aux Circoncis insolens ;
Et plein d'une ardeur guerriére,

Fou-

Foulant aux piés les Turbans,
Achevez cette carriére
Au Sérail des Ottomans.
Vénus & le Dieu des combats,
Vont vous ouvrir la porte;
Les graces leur servent d'escorte,
Et l'amour vous tend les bras.
Voïez-vous déja paroître
Tout ce peuple de beautez,
Esclaves des voluptez.
D'un Amant, qui parle en maître,
Faites vite du mouchoir
La faveur impérieuse
A la beauté la plus heureuse,
Qui saura délasser le soir
Votre Altesse victorieuse.

Du Séminaire des Amours,
A la France votre Patrie,
Daignez envoïer pour secours
Quelques Belles de Circassie.
Le Saint Pere, de son côté,
Atend beaucoup de votre zèle,
Et prétend qu'avec charité,
Sous le joug de la vérité,
Vous rangiez un Peuple infidèle,
Par vous mis dans le bon chemin;
On verra bien-tôt ces infâmes

Ainsi que vous boire du vin,
Et ne plus renfermer les femmes.
Adieu, grand Prince, heureux guerrier,
Paré de myrthe & de laurier,
Allez asservir le Bosphore,
Déja le grand Turc est vaincu;
Mais vous n'avez rien fait encore,
Si vous ne le faites cocu.

A MONSIEUR DE GÉNONVILLE.

AMI, que je chéris de cette amitié rare,
　Dont Pilade a donné l'exemple à l'Univers,
　　Et dont Chaulieu chérit la Fare;
Vous pour qui d'Apollon les tréfors font ouverts;
　Vous dont les agrémens divers
　　L'imagination féconde,
L'efprit & l'enjouëment, fans vice & fans travers,
Seroient chez nos neveux célébrez dans mes vers,
Si mes vers, comme vous, plaifoient à tout le monde.
Vôtre Epître a charmé le Pafteur de Sulli;
Il fe connoit au bon, & partant il vous aime;
Vôtre écrit eft par nous dignement acueilli,
　　Et vous ferez reçû de même.

Il eft beau, mon cher ami, de venir à la campagne, tandis que Plutus tourne toutes les têtes à la ville. Êtes-vous réellement devenus tous fous à Paris ? Je n'entens parler que de millions; on dit que tout ce qui étoit à son aise, est dans la misére; & que tout ce qui étoit dans la mendicité, nage dans l'opulence. Est-ce une réalité? Est-ce une chimére? La moitié de la Nation a-t'elle trouvé la Pierre Philosophale dans des Moulins à Papier? Law est-il un dieu, un fripon, ou un charlatan, qui s'empoisonne de la drogue qu'il distribuë à tout le monde? M. le Duc d'Orleans est-il de bonne foi? Est-il trompé? Veut-il avoir tout l'argent du Roïaume, ou se contente-t'il de richesses imaginaires? C'est un cahos que je ne puis débrouiller, & auquel je m'imagine que vous n'entendez rien. Pour moi je ne me livre à d'autres chiméres, qu'à celle de la Poësie.

Avec l'Abbé Courtin je vis ici tranquille,
Sans aucun regret pour la ville;
Où certain Ecossois malin,
Comme la vieille Sybille,
Dont parle le bon Virgile,
Sur des feüillets volans écrit notre destin;
Venez nous voir un beau matin;
Venez, aimable Génonville;
Apollon, dans ces climats,
Vous prépare un riant azile,
Voïez qu'il vous tend les bras
Et vous rit d'un air facile.
Deux Jesuites en ce lieu,

A M. DE GENONVILLE

Ouvriers de l'Evangile,
Viennent de la part de Dieu
Faire un voïage inutile.
Ils veulent nous prêcher demain ;
Mais pour nous défaire soudain
De ce couple de chatemites,
Il ne faudra, sur leur chemin,
Que mettre un gros S. Augustin,
C'est le Basilic des Jésuites.

EPITRE

EPITRE
A MONSIEUR
L'ABBÉ DE ROTHELIN.

OCTE ABBE', dont l'esprit guidé par la sagesse,
Aux fruits de la raison joint les fleurs du Permesse,
Souffre que dans ton goût cherchant un sûr apui,
L'amitié par ses Vers te consulte aujourd'hui.
De la vaste Science embrassant l'étenduë,
Dans ses riches Etats, rien n'échape à ta vûë;
Philosophe critique, ardent, ami des arts,
Promenant en tous lieux tes avides regards;
Tantôt tu te nourris des vérités divines;
Tantôt l'Antiquité du sein de ses ruïnes,
Offre à tes yeux perçans, dans ses restes usez,
Quelques faits précieux par le tems déguisez.
Tu porte le flambeau dans ces routes obscures,
Des Savans rebutez éternelles tortures.
Quelquefois plus hardi d'un esprit incertain,
Tu sondes le mistére ou du vuide ou du plein:
Mais bien-tôt méprisant ce problème frivole,

Qu'en-

Qu'enfanta le loisir dans l'ombre de l'Ecole;
A toi-même indulgent, docile à tes desirs,
Dans de plus beaux objets tu cherches tes plaisirs.
Ton cœur s'émût aux sons du fier chantre d'Achille;
Il s'amuse du Tasse, il adore Virgile;
Enchanté de Corneille, il aime son rival;
La Fontaine te charme, & son stile inégal,
Dans son desordre même imitant la nature,
Te plaît, malgré la régle, & brave ta censure;
Tu mets dans la balance Horace, Despréaux;
L'un plus aisé, plus vif en ses rians tableaux;
L'autre esclave de l'art, fidèle à l'harmonie,
Au joug de la méthode asservit son génie.
Ainsi donc, tour-à-tour, passant du grave au doux,
Tu sais sans les confondre allier tous les goûts.
Mais, dis-moi, quel démon, dans sa bisarre audace,
Soufle dans tous les cœurs le dégoût du Parnasse?
Aujourd'hui sur son Trône, Apollon étonné,
De tous ses Courtisans se voit abandonné.
En vain pour repeupler les rives du Permesse,
Il répand les tresors de Rome & de la Gréce;
En vain à nos Français, par l'erreur éblouïs,
Il peint ces jours heureux, ce siécle de Louïs,
Où l'art encor enfant sçût franchir les obstacles,
Et géant tout-à-coup enfanta des miracles.
Rien ne peut ramener ses sujets révoltez;
Apollon, (disent-ils, par l'orgueil excitez)
Cet enchanteur des sens n'est qu'une vaine idole;

EPITRE

Il faut détruire enfin leur culte trop frivole;
Il faut à la raison, confacrant nos travaux,
Dompter la vérité par des éforts nouveaux,
Découvrir le fecret de ces loix fi profondes
Qui firent la diftance & la courfe des Mondes.

 Ainfi la régle en main, & d'Euclide efcortez,
Ils cherchent pas à pas d'obfcures véritez;
Créateurs, dans l'efpace ils forment cent chiméres,
Et dédaignent des fens les objets trop vulgaires.
L'un veut que par le plein chaque Aftre refferré
Puiffe écarter les Corps dont il eft entouré.
Un fecond à fon tour fait une autre méthode,
A ces Corps trop ferrez donne un lieu plus com-
   mode.
Dans un vuide infini, le Corps mû fans moteur,
Court fans être pouffé, pefe fans pefanteur.
Eftre foible & rampant! ta vaine conjecture
Veut embraffer ce Cercle où roule la nature.
Si par égard encor pour les foibles mortels
Ils n'ofent d'Apollon renverfer les Autels,
Le faut-goût qui les guide, au milieu d'un délire,
Du Dieu brillant des fons veut acorder la lire.

 Aujourd'hui le génie efclave du compas,
Dans fa courfe, en tremblant, mefure tous fes pas;
A fes auftéres loix cette régle importune
Affervit tous les Arts, la Chaire, la Tribune.
         Cét

A M. L'ABBE' DE ROTHELIN

Cét art plus libre encor, cet art charmant des vers,
Languit emprisonné dans des indignes fers.
Oüi, Borée, entouré de frimats & de glace,
En un desert aride a changé le Parnasse :
Son Ciel jadis si pur, obscurci de vapeurs,
Empoisonne à la fois les lauriers & les fleurs.
Ce siécle raisonneur en sa froide manie,
Par des tristes calculs veut régler l'harmonie,
Proscrit comme un écart un aimable détour,
Et bannit des écrits & la grace & le tour.
Offrir la vérité sous quelque noble image,
C'est, dit-on, la voiler d'un importun nuage :
Sa beauté sans atours a des traits plus puissants ;
L'erreur seule a besoin du prestige des sens.
Ainsi par ses discours devenu plus timide,
De Pégase trop vif, Phébus retient la bride.
Un Poëte aujourd'hui toûjours de sens rassis
De l'exacte raison suit le chemin précis.
Sur sa route un Ruïsseau coulant dans la Prairie,
Offre à ses yeux l'émail d'une rive fleurie.
L'ombre & l'amour cachez sous de jeunes ormeaux,
A calmer leurs ardeurs excitent les oiseaux ;
Iris, en rougissant, en ce lieu moins sévére,
Se laisse dérober une faveur legére.
Les plaisirs sur ces bords amenant le sommeil,
Renaissent plus brillants au retour du soleil ;
Pour ces riants objets, sa Muse indifférente,
N'ose se détourner dans sa marche prudente ;

Et

Et dédaignant des sens le langage vainqueur,
Parle toujours raison, jamais ne parle au cœur.
Est-ce ainsi qu'autrefois le sublime Virgile,
Répandant les trésors de sa veine fertile,
Par sa douce éloquence entraînoit les esprits.
La raison & le goût d'acord en ses écrits,
Se prêtent, tour-à-tour, un secours favorable.
Son air aux véritez donne un habit aimable.
S'il veut de la Phisique étaler les secrets,
Ses Dogmes déguisez sous les plus nobles traits,
Par ses mains adoucis perdent leur air sauvage.
De figures sans nombre il orne son ouvrage.
Dans les moindres sujets, humble, sans s'avilir,
D'une image élégante il fait les ennoblir.
Le tendre amour gémit dans les Vers de Tibulle;
Un peu plus libertin il inspire Catulle;
Et sur les pas d'Ovide atirant tous les cœurs,
Il dicte ses leçons sur un trône de fleurs.
En vain sur le Théâtre étalant sa morale,
Et du cœur des humains parcourant le Dédale,
Sénéque nous instruit en son stile profond.
Le lecteur languissant l'admire & se morfond;
Et fuïant un Auteur, dont la raison le glace,
S'atendrit chez Tibulle, & rit avec Horace.

 L'homme, quoique l'on dise, est fait pour le plaisir,
Entre les véritez il a peine à choisir,
Passant du pour au contre; en vain dans sa balance,

A M. L'ABBE' DE ROTHELIN.

Il croit pouvoir fixer la tranquile évidence;
Elle échape sans cesse; & depuis six mille ans
Rebute des mortels les vœux les plus pressans.
Mais l'objet des beaux arts d'un abord plus facile
Promet à nos efforts une moisson fertile;
Et flâtant de nos cœurs les avides desirs,
Au lieu des véritez, il offre des plaisirs.

Abbé, toi dont le goût dans ta démarche sûre
Du préjugé subtil démêle l'imposture,
De l'erreur séduisante écarte les brouillards,
Eclaire les esprits, viens au secours des arts;
Que par toi rétabli l'Apollon de la France,
Ranime ses concerts, réchauffe l'éloquence;
Que d'autres Bossuets, des Racines nouveaux,
De ces Auteurs fameux, soient de dignes Rivaux.

LETTRE

LETTRE

A Mademoiselle O......... devenuë depuis Madame de.....

HILIS, qu'est devenu ce tems,
Où dans un fiacre promenée,
Sans laquais, sans ajustemens,
De tes seules graces ornée,
Contente d'un mauvais souper,
Que tu changeois en ambrosie,
Tu te livrois dans ta folie,
A l'Amant heureux & trompé
Qui t'avoit consacré sa vie.

Le Ciel ne te donnoit alors,
Pour tout rang & pour tout tresor,
Que la douce erreur de ton âge;
Deux tetons, que le tendre amour
Lui-même t'arrondit un jour;
Un cœur tendre, un esprit volage;
Un cul, j'y pense encor Philis,
Où l'on voïoit briller les lis,
Jaloux de ceux de ton visage.
Avec tant d'atraits précieux,

Hélas!

Hélas! qui n'eut été friponne?
Tu le fus, objet gracieux,
Et que l'amour me le pardonne,
Tu sais que je t'en aimois mieux.

Ah, Madame, que vôtre vie
D'honneur aujourd'hui si remplie,
Différe de ces doux instans!
Le large Suisse à cheveux blancs
Qui ment sans cesse à votre porte,
Philis, est l'image du tems;
Il semble qu'il chasse l'escorte
Des tendres amours & des ris.
Sous vos magnifiques lambris
Ces enfans tremblent de paroître.
Hélas! je les ai vû jadis
Entrer chez toi par la fenêtre
Et se joüer dans ton taudis.

Non, Madame, tous ces tapis
Qu'a tissu la savonnerie;
Ceux que les Persans ont ourdis,
Et toute votre orfêvrerie;
Et les plats si chers que Germain
A gravés de sa main divine,
Et ces cabinets où Martin
A surpassé l'art de la Chine;
Vos vases Japonnois & blancs,

Toutes

Toutes ces fragiles merveilles;
Ces deux luſtres de diamans
Qui pendent à vos deux oreilles;
Ces riches carcans, ces colliers,
Et cette pompe enchantereſſe
Ne valent pas un des baiſers
De ma Philis dans ſa jeuneſſe.

VERS

Pour être mis sous le Portrait de Madame la Duchesse de Chatelleraut, Août 1738.

Es Dieux, en lui donnant naissance,
Aux lieux par la Saxe envahis,
Lui donnérent pour récompense,
Le goût qu'on ne trouve qu'en France,
Et l'esprit de tous les Païs.

ODE

ODE
A MADEMOISELLE
LE COUVREUR,
COMEDIENNE.

 UELS sons touchans frapent mon
ame ?
Est-ce songe ? est-ce enchantement?
D'où pénétre la vive flâme
Dont mon cœur brûle en ce moment?
Je ne respire que tendresse ;
L'amour, de mon repos jaloux,
Va-t'il d'une main vengeresse
Me percer des plus rudes coups?

Mais, que dis-je ? déja ses charmes
Se répandent dans tous mes sens ;
Ma raison qui fuit les allarmes
Combat en vain ces feux naissans.
En vain je cherche à me deffendre,
L'amour me range sous ses loix:

Ah!

ODE A MLLE. LE COUVREUR.

Ah! quand ce Dieu se fait entendre,
Qui peut résister à sa voix?

La Couvreur, il doit à tes larmes,
L'empire qu'il a sur mon cœur:
Tes yeux en pleurs furent les armes
Dont se servit ce Dieu vainqueur,
Quand trop sensible à l'injustice
Que l'on faisoit à tes vertus,
Je te prenois pour Bérénice,
Et croïois être ton Titus.

Mais, quoi! cet Empereur timide
Devoit-il manquer à sa foi?
Titus auroit-il pris pour guide
Une injuste & cruelle loi,
Si Bénérice en ses disgraces
Eut fait briller autant d'atraits
Que tu sçais ajoûter de graces
Au portrait que tu nous en fais?

Que je suis touché de ta peine
Lorsque de la Veuve d'Hector,
Ou que de la triste Climéne,
Tu feins le funeste transport!
Mon cœur avec toi s'intrigue,
Et pénétré de tes douleurs,
Il devient jaloux de Rodrigue,
Et haït Pirrhus & ses fureurs.

Tome V.   P   Puis

Puis-je assez vanter le mérite
De l'art insinuant, flateur,
Qui, selon ton gré, touche, agite,
Ravit l'atentif spectateur?
O trop séduisante imposture,
Dont le mouvement imité
Contrefait si bien la nature,
Que ne de viens-tu vérité!

EPITRE
A LA MÊME.

L'Heureux talent dont vous charmez la France,
Avoit en vous brillé dès votre enfance;
Il fut dès-lors dangereux de vous voir,
Et vous plaisiez même sans le savoir.
Sur le Théâtre, heureusement conduite,
Parmi les vœux de cent cœurs empressez,
Vous recitiez, par la nature instruite;
C'étoit beaucoup, ce n'étoit point assez;
Il nous fallut encor un plus grand maître.
Permettez-moi de faire ici connoître,
Quel est ce Dieu de qui l'art enchanteur
Vous a donné votre gloire suprême;
Le tendre amour me l'a conté lui-même,
On me dira que l'amour est menteur;
Hélas! je sai qu'il faut qu'on s'en défie,
Qui mieux que moi connoît sa perfidie?
Qui souffre plus de sa déloïauté?
Je ne croirai cet enfant de ma vie,
Mais cette fois il a dit vérité.
Ce même amour, Vénus & Melpomène,

P 2   Loin

Loin de Paris faisoient voïage un jour;
Les Dieux charmans vinrent dans un séjour
Où vos pas éclatoient sur la Scène;
Chacun des trois, avec étonnement,
Vit cette grace & simple & naturelle,
Qui faisoit lors votre unique ornement.
Ah! dirent-ils, cette jeune mortelle
Mérite bien, que sans retardement,
Nous répandions tous nos tresors sur elle.
Ce qu'un Dieu veut se fait dans le moment.
Tout aussi-tôt la tragique Déesse
Vous inspira le goût, le sentiment,
Le pathétique & la délicatesse.
Moi, dit Vénus, je lui fais un present
Plus précieux, & c'est le don de plaire,
Elle accroîtra l'empire de Cithère;
A son aspect tout cœur sera troublé,
Tous les esprits viendront lui rendre hommage.
Moi, dit l'Amour, je ferai davantage,
Je veux qu'elle aime. A peine eût-il parlé,
Que dans l'instant vous devintes parfaite,
Sans aucuns soins, sans étude, sans fard,
Des passions vous fûtes l'interprête;
O de l'Amour adorable sujette!
N'oubliez point le sujet de votre art.

APOTHÉOSE

De Mademoiselle le Couvreur, Actrice, morte le 2. Mars 1730.

QUEL contraste frape mes yeux !
Melpoméne ici desolée
Eléve, avec l'aveu des Dieux,
Un magnifique Mausolée.
Si la superstition
Distinguant jusqu'à la poussiére,
Fait un point de religion
D'en couvrir une ombre legére ;
Ombre illustre console-toi,
En tous lieux la terre est égale ;
Et lorsque la Parque fatale
Nous fait subir sa triste loi !
Peu nous importe où notre cendre
Doive reposer, pour atendre
Ce tems où tous les préjugez
Seront à la fin abrogez.
Ces lieux cessent d'être profánes,
En contenant d'illustres Mânes,

Ton Tombeau sera respecté.
S'il n'est pas souvent fréquenté
Par les diseurs de Patenôtres;
Sans doute il le sera par d'autres,
Dont l'hommage plus naturel
Rendra ton mérite immortel.
Au lieu d'ennuïeuses Matines,
Les Graces, en habit de deüil,
Chanteront des Hymnes Divines.
Tous les matins, sur ton Cercueil,
Sophocle, Corneille, Racine,
Sans cesse y répandront des fleurs,
Tandis que Jocaste, ou Pauline,
Verseront des torrens de pleurs.
Enfin pour ton Apothéose,
On doit te faire une Ode en prose.
Le chef-d'œuvre d'un bel esprit
Vaudra bien du moins un Obit.
Méprise donc cette injustice,
Qui fait refuser à ton corps,
Ce que, par un plus grand caprice,
Obtiendra *Pelletier des Forts.*
Cette ombre impie & criminelle,
La honte du beau nom Français,
Quelque jour dans une Chapelle
Brillera sous l'apui des Loix.
Ainsi par un destin bizare,

Ce Ministre dur & barbare
Doit reposer avec splendeur;
Tandis qu'avec ignomine,
A l'Emule de Cornelie
On refuse le même honneur.

EPITAPHE
DE MADEMOISELLE
LE COUVREUR.

Ci gît l'Actrice inimitable,
De qui l'esprit & les talens,
Les graces & les sentimens,
La rendirent incomparable,
Et qui n'a pas moins mérité
Le droit de l'immortalité
Qu'aucune Héroïne ou Déesse,
Qu'avec tant de délicatesse
Elle a souvent representé.
L'opinion étoit si forte
Qu'elle devoit toujours durer,
Que même après qu'elle fut morte,
On refusa de l'enterrer.

LE.

LE PARNASSE,

OU LE BOURBIER.

POUR tous rimeurs habitans du Parnasse,
De par Phœbus il est plus d'une place;
Les rangs n'y sont confondus comme ici
Et c'est raison : feroit beau voir aussi
Le fade Auteur d'un Sonnet ridicule,
Sur même lit couché près de Catule:
Ou bien la Motte, aïant l'honneur du pas,
Sur le harpeur, ami de Mécénas,
Trop bien Phœbus sait de sa République,
Régler les rangs & l'ordre Hiérarchique,
Et dispensant honneur & dignité
Donne à chacun ce qu'il a mérité.

Au haut du Mont sont sept Fontaines pures,
Rians Jardins, non tels qu'à Châtillon
En a planté l'ami de Crébillon,
Et dont l'art seul a formé la parure;
Là sont Jardins ornez par la nature,
Ce sont lauriers, orangers toujours vers.

Là séjournent gentils faiseurs de Vers,
Anacréon, Virgile, Horace, Homére,
Vous qu'à genoux le bon Dacier révére,
D'un beau laurier y couronnant leur front.

Un peu plus bas, sur le penchant du Mont,
Est le séjour de ces esprits timides,
De la raison Partisans insipides,
Qui composez dans leurs Vers languissans,
A leurs lecteurs font haïr le bon sens.
A donc, Amis, si quand ferez voïage,
Vous abordez la Poëtique plage,
Et que la Motte aïez desir de voir,
Retenez bien qu'*illec* est son Manoir.
Là ses Consors ont leurs têtes ornées
De quelques fleurs presqu'en naissant fanées,
D'un sol aride incultes nourrissons,
Et digne prix de leurs maigres chansons.
Cettui païs n'est païs de cocagne;
Il est enfin au pied de la Montagne
Un Bourbier noir, d'infecte profondeur,
Qui fait sentir sa mal-plaisante odeur
A tout chacun, fors à la Troupe impure,
Qui va nageant dans ce fleuve d'ordure.
Et qui sont-ils ces rimeurs diffamez?
Pas ne prétens que par moi soient nommez.
Mais quand verrez Chansonniers, faiseurs d'Odes,
Mauvais corneurs de leurs Vers incommodes,

Pein-

Peintres, Abbez, Brocanteurs, Jettonniers,
D'un vil Caffé superbes Cazaniers,
Où tous les jours, contre Rome & la Grece,
De médisans se tient Bureau d'adresse,
Direz alors, en voïant tel Gibier,
Ceci paroît Citoïen du Bourbier.
De ces Grimauts la croupissante race
En cettui Lac incessamment croasse,
Contre tous ceux qui d'un vol assuré
Sont parvenus au haut du Mont-Sacré.
En ce seul point cettui Peuple s'accorde,
Et va cherchant la fange la plus orde,
Pour en noircir les Ménins d'Hélicon,
Et polluer le Trône d'Apollon.
C'est vainement; car cet impur nuage,
Que contre Homére, en son aveugle rage,
La gent moderne assembloit avec art,
Est retombé sur le Poëte Houdart:
Houdart, ami de la Troupe aquatique,
Et de leurs Vers aprobateur unique,
Comme est aussi le tiers-état Auteur
Dudit Houdart unique admirateur:
Houdart enfin qui dans un coin du Pinde,
Loin du sommet où Pindare se guinde,
Non loin du Lac est assis, ce dit-on,
Tout au-dessus de l'Abbé Terrasson.

P 6   EPITRE

EPITRE
A MONSIEUR L'ABBÉ DE SERVIEN,
Pendant sa Prison de Vincennes.

AIMABLE ABBÉ, dans Paris autrefois
La volupté de toi reçut des loix ;
Les ris badins, les graces enjouées,
A te servir dès long-tems dévouées,
Et dès long-tems fuïant les yeux du Roi,
Marchoient souvent entre Philippe & toi,
Te prodiguoient leurs faveurs libérales,
Et de leurs mains marquoient dans leurs Annales
En lettres d'or, mots & contes joïeux,
De ton esprit, enfans capricieux.
Hélas ! j'ai vû les Graces éplorées,
Le sein meurtri, pâles, désespérées ;
J'ai vû les ris, tristes & consternez,
Jetter les fleurs dont ils étoient ornez ;
Les yeux en pleurs & soupirant leurs peines,
Ils suivoient tous le chemin de Vincennes ;

Et

EPITRE A M. DE SERVIEN.

Et regardant ce Château malheureux,
Aux beaux esprits, hélas ! si dangereux,
Redemandoient aux destins en colére
Défunt Abbé qui leur servoit de pere.
N'imite point leur cruel désespoir,
Et puisqu'enfin tu ne peux plus revoir
L'aimable Prince, à qui tu plais, qui t'aime,
Ose aujourd'hui te suffire à toi-même.
On ne peut vivre au Donjon comme ici,
Le destin change, il faut changer aussi.
Au sel attique, au riant badinage,
Il faut mêler la force & le courage;
A son état mesurant ses desirs,
Selon les tems se faire des plaisirs,
Et suivre enfin, conduit par la nature,
Tantôt Socrate, & tantôt Epicure.
Tel dans son art un Pilote assuré,
Maître des flots dont il est entouré,
Sous un Ciel pur où brillent les étoiles,
Au vent propice abandonne ses voiles.
Et quand Neptune a soulevé les flots,
Dans la tempête il trouve le repos,
D'un ancre sûre il fend la molle arêne,
Trompe des vents l'impétueuse haleine,
Et du trident bravant les rudes coups,
Tranquile & fier rit des Dieux en couroux.
Tu peux, Abbé, du sort jadis propice,
Par ta vertu corriger l'Injustice;

Tu peux changer ce Donjon détesté
En un Palais par Minerve habité;
Le froid ennui, la sombre inquiétude,
Monstres affreux nez dans la solitude,
De ta prison vont bien-tôt s'exiler.
Voi dans tes bras de toutes parts voler,
L'oubli des maux, le sommeil desirable,
L'indifférence au cœur inaltérable,
Qui dédaignant les outrages du sort,
Voit du même œil & la vie & la mort;
La paix ttanquile & la constance altiére,
Au front d'airain, à la démarche fiére,
A qui jamais, ni les Rois ni les Dieux,
La foudre en main n'ont fait baisser les yeux;
Divinitez des sages adorées,
Que chez les grands vous êtes ignorées!
Le fol amour, l'orgueil présomptueux,
Des vains plaisirs l'essain tumultueux,
Troupe volage, à l'erreur consacrée,
De leurs Palais vous défendent l'entrée:
Mais la retraite a pour vous des apas,
Dans nos malheurs vous nous tendez les bras.
Des passions la troupe confonduë
A votre aspect disparoît éperduë,
Par vous heureux, au milieu des revers,
Le Philosophe est libre dans les fers.

EPITRE

EPITRE
A MONSIEUR DE MAULEON.

MON féal ami, Mauléon,
Que mieux cent fois j'aime & j'es-
time
Que le plus joli mot en *on*,
Dont le flacon seroit la rime.
Gracieux, charmant Mauléon,
A qui les plus fiéres Déesses
Aimeroient mieux montrer leurs fesses
Que le punir comme Actéon.
Après avoir fait banqueroute
A l'aimable société,
Qui boit sans cesse à ta santé,
Qu'es-tu devenu dans la route?
Au lieu d'aller comme un éclair,
N'as-tu point fait quelqu'interméde?
J'ai cru voir un aigle dans l'air;
Ne seroit-ce point Jupiter.

Qui

EPITRE

Qui cherche un nouveau Ganiméde?
Mon pauvre garçon, si c'est toi
Qu'il ait enlevé dans l'Olympe,
Ne souffre jamais qu'il te grimpe;
Et s'il te demande pourquoi,
Diras, notre souverain Pere,
Je suis du Régiment du Roi
Et non de celui de son frere:
S'il te répondoit qu'autrefois,
Ecolier, Mousquetaire, ou Page,
On te faisoit tourner la page
Aussi fréquemment qu'à Langlois;
Tu lui repliquerois; beau Sire,
Vraiment cela vous plaît à dire:
Mais sans chercher tant de détours,
Pour montrer que vous voulez rire,
Une parole doit suffire;
On renonce à telles amours,
Quand on voit les Dames de Tours:
Ah! si je pouvois vous décrire
Leurs charmes, leurs traits, leurs atours,
Que bien-tôt du Céleste Empire
Vous interromperiez le cours,
Et qu'on verroit en peu de jours
Jupin Tourangeau qui soupire
Et met en œuvre tous les tours
Dont il sçait les belles séduire;
Mais, Mauléon, mon cher ami,

Je

A M. DE MAULEON.

Je rêve comme un endormi,
Lorsque suivant cette chimére
Pareils discours je te fais faire.
Laissons-là Jupin & les Cieux,
Que le Diable emporte les Dieux,
Ou les jette en l'eau comme Icare,
Ils sont cause que je m'égare,
Et ne sais plus presque où j'en suis ;
Ratrapons le fil, si je puis ;
M'y voilà, je vais m'y remettre :
Je voulois donc en cette Lettre
Entasser souhaits sur souhaits,
Et pour la guerre & pour la paix,
Te desirer dans cette année,
Doré, jeune & bel hymenée,
Un monceau de prospérité,
L'éternel signe de santé,
Honneurs & richesses sans bornes ;
Mais je ne pensois point, hélas !
Que les Poëtes ne font pas
Marcher l'abondance sans cornes.
Ainsi prens femme si tu veux ;
Car le cas est si périlleux,
Que ne sachant quels vœux te faire,
Sur cet article on doit se taire.
Je ne t'écrirai pas non plus
Combien de souhaits superflus
Te font trois aimables femelles.

Pour

EPITRE

Pourquoi fouhaiter des plaifirs,
Puifque je crois qu'en tes defirs
L'accompliffement dépend d'elles ?
Notre Abbé n'a jamais voulu
Te mettre en vers la moindre chofe,
Gravement il m'a répondu,
Sans divine métamorphofe,
Je ne faurois rimer en bien.
Dans Mauléon je ne vois rien
Qui mérite que je le glofe,
S'il ne vient pas ce Carnaval,
Je promets d'en dire du mal.
Depuis au moins une huitaine,
Meffieurs Orceau, le Roux, du Breuil,
De ton abfence trop foudaine,
Ont tant bu, rebu taffe pleine,
Qu'ils ont fouvent la larme à l'œil,
Et leur exemple tout entraîne :
Ta chére tante, qui pis eft,
Malgré l'irrévocable arrêt
D'un époux plus dur que Cerbére,
Vint hier à la Moriniére
Pour boire à fon abfent neveu,
Qu'elle avoüe aimer plus qu'un peu.
Dans cette partie agréable,
On ne s'eft pas mal réjoüi ;
Mon cher Mauléon diroit qu'oüi,

S'il

S'il nous fut venu voir à table;
Point ne voulois être au dîné
Avec cette joïeuse bande,
De crainte d'être assassiné
Par les compliments de commande
Dont chaque jour on est orné;
Mais chacun n'y fit d'autre offrande
Qu'un baiser d'un bon cœur donné;
La chére fut, & bonne & grande,
On se porta mainte guirlande,
De vin gris de vœux couronné;
Dès que cela fut ordonné
Personne ne païa l'amende.
Le matin on fut interdit,
Lorsque dès huit heures l'on vit
Entrer la Déesse Paresse
Qui cherchoit aux Carmes la Messe;
Le monde se disoit tout bas;
Mais c'est Madame Orceau? Non pas;
Ne croïez pas que cette belle
Sorte avant midi de ses draps;
Oh, regardez donc bien, c'est elle,
Sa taille, ses yeux, sa dentelle,
Et ses indifférens apas,
Pour sçavoir ce qu'elle alloit faire;
Mais arriva la grosse mere,
Tenant sa tante sous les bras,

Qui découvrit tout le miſtére.
C'eſt ainſi qu'heureux comme un Roi
Je bois tous les jours avec elle :
J'oubliois, étant avec toi,
Que j'ai tort d'aimer tant ces belles.
Adieu, juſqu'à la fin du mois,
Je ſuis ton ſerviteur Langlois.

EPITRE

A MESSIEURS
LE COMTE, LE CHEVALIER ET L'ABBE' DE LA SADE,

De la Famille de la belle Laure.

Extrait du Mercure d'Octobre 1740.

TR 10 charmant que je remarque
Entre ceux qui font mon appui;
Trio par qui Laure aujourd'hui
Revient de la fatale Barque,
Vous qui penſez mieux que Pétrarque
Et rimez auſſi-bien que lui,
Je ne puis quitter mon étui
Pour le ſouper où l'on m'embarque;
Car la Couſine de la Barque,
La fiévre au minois caterreux,
A l'air hagard, au cerveau creux,
A la marche vive, inégale,

De

De mes jours compagne infernale,
M'oblige, pauvre vaporeux,
D'avaler les Juleps affreux
Dont Monsieur Geoffroi me régale,
Tandis que d'un gosier heureux
Vous bûvez la liqueur vitale
D'un vin brillant & savoureux.

LETTRE
A MONSIEUR
DE CIDEVILLE.

Eci te doit être remis,
Par un Abbé de mes amis,
Honnête-homme, quoique l'on dise,
Plein d'esprit, d'honneur, de franchise;
En lui les Dieux n'ont rien omis
Pour en faire un Abbé de mise;
Phœbus même le favorise;
Mais en son cœur Vénus a mis
Un petit grain de gaillardise,
Et c'est un point qui scandalise
Son Prélat, plus gaillard que lui,
Qui dès long-tems le tyrannise,
Et publiquement aujourd'hui
Dans un Placard le timpanise.
Là-dessus notre Abbé prend feu,
Lui fait un bon Procès de Dieu;
Le gagne: apel; & c'est dans peu

Chez vous qu'on doit juger l'affaire;
Or puissant est notre Adversaire;
Le terrasser n'est pas un jeu:
Tu dois m'entendre, & moi me taire;
Car c'est trop long-tems tutoïer
Du Parlement un Conseiller;
Ma Muse un peu trop familiére
Pourroit à la fin l'ennuïer,
Peut-être même lui déplaire;
Qu'il sache pourtant qu'à Cithère,
L'amitié, l'amour, & leur mere,
Parlent toujours sans compliment,
Qu'avec Hortense ma tendresse
Ne s'explique pas autrement;
Et j'estime autant ma Maîtresse,
Qu'un Conseiller du Parlement.

EPITRE

EPITRE
A MONSIEUR
LE DUC
D'AREMBERG.

'AREMBERG, où vas-tu? Penses-tu nous
    échaper?
Quoi! tandis qu'à Paris on t'atend pour
    souper,
Tu pars, & je te vois loin de ce doux rivage
Voler en un clin-d'œil aux lieux de ton Bailliage;
Que fais-tu cependant dans ces climats amis,
Qu'à tes soins vigilans l'Empereur a commis?
Vas-tu de tes desirs, portant par tout l'offrande,
Séduire la pudeur d'une jeune Flamande,
Qui tout en rougissant acceptera l'honneur
Des amours indiscrets de son cher Gouverneur?
La paix offre un champ libre à tes exploits lubri-
    ques,
Va remplir de Cocus les campagnes Belgiques,
Et faits-moi des bâtards, où tes vaillantes mains

Tome V.   C   Dans

Dans nos derniers combats firent tant d'orphelins;
Mais quitte aussi bien-tôt, si la France te tente,
Des tetons du Brabant, la chair flasque & tremblante,
Et conduit par Momus, & porté par les ris,
Parts, vole, & viens t'enyvrer à Paris:
Ton salon est tout prêt; tes amis te demandent,
Du défunt Rotelin les Pénates t'atendent;
Viens voir le doux la Faye, aussi fin que courtois,
Le Conteur de la Sérés, Matignon le sournois;
Courcillon dont la plume a fait l'Apothéose;
Courcillon qui se gâte, & qui, si je m'en croi,
Pourroit bien quelque jour être indigne de toi;
Ah! s'il alloit quitter la débauche & la table,
S'il étoit assez fou pour être raisonnable,
Il se perdroit, grands Dieux! Ah! cher Duc aujourd'hui,
Si tu ne viens pour toi, viens par pitié pour lui;
Viens le sauver, dits-lui qu'il s'égare & s'oublie,
Qu'il ne peut être bon qu'à force de folie;
Et pour tout dire enfin, remets-le dans tes fers.
Pour toi près l'Auxerrois, pendant quarante hyvers,
Bois parmi les douceurs d'une agréable vie,
Un peu plus d'hypocras, un peu moins d'eau-de-vie.

EPITRE

EPITRE
A MADAME
DE MONTBRUN.

ONTBRUN par l'Amour adoptée,
Digne du cœur d'un demi-Dieu,
Et pour dire encor plus, digne d'être
 chantée,
Ou par Ferrand, ou par Chaulieu,
 Minerve & l'enfant de Cithère
Vous ornent à l'envi d'un charme séducteur;
Je vois briller en vous l'esprit de votre mere
 Et la beauté de votre sœur;
 C'est beaucoup pour une mortelle :
Je n'en dirai pas plus, songez bien seulement
A vivre, s'il se peut, heureuse autant que belle,
Libre des préjugez que la raison dément;
Aux plaisirs où le monde en foule vous apelle
 Abandonnez-vous prudemment.
Vous aurez des Amans, vous aimerez sans doute,
Je vous verrai soumise à la commune loi,
Des beautez de la Cour suivre l'aimable route,

EPITRE A M. DE MONTBRUN.

    Donner, reprendre votre foi.
Pour moi je vous louerai, ce sera mon emploi;
Je sçai que c'est souvent un partage stérile,
    Et que la Fontaine & Virgile
Recueilloient rarement le fruit de leurs chansons,
D'un inutile Dieu malheureux nourrissons,
Nous semons pour autrui, j'ose bien vous le dire,
Mon cœur de la du Clos fut quelque-tems charmé,
L'Amour en sa faveur avoit monté ma lire,
Je chantois la du Clos, d'Usez en fut aimé;
    C'étoit bien la peine d'écrire !
Je vous louerai pourtant; il me sera trop doux
    De vous chanter, & même sans vous plaire;
    Mes chansons seront mon salaire;
    N'est-ce rien de parler de vous?

EPITRE
A MADAME
FONTAINE.

A Fayette & Ségrais, couple sublime &
  tendre,
Le modèle avant vous de nos galants
  écrits,
Des champs Elisiens, sur les aîles des ris,
  Vinrent depuis peu dans Paris;
D'où ne viendroit-on point, Sapho, pour vous
  entendre?
  A vos genoux tous deux humiliez,
 Tous deux vaincus, & pourtant pleins de joïe,
  Ils y mirent Zaïde aux pieds
  De la Comtesse de Savoïe.
Ils avoient bien raison; quel Dieu, charmant Au-
  teur,
Quel Dieu vous a donné ce langage enchanteur,
  La force & la délicatesse,
  La simplicité, la noblesse
  Que Fénélon seul avoit joint,
Le naturel aisé dont l'art n'approche point?

        Sapho,

Sapho, qui ne croiroit que l'Amour vous inspire ?
Mais vous vous contentez de vanter son empire.
    Vous nous peignez Mendoce en feu,
    Et la vertueuse foiblesse
    De sa chancelante Maîtresse
Qui lui fait, en fuïant, un si charmant aveu.
Ah ! pouvez-vous donner ces leçons de tendresse,
    Vous qui les pratiquez si peu ?
C'est ainsi que Marot, sur sa lyre incrédule,
Du Dieu qu'il méconnut prôna la sainteté ;
Vous avez pour l'Amour aussi peu de scrupule ;
Vous ne le sentez point, & vous l'avez chanté.
    Adieu, malgré mes Episodes,
    Puissiez-vous pourtant tous les ans
    Nous lire deux ou trois Romans,
    Et taxer quatre Sinagogues.

ODE
A MADEMOISELLE
DE MALCRAIS
DE LA VIGNE,

Du Croisic en Bretagne.

ANS l'enceinte des murs où la Marne
    serpente,
    Quand je lis tes écrits,
Savante de Malcrais, leur force surpre-
    nante
    Etonne mes esprits.

Je me sens élevé sur la double Colline,
    Dans mes heureux transports,
De ta céleste voix, de ta lyre divine,
    J'écoute les accords.

Tu ravis, tu surprens les Filles de Mémoire
    Dans le Sacré Vallon,

Jusqu'au faîte brillant du Temple de la Gloire,
    L'écho porte ton nom.

Que, dis-je, tes beaux vers ont passé le Cocyte,
    Aux Champs Elisiens
L'Amante de Phaon tendrement les recite
    Et les préfére aux siens.

On parle du Croisic, comme on parle d'Astrée,
    De Smirne, de Lesbos ;
La Muse de nos jours y montre Cithérée
    Plus belle qu'à Paphos.

Les Graces font parler le Luth & la Musette
    Qu'accompagne ta voix,
Et tu peux animer, au son de la trompette,
    Les Héros & les Rois.

Tu fais ce que tu veux ; si ton vaste génie
    T'inspire de grands airs,
A peine dans leurs chants, Calliope, Uranie,
    Egalent tes concerts.

Si tu fais raisonner, ou l'Eglogue ou l'Idille ;
    Tes accens sont si doux,
Que malgré leurs grands noms, & Térence & Virgile
    En deviennent jaloux.

Comme eux en t'attachant à peindre la nature,

A M. DE MALCRAIS.

Tu finis tes portraits;
Mais ton tendre pinceau dans la vive peinture
Enchérit fur leurs traits.

Un tour plus gracieux, plus de délicateffe,
Fait briller tes couleurs;
Le trait dont tu te fers pour peindre la tendreffe
La porte dans les cœurs.

L'Amour vole par-tout où ta plume fidelle
Fait voler tes chanfons;
Oüi, l'Amour, s'il pouvoit fubir la loi mortelle
Renaîtroit de leurs fons.

Tu ranimes fes feux, tu lui forges des armes,
Et les yeux de Cypris
N'ont pas de fon aveu la douceur & les charmes
Qu'on fent dans tes écrits.

L'Amour pleure avec toi, quand le trépas d'un pere
T'arrache des foupirs;
Il rit, quand des oifeaux confacrez à fa mere
Tu décris les plaifirs.

L'Amour.... mais je me tais, il faut être un Pindare
Pour ofer te chanter,
Et je fuis menacé de la chûte d'Icare,
Si je veux le tenter.

LE MARIAGE DE PHRINÉ,

OU L'EPITHALAME DE MADEMOISELLE DUCLOS,

COMÉDIENNE,

A MADEMOISELLE DE LA MOTTE

JE suis fait pour les avantures extraordinaires : vous le croirez facilement, Mademoiselle, quand vous sçaurez ce qui m'arriva hier. J'entrai, sans y penser, dans le Temple de l'Hymen, qui dans une magnificence peu accoutumée, étoit orné de guirlandes & de festons entrelassez de cyprès & de soucis. Le Temple

ple étoit defert ; je vis dans le milieu des aprêts d'un pompeux Sacrifice , & je lûs autour de l'Autel : PHRINE' SOUMISE A L'HYMEN. Cette Infcription ne me fit connaître que Phriné ; mais je ne favois qui pouvoit l'époufer. Ennuié de refter feul, j'allois fortir, lorfque j'entendis un bruit étrange à quelques pas de la porte. J'y courus, & j'y vis quantité d'Amours, qui, avec tout ce qui peut former le charivari le plus complet, chantoient en riant ; *Le beau Mariage, ô le beau Mariage !* Un concert de cette façon ne me furprit, que parce que les Amours le donnoient ; j'en grondai un des Acteurs, & je lui reprochai fon ingratitude de vilipender fi honteufement Phriné, qui toute fa vie avoit été foumife à l'Amour. Vous vous trompez, me répondit-il, elle ne facrifioit qu'au libertinage ; la diftinction me parut d'une confcience délicate, & j'en riois encor, lorfque je vis l'Hymen qui d'un air content menoit au Moutier un jeune homme, qui les yeux baiffez marchoit le plus doucement à une Fête dont il étoit le principal acteur : une femme vétuë fuperbement marchoit avec lui : on voïoit encor fur fon vifage, à travers les rides de la vieilleffe, & deux doigts de plâtre, les triftes reftes de fon antique beauté. Soit caducité, ou autres caufes, outre les bras du Mignon qui la foutenoit, elle s'apuïoit

puïoit fortement sur une béquille. Je crus, en reconnoissant Phriné, voir la vieille Sapho & le jeune Phaon; l'Hymen chantoit ces vers.

  Venez, Amours, l'Hymen vous rassemble,
    Accourez tous à ma voix,
    Que pour la premiére fois
    Nous soïons d'accord ensemble.

A peine l'Hymen eût-il achevé, que l'Amour, chef de la bande que j'avois rencontrée pour la premiére fois, lui répondit par ceux-ci.

    De l'Hymenée
    Les plaisirs sont courts,
  D'une ame tranquile & charmée
  Souvent l'on voit fuir les Amours,
    Après la premiére journée
    De l'Hymenée.

L'Hymen eut beau crier, les Amours ne lui répondirent que par des cris insultans: l'Amour s'avança, & dit d'une voix grave;

Celle qu'au Dieu d'Hymen on voit ici soumise,
  Suivit long-tems mes douces loix,
  Et changeoit d'Amans autrefois,
  Comme elle changeoit de chemise.
  Elle ne fut point inhumaine,

                                                 Elle

Elle dormoit avec tranquilité,
Et l'on ne reconnoissoit la peine
Que lorsqu'elle avoit fait votre félicité.
Hymen l'arrache à mon empire ;
C'est un trait de ce Dieu jaloux,
Bien loin de m'en mettre en courroux,
Vous m'en voïez crever de rire.

Les Amours recommencérent alors leur charivari : l'Hymen indigné, se mit dans la tête de rétablir l'honneur de la future Epouse. Ainsi il cria le plus haut qu'il put,

Elle est pucelle, & j'en répons,
A soixante ans, s'il en est dans le monde.

Il n'en put dire davantage ; les Amours rioient encor plus fort : ainsi voïant qu'il ne gagneroit rien sur ces esprits obstinez, il fit continuer la marche ; Priape marchoit à côté du jeune homme, & sembloit, mais inutilement, l'encourager à bien faire. Cette misérable Victime chantoit d'une voix faible & embarrassée, *Jo Hymen*, *Hymen Jo* : mais jugez quelle fut ma surprise de voir Petit* en habit de Sacrificateur, marcher après l'Epousée, & Vinache†, tout couvert de bouteil-
les,

* Chirurgien.
† Chimiste.

lés, offrir ses services au jeune homme. Une Troupe d'Ecoliers de Petit tenoient lieu de Ris, de Plaisirs & de Jeux. L'on entra enfin dans le Temple, où l'on fut obligé de porter l'Epousée: tout sembloit prêt pour le Sacrifice ; mais le Sacrificateur ne s'y trouvant pas, on pria Petit de se charger de cet emploi ; il le fit de bonne grace ; la Victime étoit déja à demi brûlée, quand le vin manquant pour les Libations, Vinache fit couler des flots de Tisanne & de Mercure. L'on sacrifioit aux Dieux Infernaux,

Quand tout-d'un-coup une affreuse collique
Du jeune Epoux vint occuper les sens ;
Il pousse, en nasillant, quelques tristes accens,
Et ce nasillement parut un ton tragique.

Dans ce malheur terrible, l'Epousée gémit, tomba évanouïe, puis revenuë à soi, elle se désespéra. Le jeune homme cependant revint bien-tôt à lui, par les soins de Priape qui faisoit-là l'office d'un bon ami, & qui n'étoit cependant qu'un traître, comme vous le verrez dans la suite. La cérémonie recommença ; on les unit ; Petit & Vinache formérent des liens si beaux, & l'on sortit du Temple au bruit des charivaris. Les folâtres Amours, qui étoient restez dehors, n'avoient cessé de rire pendant toute la Fête. On s'arrêta

rêta enfin dans une ruë peu éloignée, où l'on congédia les deux Sacrificateurs, qui sachant le besoin qu'on avoit d'eux, promirent de revenir le lendemain. La Mariée convia en vain les Amours d'entrer; ils la huérent: Priape seul fut avec le jeune homme, & nous ne savions quel pouvoit être son dessein, quand nous le vîmes revenir en riant; il avoit accompagné la Mariée jusques dans le lit, pour en laisser après le soin à Morphée, qui malgré Phriné s'étoit prié de la Fête; Priape, & les Amours, avant de quitter prise, chantérent ensemble ce qui suit:

 Vivez contens, heureux Epoux,
 Et dans les transports les plus doux,
Passez, si vous pouvez, une nuit si charmante;
 N'en perdez pas un seul instant;
 Que toujours le plaisir augmente,
 Vous n'en prendrez pas vainement;
 Aimez-vous éternellement;
 Donnez-vous à chaque moment
 Des preuves d'une ardeur si belle.
 Et pour vous, charmante Pucelle,
 Epargnez un peu vôtre Amant:
 L'on sait quelle est votre puissance;
 Vous ne frapez jamais en vain;
 Les plaisirs de la joüissance
Furent toûjours chez vous maudits le lendemain.

Duche-

Duchemin saura bien qu'en dire,
S'il peut en venir jusques-là;
Je l'entends déja qui soupire,
Et chez Vinache le voilà.
Auteur de tous ses déplaisirs,
Hymen triste & mélancolique,
Avant de goûter les plaisirs
Il avoit senti la colique:
C'étoit un funeste accident
Préliminaire de la Nôce;
Et les Dieux, par ce fruit précoce,
L'avertissoient du dénoüement.

Priape & les Amours finirent-là le charivari; & de retour chez moi, j'ai cru, Mademoiselle, vous faire plaisir de vous instruire de cette histoire.

LE COCUAGE.

CONTE.

JADIS Jupin de sa femme jaloux,
Par cas plaisant fait pere de famille,
De son cerveau fit sortir une fille,
Et dit, du moins celle-ci vient de nous.
Le bon Vulcain, que la Cour Æthérée
Fit pour ses maux Epoux de Cithérée;
Vouloit avoir aussi quelque poupon,
Dont il fut sûr, & dont il fut le pere.
Car de penser que le beau Cupidon,
Que les Amours, ornements de Cithère,
Qui quoiqu'enfans enseignoient l'art de plaire,
Fussent les fils d'un simple Forgeron;
Pas ne croïoit avoir fait telle afaire.
De son vacarme il remplit la maison,
Soins & soucis, son esprit tenaillérent,
Soupçons jaloux son cerveau martellérent,
A sa moitié vingt fois il reprocha,

Son

Son trop d'apas, dangereux avantage;
Le pauvre Dieu fit tant qu'il acoucha
Par le cerveau; dequoi? Du Cocuage.
C'est-là ce Dieu révéré dans Paris;
Dieu mal-faisant, le fleau des maris;
Dès qu'il fut né, sur le chef de son pere
Il essaïa sa naissante colére;
Sa main novice imprima sur son front
Les premiers traits d'un éternel afront.
A peine encor eut-il plume nouvelle
Qu'au bon Hymen il fit guerre mortelle;
Vous l'eussiez vû l'obsédant en tous lieux,
Et de son bien s'emparant à ses yeux,
Se promener de ménage en ménage;
Tantôt portant la flâme & le ravage,
Et de brandons allumez dans les mains
Aux yeux de tous éclairoit ses larcins;
Tantôt rampant dans l'ombre & le silence,
Le front couvert d'un voile d'innocence,
Chez un époux, le matois introduit,
Faisoit son coup, sans scandale & sans bruit;
La jalousie, au teint pâle & livide,
Et la malice, à l'œil faux & perfide,
Guide ses pas où l'amour le conduit,
Nonchalamment la volupté le suit.
Pour mettre à bout les maris & les belles,
De traits divers ses carquois sont remplis,
Fléches y sont pour les cœurs des cruelles,
Cornes

Cornes y font pour les front des maris.
Or ce Dieu-là, mal-faifant ou propice,
Mérite bien qu'on chante fon office,
Et par befoin, ou par précaution,
On doit avoir à lui dévotion,
Et lui donner encens & luminaire,
Soit qu'on époufe, ou qu'on n'époufe pas,
Soit qu'on le faffe, ou qu'on craigne le cas,
De fa faveur on a toujours affaire.
O vous, Iris, que j'aimerai toujours,
Quand de vos vœux vous étiez la maîtreffe,
Et qu'un contrat trafiquant la tendreffe,
N'avoit encor afservi vos beaux jours,
Je n'invoquois que le Dieu des Amours;
Mais à prefent, pere de la trifteffe,
L'Hymen, hélas! vous a mis fous la loi,
A Cocuage il faut que je m'adreffe,
C'eft le Dieu feul en qui j'ai de la foi.

LE
LAID VISAGE.

INCOPHRON aussi laid qu'un Diable
Fait des enfans aussi beaux que l'Amour,
Sur quoi certaine Dame aimable
Lui demandoit un jour,
Comment cela se peut? C'est, dit le Personnage,
Que je ne les fais pas avecque mon visage.

LA CRÉPINADE.

LE Diable un jour se trouvant à loisir,
Dit, je voudrois former à mon desir,
Quelque animal, dont l'ame & la figure
Fut a tel point à rebours de nature,
Qu'en le voïant, l'esprit le plus bouché,
Y reconnut mon portrait tout craché.
Il dit, & prend une argile ensouffrée,
Des eaux du Styx imbuë & pénétrée;
Il en modèle un chef-d'œuvre en naissant,
Paîtrit son homme, & rit en paîtrissant :
D'abord il met sur une tête * immonde,
Certain poil roux que l'on sent à la ronde;
Ce crin de Juif orne un cuir bourgeonné,
Un front d'airain, vrai casque de damné;
Un sourcil blanc, couvre un œil sombre & louche;
Sous son nez large, il tord sa laide bouche;
Satan lui donne un ris Sardonien,
Qui fait frémir les pauvres gens de bien;
Col de travers, omoplatte en arcade,

Un

* C'est le portrait de Rousseau, qui a critiqué le Temple du Goût de Voltaire.

Un dos cintré, propre à la baſtonnade,
Puis il lui ſoufle un eſprit impoſteur;
Traître, rampant, ſatirique & flateur :
Rien n'épargnoit; il vous remplit la bête
De fiel au cœur & de vent dans la tête.
Quand tout fut fait, Satan conſidéra
Ce beau garçon, le baiſa, l'admira,
Endoctrina, gouverna ſon ouaille,
Puis dit, allons, il eſt tems qu'il rimaille;
Auſſi-tôt fait, l'animal rimailla,
Monta ſa vielle & Rabelais pilla;
Il griffonna des Ceintures Magiques,
Des Adonis, des Aïeux Chimériques;
Dans les Caffez il fit le bel eſprit,
Il vous chanta Sodôme & JESUS-CHRIST;
Il fut ſiflé, battu pour ſon mérite,
Puis fut errant, puis ſe fit hipocrite :
Enfin, finale, à ſon pere il alla;
Qu'il y demeure, ou je veux ſur cela
Donner au Diable un conſeil ſalutaire.
Monſieur Satan, lorſque vous voudrez faire
Quelque bon tour au chétif genre-humain,
Prenez-vous-y par un autre chemin;
Ce n'eſt le tout d'envoïer ſon ſemblable
Pour nous tenter; Crêpin, votre féal,
Vous ſervant trop, vous a ſervi très-mal;
Pour nous damner, rendez le vice aimable.

VERS

VERS
A LA LOUANGE
DE
FRÉDÉRIC V.
ROI DE PRUSSE.

UN Philosophe régne. Ah ! le siécle où nous sommes
Le desiroit sans doute & n'osoit l'espérer.
Mon Prince a mérité de commander aux hommes ;
Il sçait les gouverner.

Laissons tant d'autres Rois croupir dans l'ignorance;
Idole sans vertus, sans oreilles, sans yeux,
Que sur l'Autel du vice un flâteur les encense,
Image des faux-Dieux.

Quel est du Dieu vivant la véritable image?
Vous des talens, des arts & des vertus l'appui,
Vous, Salomon du Nord, plus savant & plus sage,
Et moins foible que lui.

ODE

ODE
SUR LES CONQUÊTES
DE
LOUÏS XV.

LOIN de moi fastueux délire,
Faibles élans d'un vain orgueil,
De l'esprit, de ce qu'il inspire
Soïez toujours le juste écueil.
Je méprise votre harmonie,
Vos sons vuides de sentimens.
Mon cœur me tient lieu de génie,
Je ne peins que ses mouvemens.

Quel subit éclat de lumière
Sort de ce Mortel précieux!
Son pied touche encor à la terre,
Déja sa tête est dans les Cieux.
J'hésite; j'ai peine à connaître:
Près de lui, tout est éclipsé.
Ah! c'est mon Roi qui vient de naître,
Mes desirs l'avoient annoncé.

Hé quoi ! tant de momens tranquiles,
Me déroboient tant de grandeur.
Je poſſédois : mes vœux ſtériles
Appelloient encor mon bonheur.
Ce reſpect que ſon rang imprime
Dans mon cœur cherchoit un appui.
Deſormais toute mon eſtime
Ne peut m'aquitter avec lui.

Pour franchir ſa vaſte carriére,
Comment a-t-il trompé mes yeux !
Quand je le cherche à la Barriére,
Je l'aperçois victorieux.
A peine ma voix le reclame
Mes ennemis ſont confondus.
Un inſtant m'ouvre ſa grande ame,
J'y vois le temple des vertus.

Ce n'eſt plus ſa ſeule clémence
Que j'admire au ſein du repos,
Valeur, activité, prudence,
Un jour ſeul en fait un Héros.
Mon cœur, que ſa gloire intéreſſe,
S'atache, ſe fixe à ſes pas,
Et je me ſens une tendreſſe
Que je ne me connaiſſois pas.

Humanité, mere adorable,
Lien des malheureux mortels,
Soutiens dans sa main équitable
Un glaive pris sur tes Autels.
Son cœur que tu formas toi-même
A t'outrager n'est point instruit:
Il sauve le sujet qu'il aime
Et plaint l'ennemi qu'il détruit.

De cet éclat qui t'environne
Que d'autres yeux soient éblouïs.
Je t'aime, ma main te couronne;
Sois mon Roi vertueux Louïs.
Si le hazard de ma naissance
Jadis me soumit à tes loix,
Je légitime ta puissance,
Tu ne la dois plus qu'à mon choix.

Né libre, des yeux de la haine
Je vois ton rang & ta fierté:
Ta vertu, ta conduite enchaîne
Mon orgueilleuse liberté.
Je cédois à ce droit suprême
Qu'en toi le sang avoit transmis;
Tu méritois le diadême,
Je t'admire & je suis soumis.

ODE
DE MONSIEUR
DE VOLTAIRE
A LA REINE
D'HONGRIE,

Faite le 30. Juin de l'Année 1742.

ILLE de ces Héros que l'Empire eut pour Maîtres,
Digne du Trône auguste où l'on vit tes Ancêtres,
Toujours près de leur chute, & toujours affermis;
Princesse magnanime
Qui jouïs de l'estime
De tous tes Ennemis;

R 2 Le

Le Français généreux, si fier, & si traitable,
Dont le goût pour la Gloire est le seul goût durable,
Et qui vole en aveugle où l'Honneur le conduit,
   Inonde ton Empire
   Te combat & t'admire,
   T'adore & te poursuit.

Par des nœuds étonnans, l'altière Germanie,
A l'Empire Français malgré soi réunie,
Fait de l'Europe entière un objet de pitié;
   Et leur longue querelle
   Fut cent fois moins cruelle
   Que leur triste amitié.

Ainsi de l'Equateur, & des Antres de l'Ourse,
Des vents impétueux emportent dans leur course
Deux nuages épais l'un à l'autre opposés,
   Et tandis qu'ils s'unissent
   Les foudres rétentissent
   De leurs flancs embrasés.

Quoi! des Rois bienfaisans ordonnent ces ravages!
Ils annoncent le calme, ils forment les orages!
Ils prétendent conduire à la félicité
   Les Nations tremblantes
   Par les routes sanglantes
   De la calamité!

          O Vieil-

A LA REINE D'HONGRIE.

O Vieillard vénérable *, à qui les deſtinées
Ont de l'heureux Neſtor accordé les années;
Sage, que rien n'allarme, & que rien n'éblouït,
  Veux-tu priver le Monde
  De cette paix profonde
  Dont ton ame jouït!

Ah! s'il pouvoit encore au gré de ſa prudence,
Tenant également le Glaive & la Balance,
Fermer par des reſſorts aux Mortels inconnus
  De ſa main reſpectée
  La porte enſanglantée
  Du temple de Janus!

Si de l'or des Français les ſources égarées
Ne fertiliſoient plus de lointaines Contrées,
Raportoient l'abondance au ſein de nos remparts,
  Embelliſſoient nos Villes,
  Arroſoient les Aziles
  Où languiſſent les Arts!

Beaux-Arts, Enfans du Ciel, de la Paix, & des Graces,
Que Louïs en triomphe amena ſur ſes traces,
Ranimez vos travaux, ſi brillans autrefois,
  Vos mains découragées,
  Vos lires négligées,
  Et vos tremblantes voix.

* *Le Cardinal de Fleury.*

380 ODE A LA REINE D'HONGRIE.

De l'immortalité vos succès font le gage
Tous ces Traités rompus, & suivis du carnage,
Ces triomphes d'un jour, si vains, si célèbrez,
      Tout passe, & tout retombe
      Dans la nuit de la tombe,
   Et vous seuls demeurez.

Le Ciel entend mes vœux, un nouveau jour m'éclaire,
L'ame du grand Armand*, qui nous servit de pere,
Pour animer vos chants reparoît aujourd'hui;
      Rois, suivez son exemple;
      Vous, Prêtres † de son Temple,
   Soïez dignes de lui.

* *Le Cardinal de Richelieu.*
† *La Sorbonne.*

ALIQUANDO

ALIQUANDO OPPRESSI RESURGUNT.

DU plus juste des Potentats
N'allez pas troubler les Mânes,
Et dans le sein de ses Etats
Sur son Tombeau sacré fouiller vos mains profanes.
Dans vos bouillans transports modérez votre joïe,
    Achilles mort s'est bien vengé de Troïe,
Et Cyrus dans sa course a trouvé Tomiris :
    L'Autriche à nos armes en proïe,
Ainsi que la Syrie, a sa Sémiramis.
    Le feu qu'on ne voit point éclore,
    N'est pas un feu moins allumé ;
    Le Phœnix qu'on croit consumé,
    Sort du bucher & vit encore,
Et le char du Soleil panché vers l'Occident,
Frape le lendemain aux portes de l'Aurore
    Pour nous ramener l'Orient.
Du destin des mortels le doigt de Dieu se joue,
    Et son empire est mesuré ;
    Si la fortune est une rouë,
    Il l'a fait tourner à son gré.

Son secours est prochain, quand sa haine est funeste;
Il dissipe à l'instant tous les vents assemblez
    Et sa bonté se manifeste
En relevant les Rois sur le Trône ébrantez.
    Couvert d'une gloire immortelle,
    Sous le Successeur des Valois,
Dans Paris désolé Henri donne les loix.
Qu'eut fait Charles trahi par un Peuple infidelle,
    Si Dieu n'eût armé la Pucelle?
    Que cet exemple domestique
    Confonde à jamais votre orgueil.
    Souvent l'allégresse publique
    Succéde & remplace le deuil.
Tous les cœurs des Germains ne sont point au cer-
    cueil;
    Et si la France a des Turennes,
L'Autriche à son secours peut avoir des Eugènes.

DISCOURS EN VERS,
SUR LES ÉVÉNEMENS
DE L'ANNE'E MDCCXLIV.

UOI ! verrai-je toujours des sottises en
    France ?
Difoit l'hiver dernier, d'un ton plein
    d'importance,
Timon, qui, du paſſé profond admirateur,
Du préſent qu'il ignore eſt l'éternel frondeur.
Pourquoi, s'écrioit-il, le Roi va-t-il en *Flandre ?*
Quelle étrange Vertu qui s'obſtine à défendre
Les débris dangereux du Trône des *Céſars*,
Contre l'Or des *Anglais*, & le Fer des *Houzards ?*
Dans le jeune CONTI, quel excès de folie
D'eſcalader les Monts qui gardent l'*Italie*,
Et d'attaquer, vers *Nice*, un Roi victorieux;
Sur ces ſommets glacés dont le front touche aux
    Cieux ?

R 5   Pour

Pour franchir ces amas de Neiges éternelles,
Dédale à cet *Icare* a-t-il prêté ses ailes ?
A-t-il reçu du moins dans son dessein fatal,
Pour briser les Rochers, le secret d'*Annibal* ?

   Il parle, & C o n t i vole. Une ardente jeunesse
Voïant peu les dangers que voit trop la vieillesse,
Se précipite en foule autour de son Héros :
Du *Var* qui s'épouvente on traverse les flots ;
De torrens en Rochers, de Montagne en Abîme,
Des *Alpes* en courroux on assiége la cime ;
On y brave la foudre ; on voit de tous côtés
Et la Nature, & l'Art, & l'Ennemi domptés.
C o n t i qu'on censuroit, & que l'Univers loue,
Est un autre *Annibal* qui n'a point de *Capoue*.
Critiques orgueilleux, Frondeurs, en est-ce assez ?
Avec *Nice* & *Démont* vous voilà terrassés.

   Mais, tandis que sous lui les *Alpes* s'aplanissent,
Que sur les flots voisins les *Anglais* en frémissent,
Vers les bords de l'*Escaut* LOUIS fait tout trembler ;
Le *Batave* s'arrête & craint de le troubler.
Ministres, Généraux, suivent d'un même zèle,
Du Conseil aux dangers, leur Prince & leur modèle.
L'Ombre du GRAND CONDE', l'Ombre du GRAND
     LOUIS,
Dans les Champs de la Flandre ont reconnu leurs
     Fils.

L'En-

L'Envie alors se tait, la Médisance admire.
Zoïle, un jour du moins, renonce à la Satyre;
Et le vieux Nouvelliste, une canne à la main,
Trace au Palais-Roïal, *Ypre*, *Furne* & *Menin*.

Ainsi, lorsqu'à *Paris*, la tendre *Melpomène*
De quelque Ouvrage heureux vient embellir la scène,
En dépit des sifflets de cent Auteurs malins,
Le Spectateur sensible aplaudit des deux mains.
Ainsi, malgré *Bussy*, ses chansons, & sa haine,
Nos Aïeux admiroient *Luxembourg* & *Turenne*.
Le *Français*, quelquefois est léger & moqueur:
Mais toujours le mérite eut des droits sur son cœur;
Son œil perçant & juste est promt à le connoître,
Il l'aime en son égal, il l'adore en son Maître.
La vertu sur le Trône est en son plus beau jour,
Et l'exemple du Monde en est aussi l'amour.

Nous l'avons bien prouvé, quand la Fièvre fatale,
A l'œil creux, au teint sombre, à la marche inégale,
De ses tremblantes mains, ministres du trépas,
Vint attaquer LOUIS au sortir des combats.
Jadis *Germanicus* fit verser moins de larmes;
L'Univers éploré ressentit moins d'alarmes,
Et goûta moins l'excès de sa félicité,
Lorsqu'*Antonin* mourant reparut en santé.
Dans nos emportemens de douleur & de joïe,

Le cœur seul a parlé, l'amour seul se déploïe.
Paris n'a jamais vu de transports si divers,
Tant de feux-d'artifice, & si peu de bons Vers.

 Autrefois, ô GRAND ROI! les Filles de Mémoire,
Chantant au pié du Trône, en égaloient la gloire.
Que nous dégénérons de ce tems si chéri!
L'éclat du Trône augmente, & le notre est flétri.
O! ma Prose & mes Vers, gardez-vous de paroître,
Il est dur d'ennuïer son Héros & son Maître:
Cependant nous avons la noble vanité
De mener les Héros à l'Immortalité.
Nous nous trompons beaucoup, un Roi juste &
 qu'on aime,
Va sans nous à la gloire, & doit tout à lui-même.
Chaque âge le benit, le Vieillard expirant,
De ce Prince à son Fils fait l'éloge en pleurant:
Le Fils, éternisant des Images si chéres,
Raconte à ses Neveux le bonheur de leurs Peres:
Et ce nom, dont la Terre aime à s'entretenir,
Est porté par l'amour aux Siècles à venir.

 Si pourtant, ô GRAND ROI! quelqu'Esprit moins
 vulgaire,
Des Vœux de tout un Peuple interprête sincère,
S'élevant jusqu'à Vous par le grand Art des Vers,
Osoit, sans Vous flâter, Vous peindre à l'Univers,
Peut-être on Vous verroit, séduit par l'harmonie,
         Par-

Pardonner à l'Eloge en faveur du génie;
Peut-être d'un regard le Parnasse excité,
De son lustre terni reprendroit la beauté.
L'œil du Maître peut tout; c'est lui qui rend la vie
Au mérite expirant sous les dents de l'envie;
C'est lui dont les raïons ont cent fois éclairé
Le modeste talent dans la foule ignoré.
Un Roi qui sait règner, nous fait ce que nous sommes:
Les regards d'un Héros produisent des Grands-Hommes.

LETTRE

LETTRE
DE MONSIEUR
LE FEVRE,
A MONSIEUR
DE VOLTAIRE.

E n'étois plus, & ma foi dans sa barque
Nocher d'Enfer me juchoit tout de bon,
Quand, ne sai comme, avint que gente Parque
A de mes jours renoué le cordon.
Divin harpeur, est-ce par la Donzelle
Ou par toi que je suis ravigoté ?
Le veux savoir. Présent d'une chandelle
Destine à qui plus mieux l'a mérité.
Dame Atropos, aux humains si farouche,
Onc ne trahit ce qu'elle a projetté :
Ains on m'a dit qu'un seul mot de ta bouche
Peut donner mort, ou l'immortalité.

REPONSE

RÉPONSE
DE MONSIEUR
DE VOLTAIRE.

N'Atens de moi ton immortalité :
Tu l'obtiendras un jour de ton génie.
N'atens de moi ta premiére santé :
Ton protecteur, le Dieu de l'harmonie,
Te la rendra par son art enchanté.
De tes beaux jours la fleur n'est point flétrie.
Mais je voudrois, de tes destins pervers,
En corrigeant l'influence ennemie,
Contribuer au bonheur d'une vie
Que tu rendras célèbre par tes Vers.

LETTRE

LETTRE
DE MONSIEUR
DE VOLTAIRE,
AU
TRADUCTEUR DU PRINTEMS.

JE vous suis très-obligé, mon cher.... des Vers Latins & Français que vous avez bien voulu m'envoïer. Je ne sais point qui est l'Auteur des Latins; mais je le félicite, quel qu'il soit, sur le goût qu'il a, sur son harmonie, & sur le choix de sa bonne latinité; & sur-tout de l'espéce convenable à son sujet.

Rien n'est si commun que des Vers Latins, dans lesquels on mêle le stile de Virgile avec celui de Térence, ou des Epîtres d'Horace. Ici il paraît que l'Auteur s'est toûjours servi de ces expressions tendres & harmonieuses qu'on trouve dans les Eclogues de Virgile, dans Tibulle, dans Properce, & même dans quelques
endroits

endroits de Pétrone, qui respirent la molesse & la volupté.

Je suis enchanté de ces Vers,

Ridet ager, lascivit humus, nova nascitur arbos ;
Basia lasciva jugunt repetita columbæ.

Et en parlant de l'Amour,

Vulnere qui certo lædere pectus amat.

Je n'oublierai pas cet endroit où il parle des plaisirs qui fuïent avec la jeunesse.

Sic fugit humana tempestas aurea vita,
  Arguti fugiunt, agmina blanda, joci.

Je citerois trop de Vers, si je marquois tous ceux dont j'ai goûté la force & l'énergie.

Mais quoique l'Ouvrage soit rempli de feu & de noblesse, je conseillerois plûtôt à un homme qui auroit du goût & du talent pour la littérature, de les emploïer à faire des Vers Français. C'est à ceux qui peuvent cultiver les belles-Lettres avec avantage à faire à notre langue l'honneur qu'elle mérite. Plus on a fait provision des richesses de l'antiquité, & plus on est dans l'obligation de les transporter en son Païs. Ce n'est pas à ceux qui méprisent Virgile ; mais à ceux qui le possédent, d'écrire en Français.

Venons

Venons maintenant, mon cher.... à votre Traduction du Printems, ou plutôt à votre imitation libre de cet Ouvrage. Vos expreſſions ſont vives & brillantes, vos images bien frapées ; & ſur-tout je vois que vous êtes fidèle à l'harmonie, ſans laquelle il n'y a jamais de Poëſie.

Il faudroit vous rapeller ici trop de Vers, ſi je voulois marquer tous ceux dont j'ai été frapé. Adieu ; je vais dans un Païs où le Printems ne reſſemble guéres à la deſcription que vous en faites l'un & l'autre. Je pars pour l'Angleterre dans quatre ou cinq jours, & ſuis bien loin aſſurément de faire des Tragédies.

Frange miſer calamos, vigilataque prælia dele.

J'ai renoncé pour jamais aux Vers.

Nunc verſus & cætera ludicra pono.

Mais il s'en faut bien que je ſois devenu Philoſophe, comme celui dont je vous cite les Vers. Adieu, je vous aime en Vers & en Proſe, de tout mon cœur, & vous ſerai ataché toute ma vie,

VOLTAIRE.

Ce 4. Mars 1731.

RÉPONSE
DE MONSIEUR
FAVIERES
A LA LETTRE
DE
Mʀ. DE VOLTAIRE.

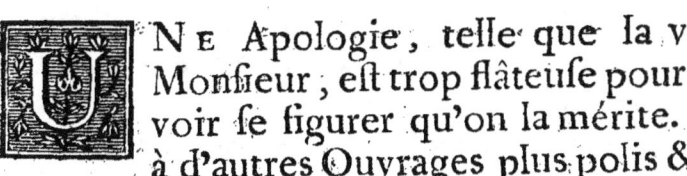NE Apologie, telle que la votre, Monſieur, eſt trop flâteuſe pour pouvoir ſe figurer qu'on la mérite. C'eſt à d'autres Ouvrages plus polis & plus limés que ce petit eſſai, qu'elle eſt légitimement dûë. Vôtre aprobation, Monſieur, doit ſervir à me donner de l'émulation. Elle doit auſſi me porter à me familiariſer plus intimement avec notre langue. Il ſeroit à ſouhaiter que je puſſe la manier avec autant d'art & de délicateſſe que vous le faites. Je pourrois avec raiſon m'aſſurer du ſuccès, avant même que d'avoir entrepris; mais un ſuccès ſi prompt & ſi rapide n'eſt réſervé qu'à vous. Ces heureux

talen

talens que vous possédez, vous sont de surs garans des justes aplaudissemens que vous recevez. Egalement habile, tant en Prose qu'en Vers, vous avez sçu réussir dans l'un & dans l'autre genre d'écrire, & mériter l'estime des gens de Lettres. Ce magnifique Poëme, ces superbes Tragédies que vous avez mises au jour font l'admiration publique. La vie de cet illustre Prince, * aussi recommandable par ses actions héroïques que par ses vertus, sans oublier tous ces autres Ouvrages qu'on a lus, avec d'autant plus de plaisir qu'ils consacrent votre nom à l'immortalité.

On y voit briller par-tout ce génie fécond, cet art admirable, cette fine délicatesse, sans laquelle les Ouvrages languissent & restent dans l'oubli. C'est à la nature, Monsieur, & à vos travaux infatigables que vous devez ces grands talens, ces richesses immenses dont vous avez fait provision, & que vous avez répanduës avec libéralité aux amateurs des belles-Lettres. C'est un bienfait dont ils seront toûjours reconnaissans, aussi-bien que mon Traducteur & moi, qui sommes avec un atachement inviolable, vos très-humbles serviteurs.

Ce 7. *Mars* 1731.

* CHARLSES XII.

PORTRAIT

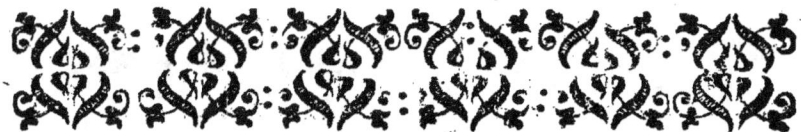

PORTRAIT
DE MADAME
LA DUCHESSE
DE
LA VALIERE,
DE LA
MAISON DE CRUSSOL.

TRE femme sans jalousie,
Et belle sans coquetterie;
Bien juger sans beaucoup savoir,
Et bien parler sans le vouloir;
N'être haute, ni familiére,
N'avoir point d'inégalité;
C'est le Portrait de la Valiére,
Il n'est ni fini, ni flâté.

LE PARADIS TERRESTRE TROUVÉ.

LE Paradis Terrestre est, dit-on, si secret,
Que depuis sept mille ans personne ne le
sçait :
Pareil raisonnement en vérité m'assomme;
N'est-ce pas cet endroit où l'Eternel fit l'homme?
Le Paradis Terrestre est donc où l'on le fait.

EPIGRAMME

EPIGRAMME
A MADAME
LA MARQUISE
DU CHASTELET.

I vous voulez que j'aime encore,
Rendez-moi l'âge des amours,
Au crépuscule de mes jours,
Rejoignez, s'il se peut, l'aurore.

Des beaux lieux où le Dieu du vin
Avec l'amour tient son empire,
Le tems qui me prend par la main,
M'avertit que je me retire.

Laissons à la belle jeunesse
Le plaisir & les agrémens ;
Nous ne vivons que deux momens ;
Qu'il en soit un pour la sagesse.

Quoi ! pour toujours vous me fuïez,
Tendresse, illusion, folie,

Dons

EPIG. A MAD. DU CHASTELET.

Dons du Ciel qui me confolez
Des amertumes de la vie.

On meurt deux fois, je le vois bien;
Ceffer de plaire & d'être aimable,
C'eft une mort infuportable;
Ceffer de vivre, ce n'eft rien.

Ainfi je déplorois la perte
Des erreurs de mes premiers ans,
Et mon ame aux plaifirs ouverte
Rapelloit fes enchantemens.

Du Ciel alors daignant defcendre,
L'amitié vint à mon fecours;
Elle étoit plus douce, auffi tendre,
Mais moins vive que les amours.

Touché de fa beauté nouvelle,
Et par fa lumiére éclairé,
Je la fuivis; mais je pleurai
De ne pouvoir plus fuivre qu'elle.

FPITALAME

EPITALAME
SUR
LE MARIAGE
DE M. LE DUC
DE RICHELIEU,
AVEC
MADEMOISELLE
DE GUISE.

UN Prêtre, un ouï, trois mots latins,
A jamais changent vos destins;
Et le Célébrant d'un Village,
Dans la Chapelle de Montjeu,
Très-chrétiennement vous engage
A coucher avec Richelieu.

Avec ce Richelieu volage,
Qui va jurer par le saint nœud

D'être à la fin fidèle & sage:
Nous nous en méfions un peu;
Mais vos yeux noirs, remplis de feu,
Nous rassurent bien davantage
Que le serment qu'il fait à Dieu.

Mais belle & charmante Duchesse,
Quand vous reviendrez à Paris,
Songez-vous combien de maris
Viendront se plaindre à Votre Altesse?
Plus de cent Cocus qu'il a faits,
En vous faisant la révérence,
Prétendront venger cette offense,
Et diront, voïant vos atraits,
Dieu! quel plaisir que la vengeance.

Vous sentez bien qu'ils ont raison,
Et qu'il faut punir le coupable;
L'ancienne Loi du Talion,
Est des Loix la plus équitable.

Quoi! votre cœur n'est pas rendu,
Et votre sagesse gronde?
Ah! quelle espéce de vertu
Qui fait enrager tout le monde?

Se peut-il que de vos apas
Richelieu soit l'unique maître?

Est-il dit qu'il ne sera pas
Ce qu'il a tant mérité d'être ?

Soïez donc sage, s'il le faut,
Puisque c'est-là votre chimére,
Avec tous les talens pour plaire,
Il faut bien avoir un défaut.

Dans le dessein noble & pénible
De bien conserver votre honneur,
Je vous souhaite un vrai bonheur :
Mais c'est une chose impossible.

EPITRE
A MONSIEUR
L'ABBÉ DU RÊNEL,

Auteur de la Traduction de Pope, & un des Journalistes des Savans, sur la cessation des Talens en ce Siècle.

Vous qu'on a vû d'une plume facile,
En l'imitant, libre dans votre stile,
Embellir Pope, * & de traits désunis
Conduit par l'art, former un tout précis.
Vous qu'aujourd'hui on voit sur le Parnasse,
Près d'Apollon remplir si bien la place,
De ce Salo, † célèbre Fondateur
Du Tribunal, où sans être flâteur,
Ni satyrique, à chacun l'on ajuge,

Ou

---

* *Essai sur la Critique, traduit de l'Anglois de Mr. Pope.*
† *Mr. de Salo en 1664. commença le Journal des Savans, le premier de tous les Journaux Littéraires.*

ÉPITRE A M. L'ABBÉ DU RENEL.

Ou gloire, ou blâme, ou sans le ton de Juge,
Sans traits malins, sans propos indiscrets,
Sages avis deviennent des Arrêts,
Explique-moi ce triste Phœnomène.
 Paris jadis aussi fécond qu'Athène
Vit de son sein éclore les Talens ;
Grands Ecrivains, fiers Guerriers, Artisans,
Naissoient alors, & la Nature active,
Sans les lenteurs de sa marche tardive,
De toutes parts enfantant sans efforts
A pleines mains répandoit ses tréfors :
Sur le Théâtre en pompe ramenée
D'atours nouveaux élégament ornée,
La Tragédie à nos cœurs enchantés
Vint étaler de sublimes beautés.
 D'un air plus gai, sans être Minaudière,
On vit Thalie instruite par Moliére,
Au badinage allier sa leçon,
Et sous le masque annoncer la raison.
 Quinaut ensuite, enrichissant la Scène
D'un ton nouveau fit parler Melpomène ;
Son stile tendre, égal, harmonieux,
Fait pour l'oreille aux sons les plus heureux,
Prête toujours sa facile cadence ;
Le mauvais goût régnoit encor en France,
Du vrai, du faux, en sa legereté,
Le Peuple étoit tour-à-tour enchanté.
 Boileau parut, de sa plume sévére

Fixa

Fixa du beau le brillant caractère ;
Du ridicule, inflexible Censeur,
Peintre élégant, exact Législateur,
Il mérita d'obtenir au Parnasse
Le même rang qu'avoit jadis Horace.

 Sans emprunter les ressources de l'art,
Simplement mis, sans ornemens, sans fard,
Nonchalament notre bon la Fontaine
Laissoit couler les tresors de sa veine ;
Jamais correct, toujours original,
D'un pas leger, mais souvent inégal,
On voit marcher sa Muse libertine ;
Tantôt badin en sa joïe enfantine,
Et quelquefois d'un ton audacieux
Il fait parler le langage des Dieux ;
Enfant naïf de la simple Nature,
Comme elle il plaît sans chercher la parure.

 D'autres objets atirent mes regards,
Que de talens brillent de toutes parts !
Patru, le Maître, à la raison pressante,
Ouvre du cœur la route séduisante,
Et Bourdalouë offre aux yeux des mortels
L'ordre éfraïant des decrets éternels.

 Plus grand encor Bossuet à la France
Fit voir les traits de l'antique éloquence,
Soit qu'il nous montre au milieu des Tombeaux
Les restes vains des plus brillans Héros ;
Soit que guidant un grand Prince à la gloire,

Sa main féconde embellisse l'Histoire,
Son stile ferme & sa mâle vigueur
Dompte l'esprit & sçait gagner le cœur.

Voïez Pascal entrer dans la carriére,
De la nature il force la barriére,
Et foible enfant sur ses profonds secrets
Tourne déja ses regards inquiets,
Comblé de dons, cet étonnant génie
Réünit tout, Grace, Philosophie :
Profond, du cœur il sonde les replis;
Ingénieux, il joüe avec les ris;
Puis tout-à-coup il prend un vol sublime,
Et de la Foi vient éclairer l'abîme.

Cassini marque aux Astres étonnez
Un cours certain, & les Cieux enchaînez,
A leur Vainqueur forcés de rendre hommage,
De son compas subissent l'esclavage.

Rien ne manquoit à nos riches Aïeux :
Pour tous les Arts quel tems fut plus heureux ?
J'entends Lully ; sa divine harmonie
Fait oublier les fredons d'Italie ;
Flâtant l'oreille, il enchante les cœurs,
Par les plaisirs vous arrache des pleurs,
Sait ajuster aux pas d'une Bergére
Les sons badins d'une Muse legére ;
Et quelquefois ces éfraïans Concerts
Troublent Pluton jusqu'au fond des Enfers;
Simple en ses tons, jamais son art n'étale.

EPITRE

D'un docte accord le bizarre intervale.
  Du Créateur épiant les secrets,
Poussin, le Brun, par leurs magiques traits,
Semblent former une nouvelle Terre,
Un nouveau Ciel ; & façonnant la pierre,
L'adroit cizeau fait des hommes nouveaux.
  Mêlons ici deux illustres Héros
Parmi les noms consacrez à la gloire,
Condé, Turenne, enfans de la Victoire,
Mille autres noms en ces faibles essais
Sont oubliés ; mais ces legers portraits
Prouvent assez notre antique opulence.
  Là s'obscurcit la splendeur de la France.
Un noir Démon envieux des beaux Arts
A tout détruit ; & Voltaire & Villars,
Sans s'afaiblir dans leur course brillante
Soutiennent seuls notre gloire mourante ;
Mais, direz-vous, Apollon de nos bras
S'est échapé vers de lointains climats ;
Ainsi jadis abandonnant la Grèce,
Il vint de Rome adoucir la rudesse ;
Pour découvrir ce Dieu capricieux,
Sur nos voisins je jette en vain les yeux :
Aux bords du Tibre on voit encor le Tasse,
Seul couronné, seul régner au Parnasse.
  Depuis cent ans l'orgueilleux Albion
Espére en vain un rival de Milton ;
Depuis ce tems les raïons du génie

N'ont

A M. L'ABBE' DU RENEL.

N'ont point fondu les glaces de Russie,
Apesanti, privé de son Soleil,
L'esprit humain languit dans le sommeil;
D'un long travail la nature lassée
Sur ses vieux ans seroit-elle épuisée?
 Vous dont l'esprit attentif & perçant
Porte par-tout un regard pénétrant :
Eclaircissez cet étrange problême,
Expliquez-nous par quel adroit sistême,
Pourquoi jadis accablé de faveurs
Nous éprouvons de si tristes rigueurs?
Si de ses dons la mesure inégale,
Vient d'une cause, ou Physique ou Morale,
Les Astres seuls, malins ou bienfaisans,
Font-ils éclore ou perdre les talens?
Ou pensez-vous qu'en ces jours trop stériles
Un Mécénas produiroit des Virgiles?

LETTRE
DE MONSIEUR
DE VOLTAIRE;
A SON EMINENCE
MONSEIGNEUR
LE CARDINAL
DU BOIS.

Une beauté qu'on nomme Rupelmonde,
   Avec qui les Amours & moi
  Nous courons depuis par le monde,
  Et qui nous donne à tous la loi,
  Veut qu'à l'instant je vous écrive.
Ma Muse, comme à vous, à lui plaire atentive
Accepte, avec transport, un si charmant emploi.

Nous arrivons, Monseigneur, dans votre Métropole, où je crois que tous les Ambassadeurs & tous les Cuisiniers de l'Europe se
font

font donné rendez-vous. Il semble que les Ministres d'Allemagne ne soient à Cambray que pour faire boire la santé de l'Empereur. Pour Messieurs les Ambassadeurs d'Espagne; l'un entend deux Messes par jour, l'autre dirige la Troupe des Comédiens; les Ministres Anglois envoïent beaucoup de Couriers en Champagne & peu à Londres. Au reste, personne n'attend ici votre Eminence : on ne pense pas que vous quittiez le Palais-Roïal pour venir visiter vos Oüailles. Vous seriez trop faché, & nous aussi, s'il vous falloit quitter le Ministére pour l'Apostolat.

 Puissent Messieurs du Congrès
 En buvant dans cet azile,
 De l'Europe assurer la paix !
 Puissiez-vous aimer votre Ville,
 Seigneur, & n'y venir jamais !
Je sçai que vous pouvez faire des Homélies,
 Marcher avec un Porte-croix,
 Entonner la Messe par-fois,
 Et marmoter des Litanies.

Donnez, donnez plûtôt des exemples aux Rois,
Unissez à jamais l'esprit à la prudence,
Qu'on publie en tous lieux vos grandes actions :
 Faites-vous bénir de la France,
Sans donner à Cambray des bénédictions.

Souvenez-vous quelquefois, Monseigneur, de Voltaire, qui n'a en vérité d'autre regret que de ne pouvoir pas entretenir votre Eminence aussi souvent qu'il le voudroit, & qui de toutes les graces que vous pouvez lui faire, regarde l'honneur de votre conversation comme la plus flâteuse.

RELATION
TOUCHANT UN
MAURE BLANC.

J'AI vu il n'y a pas long-tems à Paris un petit animal blanc comme du lait, avec un mufle taillé comme celui des Lapons, aïant comme les Nègres de la laine frisée sur la tête, mais une laine beaucoup plus fine, & qui est de la blancheur la plus éclatante. Ses cils & ses sourcils sont de cette même laine, mais non frisée ; ses paupiéres d'une longueur, qui ne leur permet pas en s'élevant de découvrir tout l'orbite de l'œil, lequel est un rond parfait. Les yeux de cet Animal sont ce qu'il a de plus singulier : l'iris est d'un rouge, tirant sur la couleur de rose : la prunelle, qui est noire chez nous, & chez tout le reste du monde, est chez eux d'une couleur aurore, très-brillante. Ainsi, au lieu d'avoir un trou percé dans l'iris, à la façon des Blancs & des Nègres, ils ont une

mem-

membrane jaune transparente, à travers laquelle ils reçoivent la lumiére.

Il suit de-là évidemment, qu'ils voïent tous les objets tout autrement colorés que nous ne les voïons; & s'il y a parmi eux quelque Newton, il établira des principes d'Optique différens des nôtres. Ils regardent ainsi que marchent les crabes, toujours de côté, & sont tous louches de naissance: par-là ils ont l'avantage de voir à la fois à droit & à gauche, & ont deux *axes* de vision, tandis que les plus beaux yeux de ce Païs-ci n'en ont qu'un. Mais ils ne peuvent soutenir la lumière du soleil; ils ne voïent bien que dans le crépuscule. La nature les destinoit probablement à habiter les cavernes. Ils ont d'ailleurs les oreilles plus longues & plus étroites que nous. Cet Animal s'apelle un homme, parce qu'il a le don de la parole, de la mémoire, un peu de ce qu'on apelle raison, & une espèce de visage.

La race de ces hommes habite le milieu de l'Afrique: elle est méprisée des Nègres, plus que les Nègres ne le sont de nous: on ne leur pardonne pas dans ce Païs d'avoir des yeux rouges, & une peau qui n'est point huileuse, & dont la membrane graisseuse n'est point noire. Ils paraissent aux Nègres une espèce inférieure faite pour les servir. Quand il arrive à un Nègre d'avilir la dignité de sa nature,

jusqu'à

jusqu'à faire l'amour à une personne de cette espèce blafarde, il est tourné en ridicule par tous les Nègres. Une Négresse convaincuë de cette mésalliance, est l'oprobre de la Cour & de la Ville. J'ai apris depuis des Voïageurs, les plus dignes de foi, & qui ont été chargés dans les grandes Indes des plus importans emplois, qu'on a transporté de ces Animaux à Madagascar, à l'Isle de Bourbon, à Pondicheri. Il n'y a point d'exemple, m'a-t'il dit, qu'aucun d'eux ait vécu plus de vingt-cinq ans. Je ne sai s'il faut les en féliciter, ou les en plaindre.

Il y a quelques années que nous avons connu l'existence de cette espèce : on avoit transporté en Amérique un de ces petits Maures blancs. On trouve dans les Regiftres de l'Académie des Sciences, qu'on en avoit donné avis à Mr. Helvétius, mais personne ne vouloit le croire : car si on donne une créance aveugle à tout ce qui est absurde, on se défie toujours en récompense de ce qui est naturel.

La première fois qu'on dit aux Européans qu'il y avoit une autre espèce d'hommes, noire comme des taupes, il y a grande aparence qu'on se mit à rire, autant qu'on se moqua depuis de ceux qui imaginérent les Antipodes. Comment se peut-il faire, disoit-on, qu'il y ait des femmes qui n'aïent pas la peau blanche ? On s'est familiarisé depuis avec la variété de la nature.

On

On a fçu qu'il a plû à la Providence de faire des hommes à membrane noire, & des têtes à laine dans des Climats tempérés, d'en mettre de blancs fous la Ligne; de bronzer les hommes aux grandes Indes & au Brézil, de donner aux Chinois d'autres yeux & d'autres figures qu'à nous; de mettre des corps de Lapons tout auprès des Suédois.

Voici enfin une nouvelle richeffe de la nature, une efpèce qui ne reffemble pas tant à la nôtre, que les barbets aux lévriers. Il y a encore probablement quelque autre efpèce vers les Terres-Auftrales. Voilà le genre-humain plus favorifé qu'on n'a cru d'abord. Il eût été bien trifte qu'il y eût tant d'efpèces de finges, & une feule d'hommes. C'eft feulement grand dommage, qu'un Animal auffi parfait foit fi peu diverfifié, & que nous ne comptions encore que cinq ou fix efpèces abfolument différentes, tandis qu'il y a parmi les chiens une diverfité fi belle.

Il très-vraifemblable qu'il s'eft détruit quelques-unes de ces efpèces d'Animaux à deux pieds fans plumes, comme il s'eft perdu évidemment beaucoup d'autres efpèces d'animaux. Celle-ci, que nous apellons les Maures blancs, eft très-peu nombreufe, il ne faudroit prefque rien pour l'anéantir; & pour peu que nous continuïons en Europe à peupler les Couvens, & à dépeupler la terre, pour favoir
qui

UN MAURE BLANC.

qui la gouvernera, je ne donne pas encore beaucoup de siècles à notre pauvre espèce.

On m'assure que la race de ces petits Maures blancs est fort fière; qu'elle se croit privilégiée du Ciel, qu'elle a une sainte horreur pour les hommes qui sont assez malheureux pour avoir des cheveux ou de la laine noire, pour ne point loucher, & pour avoir les oreilles courtes. Ils disent que tout l'Univers a été créé pour les Maures blancs: que depuis il leur est arrivé quelques petits malheurs, mais que tout doit être réparé, & qu'ils seront les Maîtres des Nègres & des autres Blancs, gens réprouvés du Ciel à jamais. Peut-être qu'ils se trompent; mais si nous pensons valoir beaucoup mieux qu'eux, nous nous trompons assez lourdement.

EPIGRAMME

EPIGRAMME
A MONSIEUR
DE LA FAYE.

JE sers Phébus & le Dieu de Cythère;
Dans mes Ecrits ces deux Dieux sont fêtez;
Déja Phébus m'a donné mon salaire,
Puisque par vous mes Ecrits sont goûtez:
L'Amour aussi pour quelque sacrifice
Qu'à ses Autels a fait mon jeune cœur,
A répandu sur moi quelque faveur,
Dieu soit loüé, j'en ai la chaude-pisse.

AUTRE.

AUTRE.

DANs tes Vers, Duffé, je te prie,
Ne compare pas au Meſſie
Un pauvre Diable comme moi:
Je n'ai de lui que ſa miſére,
Et ſuis bien éloigné, ma foi,
D'avoir une Vierge pour Mere.

AUTRE.

AUTRE.

QUAND Apollon avec le Dieu de l'Onde,
Vint autrefois habiter ces bas lieux;
L'un sût si bien cacher sa tresse blonde,
L'autre ses traits, qu'on méconnut les Dieux.
Mais c'est en vain qu'abandonnant les Cieux,
Vénus, comme eux, veut se cacher au monde;
On la connaît au pouvoir de ses yeux,
Lorsque l'on voit paroître Rupellemonde.

VERS
A MADAME DE ***.
Sur un Passage de POPE.

POPE l'Anglais, ce Sage si vanté,
Dans sa Morale au Parnasse embellie,
Dit que les Biens, les seuls Biens de la vie,
Sont le Repos, l'Aisance & la Santé.
Il s'est trompé. Quoi! dans l'heureux partage
Des dons du Ciel faits à l'humain séjour,
Ce triste Anglais n'a pas compté l'Amour?
Qu'il est à plaindre! Il n'est heureux, ni sage.

LES SOUHAITS.

SONNET.

L n'est mortel qui ne forme des vœux.
L'un de Voisin * convoite la puissance;
L'autre voudroit engloutir la Finance
Qu'accumula le beau-pere d'Evreux. †

Vers les quinze ans un Mignon de couchette
Demande à Dieu ce visage imposteur,
Minois friand, cuisse ronde & douillette
Du beau de Gesvres, ami du Promoteur.

Roi versifie & veut suivre Pindare;
Du Bousset chante & veut passer Lambert;
En de tels vœux mon esprit ne s'égare.

Je ne demande au grand Dieu Jupiter,
Que l'estomac du Marquis de la Fare,
Et la vigueur du fameux d'Aremberg.

* *Chancelier.*
† *Crozat.*

VERS
A MONSIEUR
VAN HAREN,
Député de la Province de Frise aux Etats - Généraux.

Demostene au Conseil, & *Pindare* au Parnasse,
L'auguste liberté marche devant tes pas :
[Tyr]tée a dans ton sein répandu son audace,
[E]t tu tiens sa trompette organe des combats.
[J]e ne peux t'imiter, mais j'aime ton courage,
[N]é pour la liberté, tu penses en Héros.
[M]ais qui nâquit Sujet, ne doit penser qu'en Sage,
[E]t vivre obscurément, s'il veut vivre en repos.

[N]otre esprit est conforme aux liens qui l'ont vû naître.
[A] *Rome* on est Esclave, à *Londres* Citoïen.
[L]a grandeur d'un *Batave* est de vivre sans Maître,
[E]t mon premier devoir est de servir le mien.

VERS

VERS
SUR
LA TRINITÉ

A Puissance & l'Amour, avec l'Intelligence,
Unis & séparez, composent son Essence.

Fin du Tome V.

www.ingramcontent.com/pod-product-compliance
Lightning Source LLC
Chambersburg PA
CBHW050907230426
43666CB00010B/2061